지루할 틈 없는 경제학

옥스퍼드 경제학자가
빠르게 짚어주는 교양 지식

지루할 틈 없는 경제학

테이번 페팅거 지음
마이클 드라이버 그림

조민호 옮김

THE NAN
더난콘텐츠

나는 옥스퍼드에서 20년 넘게 학생들에게 경제학을 가르치고 있으며, 다른 이들에게 지식을 전달하는 일을 하는 사람들과 마찬가지로 어떤 주제를 더욱 흥미롭고 매력적으로 설명할 방법을 찾고자 부단히 애쓰고 있다. 어렵고 복잡한 전문 용어를 최대한 피하면서도, 그 지식이 우리의 일상과 깊은 관련이 있다는 사실을 깨닫게 하는 것이 중요하다. 철저히 실용적인 관점에서 경제학이 내 삶과 얼마나 밀접하게 연결돼 있는지, 내 가족과 친구에게 어떤 영향을 미치고 있는지 살펴야 한다. 그렇지 않으면 경제학은 우리와 아무런 상관없는 것이 된다.

이 책의 목적은 흥미로운 경제학 개념을 선별해 전공자와 일반 독자 모두가 접근 가능한 방식으로 설명하는 데 있다. 지금까지 단 한 번도 〈파이낸셜타임스(Financial Times)〉를 읽지 않았더라도, '인플레이션 목표제(inflation targeting)'와 '균형 예산(balanced budget)'이 무엇

을 의미하는지 몰라도 괜찮다. 어려운 경제학 개념을 단순 명료하게
풀어서 전달할 것이다.

차례에 있는 순서대로 읽을 필요도 없다. 이 책은 여러분이 흥미를
느끼는 주제를 골라 들락날락하며 읽을 수 있도록 구성됐다. 〈파이낸
셜타임스〉의 지루한 부분은 이 책에 나오지 않는다. 아무 장이나 골
라 재미있게 읽다 보면 결국 모든 장을 다 읽게 될 것이다.

테이번 페팅거

제2장 • 정치적 곤경

제3장 • 실생활 경제 상식

제4장 • 전쟁의 경제학

제5장 • 환경의 역습

제6장 • 비즈니스의 신화

● 제1장 ●

경제적

오류

기계를 모두 부숴버리면 일자리가 보존될까

_러다이트 오류

19세기 초 영국의 숙련된 섬유 노동자들은 자동화된 섬유 기계를 보고 경악을 금치 못했다. 소규모 가내 수공업에 종사하던 그들에게 새로운 기계와 대형 공장은 생계를 위협하는 적이었다. 기계가 자신들의 일을 대신할 것이 빤했다. 미래가 암울했다. 일자리를 잃게 될 터였다. 결국 그들은 반격에 나섰다. 이른바 '러다이트 운동(Luddite movement)'이라고 불리는 '기계 파괴 운동'이 일어났다. 러다이트들은 기계를 무참히 부수기 시작했고, 대량 생산과 자동화 공정 확산을 막고자 파업에 돌입했다.

러다이트는 산업 혁신 때마다 '신기술 반대자'라는 의미로 계속해서 언급돼왔다. 새로운 기술과 플랫폼이 일자리를 앗아가리라는 두려움은 200년 전과 마찬가지로 지금도 여전하다. 경제학에서 '러다이트 오류(Luddite fallacy)'는 신기술이 일자리를 없애고 실업을 초래한다는 잘못된 믿음을 뜻하게 됐다. 하지만 새로운 기술이 경제에 약간의 혼란을 가져오긴 했어도 고용 수준 전반을 악화시키지는 않았다.

실제로 19세기 영국을 예로 들면 대형 공장과 자동 방적기는 섬유 및 의류 산업의 생산성을 크게 향상했다. 물론 수작업으로 옷을 만들어오던 장인들은 노동력 경쟁에서 도태됐다. 기계가 자신들의 생계수단을 끊고 빈곤의 원인이 됐다고 느끼는 것은 충분히 이해할 만했다. 그들의 생각이 완전히 틀린 것은 아니었다. 기계의 등장은 일자리를 잃게 될 숙련공 처지에서는 무척 나쁜 소식이었다. 그러나 경제학에서는 늘 더 큰 그림을 볼 줄 알아야 하며, 상대적으로 눈에 덜 띄는 '2차 효과'를 확인하는 것이 중요하다.

2차 효과의 첫 번째는 새로운 기계와 공장이 새로운 고용을 창출했다는 사실이다. 그동안 농장에서 일하던 노동자들이 공장 노동자로 유입됐다. 오늘날의 기준으로 보면 열악한 조건이었지만, 당시 제조업 일자리는 농업 노동보다 더 많은 임금을 받았다. 이는 공장 노동자들이 농장에서 일할 때보다 훨씬 높은 지출 능력을 갖게 됐음을 의미했다.

두 번째는 옷을 만드는 과정에서 생산성이 비약적으로 높아져 의류 가격이 낮아졌다는 것이다. 기존 맞춤옷은 부유한 사람들의 전유물이었지만, 옷값이 저렴해지면서 더 많은 사람에게 구매 여유가 생겼다. 돈을 더 많이 벌게 되자 자기 마음대로 쓸 수 있는 가처분 소득(실질 소득)도 더 높아졌다. 더욱 다양한 상품을 구매할 수 있게 됨에

따라 자연스럽게 수요도 증가했다. 더욱이 19세기 때부터 철도, 관중 스포츠, 레저와 같은 새로운 산업이 급격히 성장했다.

　이 시기는 기술 발전이 가져오는 영향력에 관한 좋은 본보기였다. 신기술이 발전하면서 기업은 연구 개발 부문에 더 많은 돈을 투자해 엔지니어링과 디자인 분야에서 새로운 고용을 창출했다. 이 과정이 순탄치만은 않았다는 것도 사실이지만, 장기적으로 경제는 사라진 오래된 일자리를 대체하고자 더 나은 일자리를 계속해서 만들었다. 소수의 숙련공만이 할 수 있던 일은 사라졌으나, 더욱 생산적인 공장 시스템 덕분에 다른 일을 할 수 있게 됐다. 이는 자부심 높았던 소수 의 숙련공에게는 가슴 아픈 현실이었지만, 비교할 수 없을 정도의 다 수에게는 커다란 기회이기도 했다. 훨씬 많은 사람이 이전보다 더 나 은 삶을 살 수 있게 됐음은 부인할 수 없는 사실이다.

물론 그렇더라도 일자리 재분배 과정은 고통을 동반한다. 장기적으로는 새로운 일자리가 많이 생기리라는 기대감만으로는 부족하다. 신기술 분야의 업무 능력을 확보하지 못한 사람들에게는 요원한 일로만 느껴질 수 있다. 실직한 석탄 광부가 새로운 일자리에 접근할 수 있는 기술과 자격을 단시간에 마련하기란 쉽지 않다. 지리적 여건도 문제다. 전반적으로는 새로운 일자리가 창출되는 모습을 볼 수 있어도, 일부 노동자는 몇 년 동안 실직 상태에 놓일 수 있다. 디트로이트 자동차 공장의 실직 노동자들에게 뉴욕과 로스앤젤레스에서 IT 분야의 새로운 일자리가 폭발적으로 증가했다는 소식은 그다지 위안이 되지 않는다.

실업만 문제도 아니다. 일자리에서 자부심과 만족감을 잃게 되는 것도 문제다. 손수 옷을 만들던 숙련된 장인이 이론적으로는 분업화된 대형 공장에서 반복적인 일을 할 수 있겠지만, 직업 만족도는 현저히 떨어지게 된다. 게다가 현재 미국 제조업 공장의 자동화 프로세스는 그런 일마저 기계가 맡고 있다. 새로 창출된 일자리도 시간제 계약직이나 임시직이 대부분이다. 과거 제조업 노동자들은 끈끈한 동료애와 더불어 자기 일에 대한 자부심이 높았다. 그런 이들에게 시간제 피자 배달 일 같은 일자리는 박탈감을 느끼게 할 것이다. 장기적으로 새로운 일자리가 늘어나는 만큼 잃게 되는 '기회비용(opportunity cost)'도 늘어나게 되는 것이다.

그렇지만 대부분 사람은 19세기 러다이트들의 행위가 잘못됐다는 데 동의할 것이다. 비록 동정심은 느낄 수 있을지 몰라도 말이다. 손으로 옷을 만드는 장인들을 보호하고자 1800년대 초반의 생활 수준으로 돌아가고 싶은 사람은 아무도 없다. 증기 기관, 방적기, 전기 등의 신기술은 생산성을 비약적으로 높였고, 기존 분야의 고용 중단은 훨씬 더 높은 생산 효율과 더 많은 임금이 보장되는 일자리로 상쇄됐다. 탄광 일자리 감소에 안타까운 마음이 들 수는 있어도 100만 석탄 광부를 기반으로 하는 경제를 진심으로 바라는 사람이 있을까? 그동안 무덥고 캄캄한 광산 갱도 3킬로미터 아래에서 힘겹게 일했다면, 콜센터에서 일하는 게 그리 나쁘지는 않을 것이다.

하지만 이런 모든 상황에도 불구하고 첨단 기술과 AI(인공지능)의 21세기 현대 사회에서 '러다이트 오류'는 그런 오류가 아닐 수도 있다. 이율배반적으로 들릴지 모르겠지만 신기술이 실제로 수많은 저숙련 노동자의 고용 상황을 악화시킬 수 있다는 얘기다. 그 이유는 이렇다. 오늘날의 새로운 기술은 19세기 산업혁명 때와는 비교할 수 없을 정도로 고도화했다. 기계는 숙련된 인간 노동력을 아예 대체할 수 있는 경지에 이르렀다. 몇 년 안에 기계가 택시 운전사, 교사, 배달 기사와 같은 직업을 완전히 대신하게 될 것이다. 이론적으로라면 이는 경제 전체의 생산성과 총소득을 증가시켜야 한다. 게다가 신기술은 더 높은 소득, 새로운 일자리, 더 짧은 노동 시간, 더 많은 여가 활동 등 모든 인간의 생활 수준을 계속해서 높여야 한다.

그러나 눈앞에 보이는 현실은 그렇지 않다. 새로운 기술과 새로운 직업이 강력한 독과점 기업을 소유한 사람들이나 기계를 프로그래밍할 수 있는 고도로 숙련된 노동자들에게만 불균형적인 혜택을 제공하고 있다. 육체노동에 특화된 저숙련 노동자들은 자동화에 뒤처질 뿐 아니라, 현대 AI 경제가 요구하는 기계 프로그래밍이나 훨씬 더 전문적인 작업에 더는 적합하지 않기 때문에 고용 전망이 매우 어둡다.

세상이 더 불평등해지는 동안 승자는 파이에서 더 많은 몫을 챙겼지만, 저숙련 노동자들의 파이는 점점 더 작아졌다. 최근 수십 년 동안 세계 전역에서 벌어진 현상이며 추세다. 19세기의 증기 기관, 방적기, 전기는 그야말로 엄청난 기술적 혁신이었고 엄청난 고용 창출을 이끌었다. 전보가 이메일보다 세상에 더 많은 변화를 가져왔다. 하지만 인터넷이나 AI와 같은 신기술은 이전 기술만큼 국민소득에 이바지하지 못했다. GDP(국내총생산)는 증가했으나 증가 속도는 더뎌졌고, 기술 진보에 따른 혜택이 소수의 전유물이 되면서 분배 악화는 더욱 두드러졌다. 19세기와 20세기 초의 신기술은 기존 산업을 파괴하면서도 압도적인 생산성과 생산량으로 이를 상쇄했었다.

그렇다면 이제 3D 프린터와 배달 드론(drone)을 깨부숴도 되는 것일까? 러다이트는 정당성을 확보하는 것일까? 그러기에는 여전히 논쟁의 여지가 남아 있다. 우선 불평등의 심화가 불가피한 결과는 아니라는 점을 염두에 둬야 한다. 1980년대 이후 미국과 서유럽에서 불평등이 확대된 것도 사실이지만, 사회복지 차원에서 신기술 혜택을 보다 평등한 분배에 적용하고자 애쓴 것 또한 사실이다.

기계가 우리를 의학적으로 치료하거나 경제학을 가르칠 수는 있다고 해도, 인간의 공감 능력과 실제 사람이 보이는 이해력은 결코 복제하지 못하는 시점이 올 수도 있다. 벽에 설치된 최첨단 기계에서 더 맛있고 저렴한 커피를 얻을 수 있을지는 몰라도, 신기술이 생활 수준을 더욱 향상함에 따라 우리는 카페 직원과 대화를 즐기기 위해 기꺼이 비용을 낼 수도 있다.

아울러 생겨날 일자리보다 사라진 일자리를 떠올리는 게 언제나 더 쉽다는 점에서 우리의 상상력은 아직 부족하다. 1800년대에도 그랬고 지금도 여전히 마찬가지다. 그렇다. 어떤 새로운 일이 우리를 기다리고 있을지 모른다. 아마도 신기술은 제조나 운송 분야에서 계속 일자리 손실을 초래하겠지만, 새로운 직업이 다른 어느 분야에서 생겨날지 누가 알겠는가?

배달 드론이 배달 기사를 필요 없는 직업으로 만들 수는 있지만, 인건비 절감으로 이어져 소비자에게는 더 저렴한 운송 서비스 혜택으로 연결된다는 사실도 간과하면 안 된다. 불필요한 지출이 줄어들면 실소득이 늘어난다. 배달 차량이 사라져 도로 사정도 한층 쾌적해질 테니 좋은 자전거를 사는 데 돈을 쓰게 될 것이다. 나아가 수익성이 매우 높은 거대 기술 기업들에 적절히 세금을 부과하고 그 세금을 복지에 사용한다면 우리 모두 그 혜택을 받게 될 것이다.

외국인 노동자가 많아지면 실업이 늘어날까
_노동 총량의 오류

'노동 총량의 오류(lump of labour fallacy)'는 전체 경제에서 일자리 수는 항상 고정돼 있다는 믿음 때문에 발생한다. 예를 들어 이민자들로 인한 외국인 노동자 수 증가는 현지 노동자들의 실업으로 이어진다는 생각이 대표적이다.

다른 나라에서 온 이주 노동자들이 주택과 일자리를 점유하고 임금을 낮춘다는 두려움은 때때로 포퓰리즘 정치인들에게 이용되며, 그들이 내거는 정치적 슬로건 아래에서 경제 원칙을 퇴색시킨다. 얼핏 생각하면 해외 이민자 유입으로 노동 공급이 증가하면 임금 하락과 실업으로 이어질 것 같다. 더욱이 실업률이 높은 시점에서 외국인 노동자가 많아지면 일자리를 놓고 경쟁하는 모양새가 펼쳐지므로, 현지 노동자들이 불안해하는 것도 이해하지 못할 현상은 아니다. 하지만 이주 노동자들이 노동 공급뿐 아니라 노동 수요도 늘리기에 문제는 그리 단순하지 않다.

한 나라에서 이민자 수가 증가하고 이들 새로운 노동자가 제조나 운송 분야에서 일자리를 얻게 된다고 가정해보자(실제로도 제조업과 운송업 취업이 대부분이다). 겉으로 보면 확실히 현지 노동자들의 일자리가 줄어드는 양상이 나타난다. 그런데 경제는 끊임없이 움직이지 결코 고정돼 있지 않다. 10만 명의 이주 노동자가 일자리를 확보하면 그만큼 다른 일자리의 수요 증가로 이어진다. 이들이 벌어들인 임금 일부가 상점, 식당, 술집 등에서 소비되며, 이는 이 업종의 노동 수요를 늘리게 된다. 그렇지만 이와 같은 '2차 효과'는 확연히 눈에 띄지는 않는다. 대개의 사람은 인근 슈퍼마켓이 매장 직원을 몇 명 더 고용했다는 사실을 눈치채지 못할뿐더러, 그것을 이민자 증가에 따른 2차 효과라고 인식하지도 않는다. 그렇기에 더욱 오류에 빠지기 쉽다. 버스나 지하철에서 외국인 노동자들이 많아졌다고만 느낄 뿐 그로 인해 새로 창출된 일자리는 못 보는 것이다.

이 문제를 제대로 보려면 실제 통계를 살피는 것이 좋다. 미국 경제는 1900년 초에 크게 성장했다. 동시에 이 시기는 미국 이민자들이 대거 늘어난 때이기도 했다. 1900년에서 1920년까지 무려 1,453만 명의 이민자가 미국으로 건너왔다. 물론 이들은 기존 현지인들의 일자리 일부를 '취했을' 것이다. 그래서 현지인들이 이들 이주 노동자에게 밀려나 실업자로 전락했을까? 아니다. 미국의 실업률은 이 시기에 낮은 수준을 계속 유지했다. 1900년에 실업률은 5퍼센트였다. 1920

년에는 4퍼센트로 더 낮아졌다. 반면 이 기간 동안 실질 임금은 올랐다.

달리 말하면 이 대량 이주 시기는 현지인들의 일자리가 이주 노동자들에게 잠식당하는 원인이 되지 않았다. 오히려 경제 성장을 촉진하는 데 도움이 됐으며, 급속히 성장하는 경제에서 새로운 일자리가 창출되고 임금이 오르는 요인으로 작용했다.

대량 이주가 경제 성장을 가속화하고 일자리 창출에 긍정적인 영향을 미쳤음을 보여주는 통계는 많다. 그런데도 이민자들이 일자리를 빼앗는다는 믿음은 여전히 유효할 수 있다. 그렇게밖에 생각할 수 없는 일도 있기 때문이다. 이를테면 대량 실업 사태가 벌어진 상황일 때 그렇다. 경제가 침체 국면이라서 현지 노동자들이 일자리를 구하지 못해 실업 상태인 경우다. 이 시기에는 대량 이주가 발생해도 여전히 높은 실업률이 지속된다. 현지 노동자들은 실업자로 있는데 이민자들은 일자리를 얻는 경우가 있다. 아마도 기꺼이 낮은 임금으로 일할 의사가 있기에 그럴 것이다. 어쨌든 이 경우 어떤 사람들은 이민자들이 실업 위기를 악화시킨다고 인식할 수 있다.

그러나 사실은 경기 침체 속에서도 이주자들은 노동자 수요를 늘리고 소비를 진작시키는 동일한 영향을 미치고 있었다. 경제 상황이 좋지 않아 더욱 티가 나지 않았을 뿐이다. 높은 실업률이 계속되는 상황에서 그 원인을 이민자들 탓으로 돌리고 싶은 심리도 한몫했을 것이다. 더욱이 해외 이민은 경제 상황에 매우 민감하다. 20세기 초반 1,400만 명이 넘는 이민자들이 미국으로 건너왔는데, 대공황 시기인

1930년에서 1940년 사이에는 53만 명으로 급격히 감소했다. 그도 그럴 것이, 실업률이 높으면 그 나라로 이주하려는 유인이 크게 줄어들기 때문이다. EU(유럽연합)이 또 다른 좋은 사례다. EU 국가 내 노동력의 자유로운 이동은 저임금 경제의 노동자들이 고임금 경제 국가의 노동 시장으로 이동하는 유인을 만들어냈다. 아일랜드 경제가 호황이던 2000년대 초 동유럽의 수많은 젊은 노동자들이 아일랜드로 이주해 건설업과 소매업 직종에 취업했다. 하지만 2007년 경제 위기가 닥치자 그 수가 급감했고, 아일랜드에서 일하고 있던 이주 노동자 대부분도 고향으로 돌아갔다. 이와 같은 이민자들의 유입 패턴은 아일랜드 실업률에 영향을 미치는 것처럼 보일 수밖에 없었다.

이민자들에 대한 또 하나의 이론적 두려움은, 이들이 남의 나라에서 번 돈을 자기 나라의 가족에게 보내므로 결국 경제에 도움이 되지 않는다는 발상에서 비롯된다. 이 관점에 따르면 이주 노동자들은 자신이 임금을 받는 나라에서 돈을 거의 쓰지 않기 때문에 소비 진작에 아무런 도움이 되지 못한다. 따라서 일자리 창출과는 무관하다는 것이다. 그렇지만 실제로 이주 노동자들은 자신이 일하는 나라에서 상당 금액의 생활비를 소비하고 있으며, 자국으로의 송금 액수도 제도적으로 제한돼 있다.

'노동 총량의 오류'에 관한 또 다른 사례는 노동 시간과 관련이 있다. 평균 노동 시간을 줄이면 일자리가 창출될까? 실업률이 10퍼센트이고 평균 노동 시간이 주 40시간이라고 가정해보자. 이때 실업률 감소 해법으로 주당 근무 시간을 40시간에서 30시간으로 줄이는 방안을 고려해볼 수 있다. 주당 최대 근무 시간을 30시간으로 제한하면, 기업은 손실이 발생한 노동 시간을 보충하고자 더 많은 노동자를 고용해야 하므로 실업률을 낮출 수 있다. 적어도 이론적으로는 일리가 있어 보인다. 기업이 줄어든 25퍼센트의 노동 시간을 상쇄하기 위해 추가 노동력을 확보한다면, 결과적으로 일자리가 증가해 실업이 감소할 것이다.

하지만 상황은 결코 그리 단순하게 흘러가지 않는다. 주당 최대 근무 시간이 30시간이 되면 기업은 노동자에게 더 많은 생산성을 끌어내는 쪽으로 조직관리 전략을 수정할 수도 있다. 주 40시간 시절의 생산성을 유지하고자 가능한 모든 수단을 동원할 것이다. 초과 근무수당을 지급하거나 인사 평가에 적용할 성과 지표를 바꿀 수도 있고, 생산성을 높이는 새로운 기술이나 기계를 도입할 수도 있다.

고용을 늘리는 것도 쉬운 일은 아니다. 설령 줄어든 근무 시간으로 감소한 생산성을 채우기 위해 기업이 추가 고용을 결정하더라도, 막상 적절히 숙련된 노동 인력을 구하지 못할 수도 있다. 해당 업무가 전문적일수록 더욱 그렇다. 더구나 인사 부서나 관리자의 근무 시간 또한 줄었으므로 추가 고용 업무에 쓸 시간도 그만큼 줄어든다.

소득 감소 문제도 있다. 노동자의 근무 시간을 40시간에서 30시간으로 줄이면 임금도 줄어들 수밖에 없다. 그러면 소득이 줄어든 노동자의 소비 지출도 줄어서 제품이나 서비스 수요도 감소한다. 이에 따라 생산량이 줄기 때문에 추가 노동력에 대한 수요도 적어질 것이다.

실제 사례를 들어보자. 2000년 2월 프랑스는 근로기준법을 수정해

주당 최대 근무 시간을 35시간으로 제한했다. 목표는 일자리 공유를 장려함으로써 실업률을 10퍼센트로 낮추는 것이었다. 주 35시간 근무제의 다양한 효과에 관해서는 논란의 여지가 있었지만, 정부의 목표를 충족시키지는 못했다. 고용 확대나 일자리 공유는 거의 증가하지 않았다. 기업 대부분은 더 많이 고용하는 대신 기존 노동자들에게 초과 근무 수당을 지급해 법률을 우회했다. 2000년대 초반 실업률이 약간 하락했으나 주 35시간 근무제의 영향은 아니었고, 이 실험 이후 16년 동안 프랑스의 실업률은 여전히 두 자릿수를 유지했다. 대다수 경제평론가는 최대 근무 시간 감소 정책이 사업비용을 증가시키고 기업이 고용 문제를 더욱 민감히 여기게 만든다고 비판했다.

깨진 유리창은 경제에 얼마나 영향을 미칠까
_깨진 유리창 오류

　'깨진 유리창(Broken window)'은 낙서나 유리창 파손 등 작은 범죄를 방치하면 더 큰 범죄를 초래한다는 범죄심리학 이론으로 유명하며, 언제부터인가 비즈니스 용어로도 쓰이고 있다. 깨진 유리창으로 상징되는 사소한 문제가 기업의 흥망을 좌우한다는 얘기다. 그런데 사실 '깨진 유리창'은 그보다 훨씬 전에 등장한 비유다. 허리케인이 휩쓸고 지나가 도시를 엉망으로 만들게 되면 그 여파로 경제 활동이 급증할 수 있다. 집주인이 깨진 유리창을 갈아 끼우고 부서진 벽을 보수하려면 비용을 들여 유리공과 건축업자를 불러야 할 것이다. 이런 관점에서 보면 깨진 유리창이 경제 생산량 증가를 불러올 수 있다.

　유리공과 건축업자만 이득을 보는 것도 아니다. 이들이 돈을 벌면 그 돈을 지출하게 되는데, 소득이 높아지면 더 많이 지출할 수 있게 되므로 상점과 식당 등의 수요가 증가한다. 따라서 '깨진 유리창'이라는 사소한 요인이 경제 전반에 큰 영향을 미친다는 것이다.

그러나 깨진 유리창을 갈아 끼운다고 해서 생산량과 복지가 늘지는 않는다. 깨진 유리창 교체라는 경제 활동을 실제 생산량 증가와 연결하는 관점은 '기회비용'을 고려하지 못한 오류다. 깨진 유리창 때문에 집주인에게 지출이 생긴 것은 맞다. 하지만 집주인은 예상치 못한 유리창 교체로 발생한 비용을 다른 용도로 지출하지 않음으로써 상쇄할 것이다. 유리창 교체 때문에 다른 곳에 쓸 돈을 썼기 때문이다.

기회비용은 경제학에서 매우 중요한 개념이다. 기회비용은 다른 경제적 선택을 포기함으로써 생긴다. 살면서 우리는 끊임없이 기회비용과 관련한 선택에 직면한다. 집주인이 새 차를 마련코자 돈을 모으고 있었다고 생각해보자. 열심히 저축해 내일이면 자동차 대리점에 갈 수 있게 됐다. 그랬는데 허리케인이 유리창을 깨뜨려 저축한 돈의 상당 금액을 자동차 구매가 아닌 유리창 교체에 쓰고 말았다. 유리창을 갈아 끼우느라고 기회비용이 발생한 것이다. 그 결과 유리공은 돈을 벌었으나 자동차 딜러는 그러지 못했다. 깨진 유리창은 지역 경제의 총생산량과 총소득을 높인 게 아니라 단지 소득을 이동시켰을 뿐이다. 게다가 유리공도 번 돈을 복지에 사용하지 못했다. 자기 집도 허리케인으로 피해를 봤기 때문이다.

이는 건축업자도 마찬가지였다. 이번에는 이렇게 생각해보자. 허리케인이 여러분 집을 심각하게 훼손해 3만 달러의 복구비가 나왔다고 치자. 집 확장 공사를 하려고 모아둔 3만 달러였다. 3만 달러가 기회비용이 된 것이다. 이 3만 달러는 이제 집 확장은커녕 원래 살던 대로 돌려놓기 위해 써버렸다. 건축업자 집도 허리케인 피해를 보긴 매한가지였지만, 여러분에게 받은 3만 달러로 고치면 됐다. 그래서 건축업자는 실질적 소득도 없고 기회비용도 발생하지 않았다. 단순하게 말하자면 건축업자의 집 복구비는 0달러이고 여러분은 3만 달러다. 게다가 여러분의 상황은 더 나빠졌다. 더 큰 집에서 살 수 있었으나 돈만 들이고 지금과 같은 집에 살게 됐다.

깨진 유리창 오류는 프랑스 경제학자 프레데릭 바스티아(Frédéric Bastiat, 1801~1850)가 처음 소개했다. 그는 말년에 〈보이는 것과 보이지 않는 것(Ce qu'on voit et ce qu'on ne voit pas)〉이라는 제목의 영향력 있는 논문을 발표했다. 이 논문의 제1장 '깨진 유리창(La vitre cassée)'에서 그는 유리창을 깨뜨린 아들 때문에 화가 난 가게 주인의 사례를 든다. 유리창을 교체하는 비용이 6프랑(Franc)이라면 유리공은 6프랑을 벌 수 있으니, 결과적으로 아들의 실수가 경제 활동을 촉진한 셈이라고 생각할 수 있다. 이는 '보이는 것'이다. 하지만 만약 아들이 유리창을 깨지 않았다면 가게 주인은 새 구두나 책을 사는 데 6프랑을 썼을지도 모른다. 바스티아는 이 '보이지 않는 것'을 봐야 한다고 지적한다. 다름 아닌 '기회비용'이다.

그렇다면 '깨진 유리창'이 경제적으로 긍정적인 영향을 미치는 때는 없을까? 수백만 달러를 저축해놓고 한 푼도 쓰지 않는 매우 부유한 구두쇠 집 창문을 깨면 결과가 달라질 수 있다. 이 부자 구두쇠는 자기 돈만 저축할 뿐 그 어떤 생산적인 효과도 발생시키지 않고 있다.

그러므로 그의 집 창문에 벽돌을 던진다면, 그가 원래는 쓰지 않았을 돈을 쓰게 될 것이다. 그러면 기회비용 없이 경제적 효과를 볼 수 있다.

그러나 부유한 구두쇠 사례의 경우에도 보이지 않는 놀라운 효과가 있을 수 있다. 그가 수백만 달러의 막대한 재산을 은행에 예금해놓고 있다면 그렇다. 저축만 하고 지출은 하지 않으니 경제 활동이 없는 것 같지만, 실제로는 이 부자 구두쇠 덕분에 지역 경제가 활발히 돌아가고 있다. 그가 저축한 돈이 은행 현금 금고에만 얌전히 모셔져 있을까? 그렇지 않다. 은행은 예금의 상당 부분을 주택 소유자나 기업에 '대출'이라는 형태로 자유롭게 빌려준다. 따라서 부자들의 은행 예금이 감소한다면 대출에 제한이 생기게 되고, 기업 투자의 저해 요인으로 작용해 지역 비즈니스에 부정적인 영향을 미치게 된다.

그런데도 '깨진 유리창 오류'가 오류가 아니었던 한 가지 사례가 있다. 영국 경제학자 존 메이너드 케인스(John Maynard Keynes, 1883~1946)는 대공황 당시 경제가 직면한 수요 붕괴에 대해 즉각적으로 조처해야 한다고 주장했다. 사람들에게 돈을 줘서 땅에 구멍을 파고 다시 메우도록 해야 한다고까지 말했다. 이는 '깨진 유리창'이 경제를 활성화한다는 논리와 일맥상통했다.

케인스는 당시 경제에서 가장 심각한 상황은 대량 실업, 미사용 예금액, 지출이나 투자를 꺼리는 사람들의 심리라고 분석했다. 이 유례없는 상황에서는 부유한 구두쇠의 유리창을 깨는 게 기회비용 없이 경제 활동을 증가시킬 수 있는 유일한 방안이었다. 하지만 여기에서의 핵심은 대공황 같은 엄청난 경기 침체 속 마지막 수단으로만 유리창을 깨는 것이 필요하다는 사실이다. 일반적인 경제 상황에서는 아무리 깨진 유리창을 고쳐도 경제 생산량이 증가하지 않는다. 더 생산적인 소비 활동을 방해할 뿐이다.

바스티아는 〈보이는 것과 보이지 않는 것〉에서 경제를 '생산'과 '소득' 관점에서만 바라보는 경제학의 또 다른 한계에 관해서도 언급한다. 공식적인 통계자료를 보면 깨진 유리창 수리비로 돈을 쓰든 새 창문 교체비로 쓰든 간에 총생산량은 같다. 다만 생활 환경 측면에서는 두 가지 유형의 지출에 차이가 있다. 깨진 유리창을 셀로판테이프로 붙이든가 해서 수리해놓으면 보기에 흉하다. 그리고 볼 때마다 집이 손상된 모습에 기분이 좋지 않다. 그래서 수리가 교체보다 경제적이어도 유리창이 깨지면 대부분 교체를 선택한다.

범죄심리학 이론에서 사례로 들듯 '깨진 유리창'이 만연하면 무질서, 범죄, 파괴 행위가 증가하고 공동체 의식이 저하되기도 한다. 더욱이 번화가 상점들의 깨진 유리창을 보고 실망하지 않을 쇼핑객은 거의 없을 것이다. 그렇기에 비용이 더 들더라도 유리창을 통째로 갈아 끼우지, 붙이거나 때우지 않는다. 오히려 수리하는 비용이 돈 낭비처럼 느껴진다. 유리공은 수리비라도 챙길 수 있겠지만, 그 지역 경제는 쇼핑객 감소로 타격을 입을 것이다.

나쁜 프로젝트를 포기하지 못하는 이유는?
_매몰비용 오류

'매몰비용 오류(sunk cost fallacy)'는 어떤 프로젝트를 계속 진행하는 게 최선이 아닌데도 이전의 투자와 지출 때문에 멈추지 못하고 계속할 때 발생한다. 달리 말하자면 이미 돈을 많이 썼으니 이제 와서 포기할 수 없다는 것이다. 과거의 결정에 집착하고 실수를 인정하고 싶지 않은 심리도 작용한다.

정부가 새로운 철도 노선 계획에 몇 년 동안 100억 달러를 투자해왔는데, 예기치 못하게 기차 여행 수요가 급감해 프로젝트가 더는 사회적 가치를 기대할 수 없게 됐다고 가정해보자. 어떻게 해야 할까? 이미 100억 달러를 지출했으니 계속 진행해서 프로젝트를 완료해야 할까? 아니면 이제는 더이상 좋은 계획이 아니므로 이미 쓴 100억 달러를 낭비한 채 포기해야 할까?

논리적 관점에서 보면 이렇다. 새로운 철도 계획에 지출한 100억 달러는 이미 사라진 돈이다. 프로젝트를 취소하더라도 되돌릴 수 없다. 현재 없는 돈이기에 이미 사용한 100억 달러가 프로젝트 계속 진행 여부를 결정하는 데 영향을 미쳐서는 안 된다. 프로젝트를 마무리하는 데 추가로 250억 달러가 들어가고 기대 수익이 70억 달러라고 해보자. 이는 180억 달러의 손실을 발생시킨다는 얘기다. 따라서 계획을 중단하고 100억 달러만 손해 보는 편이 낫다. 계속 진행하면 이미 잃은 100억 달러에 더해 최종 손실은 모두 280억 달러가 된다. "이미 낭비한 곳에 돈 쓰지 말라"는 투자 속담을 떠올릴 필요가 있다.

그런데 문제는 여기에 '몇 년'이라는 시간이 추가되므로 그동안의 '노력'이 '비용'과 더불어 '투자'로 여겨진다는 데 있다. 노력이 물거품이 된다는 생각에 포기하기 더욱 어렵다. 그래도 같은 맥락에서 바라봐야 한다. 나쁜 프로젝트는 노력도 헛되게 만든다. 일단 시작하면 잘못을 인정하기 어려워져서 더 큰 손실을 보게 된다. 어디에 묻혀 있는지 모르는 금을 찾고자 아무 데나 구덩이를 파는 것과 마찬가지다. 금을 찾지 못해도 이미 큰 노력을 들였기 때문에 더 많은 구덩이를 계속 파야 한다고 믿게 된다.

매몰비용을 설명하는 다른 사례도 있다. 미친 소리처럼 들릴 수 있겠지만, 한 연구에서 실제로 일어난 일이다. 어떤 사람이 취소 불가인 피트니스 센터 연간 회원권을 구매하고 몇 달 뒤 팔을 다쳤다. 팔을 다쳤으니 운동을 그만두는 게 일반적인 판단이겠지만 그는 그러지 않았다. 돈을 이미 냈으니 이용하지 않으면 낭비라는 생각에 사로잡혔다. 결국 피트니스 센터에 빠짐없이 나가서 통증을 참아가며 운동을 계속했다. 그 덕분에 다친 팔이 회복되는 데에도 오랜 시간이 걸렸다. 하지만 들인 돈의 가치는 지켰다며 만족해했다.

더 단순한 예도 있다. 인당 50달러짜리 뷔페에서 음식을 먹는 장면을 떠올려보자. 이미 많이 먹어서 배가 부른데도 또다시 접시에 음식을 한가득 채운다. 50달러의 매몰비용이 아까워서다.

우리가 매몰비용 오류에 취약한 까닭은 무엇일까? 행동 경제학자들은 사람들이 모든 손실과 이익을 동등하게 평가하지 않는 경향이 있다는 점에 주목한다. 사람들은 뭔가를 소유하고 있을 때 그것에 더 큰 애착을 느낀다. 우리는 자신도 모르게 '지출'과 '정서(감정)'를 연결한다. 피트니스 센터 회원권에 정서적으로 투자한다고 느낀다. 자신의 사업이 반쯤 지어진 공장에 정서적으로 반영된다고 여긴다. 지금껏 들인 노력을 내려놓게 되면 심리적 타격을 입는다고 생각한다.

인간의 또 하나의 특성은 실수를 인정하기 싫어한다는 점이다. 정부가 초음속 여객기 개발 사업을 시작했다고 가정해보자. 이미 100억 달러를 쓰고 몇 년 뒤 사업성 분석 보고서가 나왔는데 이용 승객이 적어 사업 실효성이 매우 낮다는 내용이었다. 그런데 담당 정부 관료는 이를 알고도 개발을 묵인한다. 내가 승인한 사업이 실수일 리가 없을뿐더러, 초음속 여객기가 훗날 비효율적이라고 밝혀진 뒤에 포기해도 늦지 않다고 생각한다. 프로젝트를 중단하게 되면 중단할 당시의 담당 관료가 책임져야 한다는 점도 그가 포기하지 않은 요인이다. 개발이 끝날 시점에는 자신이 계속 이 자리에 있지 않을 수도 있다.

다른 관계자들도 사정은 매한가지다. 그러니 설령 지금 돈 낭비로 보이더라도 누가 신경을 쓰겠는가?

이 이야기는 초음속 여객기 '콩코드(Concorde)' 개발 때의 실제 사례다. 1969년 영국과 프랑스가 공동으로 추진한 이 프로젝트는 결국 파리에서 뉴욕을 3시간 30분 이내에 비행할 수 있는 초음속 여객기 콩코드를 탄생시켰다. 첫 정식 비행은 1976년 이뤄졌다. 그러나 엄청나게 빠른 속도만큼 엄청나게 많은 연료를 소비하는 데다, 국제 석유 파동(oil shock)과 맞물려 유류비가 엄청나게 올랐다. 경제성이 너무 떨어졌다. 게다가 오랜 개발 기간 동안 다른 점보 여객기도 진화해 승객 500명이 탑승하는 수준에 이르렀다. 콩코드의 3배였다. 한마디로 경쟁이 되지 않았다. 값비싼 개발비는 둘째치고 운행하면 할수록 막대한 손실이 발생했다. 그런데도 양국 정부는 자신들의 실수를 인정하지 않았다. 콩코드는 2003년 4월까지 190억 달러를 허공에 날리고서야 운항이 중단됐다.

그렇다면 매몰비용 오류가 적용되지 않는 경우는 없을까? 매몰비용을 무조건 무시해야만 현명한 판단을 내릴 수 있을까? 꼭 그렇지만은 않다. 논리적인 비용 효익 분석을 무시하면서까지 사람들이 매몰비용에 어느 정도 가치를 두는 이유가 있을 수 있다.

여러분이 사업을 시작했는데 꽤 큰 비용이 들어가는 새로운 프로젝트를 진행하느라 몇 년을 공들였다고 생각해보자. 그렇게 여러분 회사의 직원들은 온 힘을 기울인 끝에 마침내 신제품을 개발했다. 그런데 막상 출시하고 나니 시장 반응이 좋지 않아 손해를 보게 됐다. 합리적인 사업가라면 투자 기간, 비용, 노력 등의 매몰비용을 무시하고 생산을 중단해야 한다.

하지만 이때 매몰비용을 간단히 무시해버리면 예상치 못한 문제가 생길 수 있다. 우선 여러분은 몇 년 동안의 노력이 물거품이 돼서 사기가 꺾인 직원들의 모습을 보게 된다. 논리적으로는 올바른 결정이지만 그 판단을 신뢰하지 않을 수도 있다. 다음 프로젝트도 잘되지 않으면 곧장 엎어지리라는 두려움에 일할 의욕을 잃게 될지도 모른다. 소비자에게는 기업이 나약하고 무능하다는 인상을 심어주게 된다. 출시한 지 얼마 되지 않은 제품을 절판한다면 기업이 그 산업을 제대로 이해하지 못하는 것처럼 보인다. 그러므로 상황을 지켜보며 다른 방안을 모색해봐야 한다.

그렇다. 매몰비용을 무시하고 중단하는 게 합리적일지는 몰라도, 사실 기업은 자신들이 하는 일을 매우 잘 알고 있다는 인상을 시장에 심어줘야 한다. 그래서 지속적인 재정적 타격을 감수하고라도 계속 생산하는 것이 더 나은 판단이며, 판매가 호전되도록 마케팅 차원의 노력이 필요하다. 그런데도 상황이 나아지지 않으면, 아마도 몇 년 뒤 조용히 시장에서 사라지게 하면 된다. 그때는 누구라도 자연스럽게 받아들일 것이다. 사업은 쉬운 일이 아니다. 때로는 이처럼 기본적인 회계보다 더 많은 것들을 고려해야 하며, 그것들이 회사와 시장에 어떤 영향을 미칠지를 전략적으로 판단해야 한다.

매몰비용 오류에 관한 사례가 하나 더 있다. 여러분이 12월 1일에 크리스마스트리 100그루를 각각 5달러에 사들여 10달러에 판다고 가정해보자. 12월 23일까지 80그루를 팔았다. 나머지 20그루는 어떻게 처리해야 할까? 이 경우에도 여러분이 이미 쓴 돈은 아무런 관련이 없다. 500달러는 매몰비용이며 돌려받을 수 없는 돈이다. 따라서 처음의 목표 가격으로 판매할 수 없는 이런 상황에서는 내년에 팔고자 20그루를 보관하기보다는 1달러라도 받고 얼른 처분하는 편이 바람직하다. 이때 유일한 부작용은 여러분이 크리스마스트리 가격을 1달러로 대폭 낮춤으로써 시장 질서를 어지럽혔다는 평판을 얻게 된다는 점이다. 더구나 소비자들에게 가격 인하 기대 심리를 갖게 해서 내년에는 10달러로도 팔기 어려워질 수 있다. 세상에 간단한 일은 하나도 없다.

내가 이익을 얻으려면
반드시 타인이 희생돼야 할까
_제로섬 게임

'제로섬 게임(zero-sum game)'이란 한쪽의 이익과 다른 쪽의 손해를 더하면 '제로(0)'가 되는 경쟁 상황을 말한다. 여기에는 내가 이익을 얻으려면 다른 사람이 희생될 수밖에 없다는 생각이 깔려 있다. 전체를 놓고 보면 승자와 패자가 언제나 같은 수다.

경제학이 가진 근본적인 문제는 다름 아닌 '희소성'이다. 희소한 재화를 어떻게 분배하느냐의 문제다. 재화를 케이크와 같다고 생각하면, 우리가 할 수 있는 유일한 일은 누가 더 큰 케이크 조각을 가져갈지 결정하는 것뿐이다.

제로섬 게임 관점에서 볼 때 누군가 더 큰 조각을 가져가면 누군가는 더 작은 조각을 갖게 된다. 그렇기에 이를테면 정부 입장에서 무료 학교 급식 제공은 기회비용을 발생시킨다. 더 높은 세금이나 더 낮은 의료비 지출이 요구되는 일이다. 이런 측면에서 정부 예산은 틀림없이 제로섬 게임이다.

그러나 케이크 자르기와 같은 틀에 박힌 경제관은 오해의 여지를 만들어낸다. 실제로는 케이크를 더 크게 만들어 모두에게 똑같이 큰 조각을 나눠줄 수 있다. 어떤 경제평론가들은 경제에서 '자유시장(free market)'을 장려하면 할수록 불평등이 더욱 심해진다고 주장한다. 고숙련 노동자와 부유한 사람들이 더 많은 몫을 얻게 된다는 것이다.

반면 자유시장 경제를 지지하는 사람들은 시장을 제로섬 게임으로 보는 관점이 잘못이라고 반박한다. 기업에 더 많은 기회를 제공하면 그들 자신의 이익뿐 아니라 새로운 일자리를 창출하는 사업을 벌일 수 있다. 그러므로 기업가가 새로운 사업을 추진하도록 허용하는 일

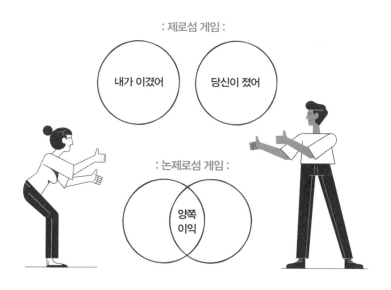

은 제로섬 게임이 아니다. 기업이 많아지면 케이크를 더 키울 수 있고 모든 사람이 그 혜택을 받을 수 있다.

17세기 경제학을 지배한 관점은 '중상주의(mercantilism)'였다. 상업의 기반이 되는 공업을 중시하고 발전시켜야 한다는 경제 이념이다. 중상주의는 '국부(national wealth)'를 강조했다. 국가(사실은 군주)가 잘 살아야 한다는 것이다. 중상주의 정책의 목표는 국가의 번영과 국력의 신장이다. 이를 위한 국가의 목표는 오직 국부다. 여기에서 국부는 '금'과 같은 귀금속을 의미한다.

중상주의 이념의 기반이 바로 제로섬 게임이다. 기본 발상은 부자가 되고 싶은 나라는 다른 나라의 부를 취해야 한다는 것이었다. 이 논리는 전 세계 금을 모두 합친 양은 항상 같다는 사실에서 비롯됐다. 더 많은 금을 가지려면 다른 국가를 희생시켜야 했다. 부자가 되는 유일한 방법은 남의 부를 빼앗는 것이라는 믿음은 침략 및 정복 전쟁과 제국 건설을 부추겼다. 이것이 대항해와 식민지 시대 때 일어난 일이었다. 유럽 국가들은 머나먼 땅을 찾아 탐험했고, 그렇게 발견한 곳에서 부를 얻고자 했다.

이후 경제학자들은 제로섬 경제학을 암묵적으로 비판하면서 '자유무역(free trade)' 이론을 내세웠다. 다른 나라들의 부를 갈취하지 않고도 부를 늘릴 수 있다고 제안했다. 무역 협정을 맺으면 국가가 서로 이익을 볼 수 있다는 주장이었다.

예컨대 미국이 인도네시아에서 고무를 수입하는 대신 의류와 같은 공산품을 인도네시아에 수출하는 식이었다. 이 경우 미국은 남는 공산품을 인도네시아에 수출해 필요한 고무를 수입하고, 인도네시아는 남는 고무를 수출해 필요한 공산품을 수입할 수 있으니 제로섬 게임이 아니다. 어차피 남는 재화를 통해 없는 재화를 얻는 방식이므로 양국 모두에 이익인 '윈윈(win-win)' 게임이다. 우리가 제로섬 게임 세상에서 살고 있지 않다는 사실을 이해하면 남의 것을 빼앗아야겠다는 동기도 사라진다.

이런 생각의 전환에 가장 큰 영향을 미친 경제학 책이 바로 영국 경제학자 애덤 스미스(Adam Smith, 1723~1790)가 쓴 《국부론(The Wealth of Nations)》이다. 그는 기존 중상주의에 대해 비판적 시각을 갖고 있었으며, '자유시장(free market)'과 '자유방임주의(laissez-faire)'의 대표적 옹호자였다. 그의 통찰은 사리사욕의 추구가 상호 이익으로 이어질 수 있음을 보여줬다. 정육점과 빵집은 돈을 벌고자 상품을 판매함으로써 소비자와 공급자의 복지를 향상한다. 자유방임주의 경제학의 핵심은 개인과 기업이 제로섬 게임을 하지 않고도 사리사욕을 추구할 수 있다는 데 있다. 기업은 자신들의 이익으로 동기를 부여받는 대신 노동자를 위한 일자리와 소비자를 위한 재화를 창출한다. 자유시장을 비판하는 사람들은 불평등을 초래한다고 말한다. 자유시장 지지자들은 제로섬 게임이 아니라고 주장한다. 쟁점은 모두가 이익을 얻느냐의 문제일 것이다.

자유방임주의 경제학을 표방한 애덤 스미스도 자유시장의 한계를 알고 있었다. 그는 기업이 소비자의 복지를 감소시킬 수 있는 상황이 있다는 점을 지적했다. 예를 들어 스미스 자신의 살아생전 동인도 회사처럼 기업이 독점권을 갖고 있으면, 높은 가격을 매겨 소비자를 희생시킴으로써 더 큰 이익을 얻을 수 있다. 이 경우 시장은 제로섬 게임으로 변질한다. 기업은 가격을 마음대로 올리고 소비자는 손해를 보게 된다.

부분이 옳으면 전체도 옳을까
_구성의 오류

　'구성의 오류(fallacy of composition)'는 부분적·개별적으로 타당하다면 전체에 적용해도 성립하리라고 여길 때 발생한다. 부분이 옳다고 전체가 옳은 것은 아니다. 쉬운 예를 들어보자. 사람이 많이 앉아 있는 곳에서 일어나면 더 잘 보인다. 참이다. 따라서 모든 사람이 일어나면 잘 보인다. 거짓이다. 우리는 경제학에서도 이 구성의 오류를 다양한 형태로 발견할 수 있다.

　대표적인 예로 '공유지의 비극(tragedy of the commons)'이라고 알려진 것이 있다. 1833년 영국 경제학자 윌리엄 포스터 로이드(William Forster Lloyd, 1794~1852)가 소개한 개념이다. 어떤 마을 근처에 가축에게 풀을 먹이기 좋은 공동 목초지가 있는데, 근처 농민이 소를 몰고 와 마음껏 풀을 먹였다. 목초지가 넓은 데다 풀도 많이 나 있어서 아무리 먹어도 문제없었다. 그런데 너도나도 자기 소를 데리고 몰려오자 어느덧 풀이 남지 않게 됐다. 한두 마리일 때는 괜찮았지만 한꺼번에 무차별적으로 풀뿌리까지 먹어 치우자 금세 풀 한 포기 나지 않는 황무지로 전락해버렸다. 적당히 이용했다면 모두가 이익을 얻었을 것이다. 개인이 자신의 사리사욕을 넘어서 생각하고 공공의 이익을 위해 더 큰 그림을 그려야 한다는 사실을 알 수 있다.

수산 자원도 마찬가지다. 물고기를 잡아 생계를 꾸려가는 어부 개인의 처지에서는 바다 위에서 더 오랫동안 어업하고 싶을 것이다. 하지만 똑같은 생각으로 모두가 바다로 나오면 수산 자원은 곧 고갈될 것이다. '공유지의 비극'은 사리사욕을 극대화하면 어떤 일이 벌어지는지 보여주는 단적인 예다. 시장 실패를 방지하기 위한 정부의 경제 개입을 정당화할 때 자주 거론되기도 한다.

한편으로 '공유지의 비극'을 극복하려는 흥미로운 시도도 있다. 2009년 여성 경제학자 최초로 노벨경제학상을 받은 미국 경제학자 엘리너 오스트롬(Elinor Ostrom, 1933~2012)의 연구가 그것이다. 그녀는 공동체 스스로 실용적이고 효율적인 공유 자원 관리를 할 수 있음을 증명코자 했다. 오스트롬은 정부 개입 없이 공동 목초지를 관리하는 스위스와 독일의 고산 지대 공동체 사례를 제시했다. 그녀에 따르면 사회적 유대와 좋은 이웃에 대한 열망은 개인이 경제학에서 말하는 이기적·합리적 인간처럼 행동하지 않게 만들고 '구성의 오류'를 극복할 수 있게 해준다. 그녀가 예로 든 공동체 구성원들은 모두 과도한 이기심이 장기적으로 자신에게 해가 되리라는 사실을 이해했고 공동의 선을 위해 함께 노력하고 있었다.

'구성의 오류'를 설명할 때 빼놓을 수 없는 또 다른 예가 존 메이너드 케인스의 '절약의 역설(paradox of thrift)'이다. 대공황 시기 동안 케인스는 개인들이 저축을 늘려 미래에 대비하는 모습을 관찰했다. 이는 분명히 합리적인 결정이었다. 그렇지만 모든 사람이 동시에 저축만 하고 소비하지 않으면 경제에 큰 피해를 주게 된다. 저축을 늘리는 것이 개인에게는 현명한 선택이지만, 사회 전체를 놓고 보면 되레 빈곤해질 수 있는 것이다. 더 많이 저축한다고 해서 경제가 나아지지는 않는다. 돈은 돌아야 한다. 누군가가 소비를 해야 누군가에게 소득이 생긴다.

특히 대공황 때는 경제에서 수요가 매우 부족했다. 사람들이 물건을 사지 않았기 때문에 상품 수요도 떨어졌고 상품을 생산할 노동 수요도 떨어졌다. 물건은 재고로 쌓였고 노동자들은 계속해서 해고당했다. 더 많은 사람이 허리띠를 졸라맬수록 수요는 더 떨어졌고 경제는 더 나빠졌다. 당시 케인스는 개인의 저축 증대에 대응하려면 정부가 돈을 풀어 수요 감소에 대응해야 한다고 강조했다. '절약의 역설'을 '저축의 역설'이라고도 부른다. 요컨대 저축은 개인에게는 좋지만, 모두가 저축만 하게 되면 경제에 악영향을 미친다.

코로나19 팬데믹 상황에서 어떤 사람들은 속으로 이렇게 생각했을지 모르겠다.

'내가 사람들과 만나고 어울리는 건 괜찮아. 혹시 걸린다고 해도 나한 사람이 전체 감염률에 큰 영향이야 미치겠어? 그러니 괜찮아.'

그러나 모든 사람이 이런 식으로 생각하고 행동하면 바이러스 감염이 급증하고 병원에 과부하가 걸리게 된다. 전 세계가 비상인 코로나19 팬데믹 상황에서 논리와 확률을 따지는 것은 이기적이다. 우리는 무엇이 자신에게 가장 좋은지 생각해서는 안 된다. 모두가 이기적인 관점만 취하면 다른 모든 사람에게 심각한 건강과 경제적 손해를 끼칠 수 있다는 사실을 이해해야 한다.

'구성의 오류'는 공공재(public goods), 즉 사회 전체에 이익이 되는 재화와 관련한 비용이 발생할 때 나타날 수도 있다. 이때에도 개인의 관점에서는 내지 않는 것이 합리적이다. 내 돈은 아끼면서 다른 사람들이 값을 치른 공공재의 혜택을 누릴 수 있다. 어떤 기업이 여러분 마을에 홍수 방지 시설을 설치할 테니 인당 50달러씩 기부해달라 요청했다고 생각해보자. 어떻게 하겠는가? 성숙한 시민의식을 가진 여러분이라면 기꺼이 50달러를 낼 것이다. 그런데 인구 100만 명 이상의 큰 도시에 살고 있다면 이런 생각이 들 수도 있다.

'굳이 내가 50달러를 내지 않아도 돈은 충분히 모일 것 같은데? 그깟 50달러 안 냈다고 결과가 달라지진 않을 거야. 내 돈은 소중해.'

물론 한두 사람이 돈을 안 낸다면 큰 영향은 없을 것이다. 문제는 여러분처럼 생각한 사람들이 많을 때 벌어진다. 도시의 대부분 시민이 같은 생각으로 아무도 기부하지 않는다면 홍수 방지 시설은 건설되지 않을 것이다. 아무리 공공의 이익에 도움이 되는 시설이라도 '나 하나쯤이야' 하는 개개인의 이기심 때문에 무산된 경우가 있다.

이는 '무임승차자 문제(free rider problem)'라는 개념으로 알려져 있다. 정당한 대가를 치르지 않고 공공재나 서비스를 이용해 초래되는 시장 실패를 일컫는 용어다. 비용을 내지 않아서 개인적으로는 이익을 볼 수 있지만, 너무 많은 사람이 공짜만을 바라면 결국 공익은 실현되지 못하고 모두가 손해를 보게 된다. 무임승차자 문제는 쉽게 해결되지 않는다. 정부가 사회적 이익을 기꺼이 고려하는 사람들과 긴밀한 공동체를 이루거나, 일반 세금에서 공공복지 예산을 확보하는 수밖에 없다.

'구성의 오류'에 관한 좀 더 거시적 차원의 예를 들어보자. 통화가 평가절하하면, 달리 말해 환율이 오르면, 수출을 늘리는 데 도움이 되므로 국가는 어떻게든 자국 통화가 평가절하하기를 바란다. 국가의 통화가 평가절하하면 경쟁 우위가 높아지고 수출이 증가한다. 하지만 전 세계 모든 나라가 자국 통화를 평가절하하기란 불가능하다. 한 나라의 통화 평가절하는 다른 나라의 평가절상을 통해 이뤄지기 때문이다. 그렇기에 통화 평가절하는 단기적 부양책은 될 수 있어도 글로벌 경제를 위해 결코 좋은 방안은 될 수 없다. 자국의 수출을 늘리고자 평가절하를 유도하는 경제 정책을 '이웃 거지 만들기(beggar-thy-neighbour)'라고 부르기도 한다. 다른 나라를 희생시키면서까지 자기 나라만 생각하는 국가적 이기심을 비꼰 표현이다. 중국이 무역에서 이와 같은 '이웃 거지 만들기'로 비판을 받았다. 위안화 가치를 인위적으로 낮추려고 시도했기 때문이다.

원산지에 가서 직접 물건을 사는 것이 더 쌀까
_미들맨

'미들맨(middleman)'은 '중개인' 또는 '중간상인'을 뜻하는 용어다. 생산자(판매자)와 소비자(구매자) 사이에서 '대리인' 역할을 하는 개인과 기업을 모두 일컫는 말이다. 이를테면 대형 마트는 농민에게 다양한 농산물을 구매해 소비자에게 판매한다. 경제에는 수없이 많은 미들맨이 수없이 많은 곳에 있다. 그런데 어느 때부터인가 우리는 이들 미들맨이 시장 가격을 높이고 생산자와 소비자 모두에게 피해를 준다고 여기게 됐다. 정말 그렇다면, 미들맨이 우리의 이익에 반하는 행위를 한다면, 그런데도 미들맨이 존재하는 까닭은 무엇일까? 왜 우리는 이들을 이용할 수밖에 없을까?

대만의 TV 제조 공장은 대당 50달러에 TV를 생산할 수 있다. 생산된 TV는 도매 유통업체인 미들맨에게 100달러에 판매된다. 유통업체는 소매점에 200달러로 판매한다. 소매점은 소비자에게 400달러를 받고 판매한다. 얼핏 보면 중간상인인 미들맨이 TV의 소비자 가격을 100달러에서 400달러로 올린 것 같다. 적어도 이론상으로는 공장에서 직접 구매하면 생산 원가 50달러에서 유통업체 이익을 포함한 100달러 사이의 가격으로 TV를 살 수 있어 보인다.

하지만 이런 경우는 몇 가지 이유에서 벌어지지 않는다. 우선 TV를 사려고 대만에 있는 공장을 방문하는 데 시간과 돈이 많이 든다. 그리고 공장은 몇 가지 모델만 대량 생산하기에 다른 모델과 비교하려면 각각의 공장을 다 둘러봐야 한다. 그러므로 여러 TV 공장에서 생산하는 다양한 모델을 비교해 구매할 수 있는 집 근처 소매점에 가는 게 훨씬 쉽고 편리하다. TV 한 대 싸게 사려고 대만으로 건너가는 수고와 비용을 들이지 않아도 된다.

더욱이 대부분 공장은 제품을 생산하고 유통업체에 넘기는 일만 하지 개별 고객을 상대하지는 않는다. 공장 문을 두드리는 고객은 성가신 존재일 뿐이다. 공장에는 TV를 전시하고 판매하는 공간이 없다. 그러려면 매장과 매대를 마련해야 하고 큰 비용을 추가로 부담해야 한다. 그런 공간을 만든다고 해도 결국 인근에 사는 소수의 고객만 이용할 것이므로 채산성이 거의 없다. 실행할 가치가 없다는 얘기다. 공장은 이른바 '규모의 경제(economy of scale)'를 확보하기 위해 대량 생산을 전문으로 한다. 규모의 경제는 특히 제조업 분야에서 매우 중요하다. 더 많이 생산할수록 평균 생산 원가가 감소해서다. 대형 TV 공장은 1주일에 1만 대의 TV를 생산할 수 있다. 이 정도 수량을 지역의 개별 소비자들에게 판매하기란 매우 어렵고 비용도 많이 든다.

과거 저개발 경제에서는 제품을 소량 생산하면서 직접 판매할 수 있었다. 예를 들어 농민이 직접 재배한 작물을 시장에 가져와 팔았다. 그런데 이는 규모의 경제가 지배하는 현대 경제에서는 비현실적이다. 공장은 많은 양의 제품을 취급하므로 지역 상점에 적은 양의 제품을 판매해서는 수지타산이 맞지 않는다. 그래서 공장은 도매 유통업체에 대량 판매하는 것을 선호하며, 유통업체는 이를 소매점에 판매하는 데 역량을 집중할 수 있다.

미들맨이 불필요한 중간상인으로 보일 수 있지만, 생산자와 소매점에는 꼭 필요한 존재다. 소매점은 미들맨에게 다양한 제품을 소량으로 구매해 상점에 진열할 수 있다. 공장과 직거래를 시도한들 수량이 적어서 거절당하게 된다. 매우 비효율적이다. 미들맨인 도매 유통업체에서 제품을 구매하는 것이 여러모로 효율적이다.

월마트(Walmart)나 코스트코(Costco) 같은 대형 마트는 도소매 유통과 판매 시스템을 모두 갖춘 미들맨이다. TV도 생산자와 직거래로 구매해 판매한다. 대규모 온라인 쇼핑몰도 그렇다. 유통 및 물류 시스템을 확보하고 공장에서 제품을 도매로 가져와 판다. 오프라인 매장을 운영할 필요가 없으니 일반 소매점보다 저렴한 가격으로 소비자에게 판매할 수 있다. 아마존(Amazon) 등 거대 온라인 쇼핑몰이 미들맨 강자로 군림하자 소규모 전자 제품 상점이 감소한 이유다. 제 효율을 발휘하지 못하는 미들맨은 사라질 것이다. 그렇지만 양상이 달라질 뿐 본질은 똑같다. 인터넷·모바일 시대에도 최종 소비자인 우리는 여전히 미들맨을 거쳐 물건을 구매한다. 미들맨이 도매 유통업체에서 대형 마트로, 거대 온라인 쇼핑몰로 바뀌더라도 말이다.

한편으로 미들맨은 지역 소규모 상점들이 유지되기 위해서도 필요하다. 이들 지역 상점에 물건을 공급하는 것도 미들맨이 있기에 가능한 일이다. 우리는 상대적으로 가격이 더 비싼 줄 알면서도 집과 가까운 작은 슈퍼마켓이나 상점에서 물건을 구매한다. 같은 우유나 빵인데도 대형 마트보다는 집 근처 슈퍼마켓에서 좀 더 비싸거나 할인율이 낮다. 납품 수량과 마진 등을 고려하다 보니 가격 경쟁력이 떨어지는 게 사실이다. 그래도 우리는 멀리 있는 대형 마트에 가는 수고를 덜 수 있기에, 값을 더 치르더라도 지역 상점을 이용한다. 미들맨이 없다면 지역 상점은 살아남을 수 없을 것이다.

물론 미들맨을 거치지 않고 상품을 구매할 방법이 아예 없지는 않다. 농장이나 과수원에 가서 직거래해달라고 요청할 수 있다. 자체적으로 소매점을 운영하는 농장도 있다. 그런 곳을 이용하면 된다. 하지만 중간 유통이 없으니 값도 쌀 것이라도 기대했다면 유감이다. 일반적으로는 대형 마트와 비슷하거나 오히려 더 비싸다. 대형 마트는 자체 유통 시스템을 갖고 있으면서 대량 매입, 적은 마진, 높은 회전율을 통해 최대한 낮은 가격을 책정할 수 있다. 한마디로 엄청난 물량을 확보하기 때문에 싸게 팔 수 있다는 얘기다. 농장 직거래 소매점은 회전율이 낮고 규모의 경제를 기대할 수 없으므로 가격 마진을 높일 수밖에 없다. 따라서 미들맨을 피하자고 직거래를 하는 것은 무의미한 일이다. 도시에 거주하고 있다면 더욱 그렇다.

일반적으로 미들맨은 시장 동향과 경쟁 상황 등을 참작해 합리적인 가격이 유지되게끔 하지만, 일부러 가격을 올리는 경우도 있다. 중고차 딜러가 좋은 예다. 중고차는 개인에게 직접 구매하거나 딜러를 통해 구매할 수 있는데, 보통은 중고차 딜러에게 구매하는 것이 50퍼센트 정도 비싸다. 그런데도 대부분 사람은 딜러에게 더 높은 가격을 주고 중고차를 산다. 왜 그럴까? 다름 아닌 '역선택(adverse selection)'을 방지하기 위해서다. '역선택'은 2001년 노벨경제학상을 받은 미국 경제학자 조지 애커로프(George Akerlof, 1940~)가 고안한 개념인데, 시장에서 거래할 때 서로가 가진 정보 비대칭으로 인해 정보가 부족한 쪽이 불리한 선택을 하는 상황을 말한다. 자동차에 관한 지식이 별로 없다면 중고차를 직거래할 때 그 차가 얼마나 믿을 만한지 알기 어렵다. 조지 애커로프는 이렇게 말했다.

"복숭아를 살 것인가, 레몬을 살 것인가?"

여기에서 '복숭아'는 '정상 중고차'이고 '레몬'은 '불량 중고차'다. 우리가 딜러에게 중고차를 구매하는 가장 큰 이유는 그들이 신뢰할 만한 복숭아를 판매하리라는 믿음이 있기 때문이다. 중고차 시장에서 딜러에게는 좋은 평판을 얻어야 할 책무가 있다. 그래서 대개는 중고차 구매 시 품질 보증을 제공한다. 개인에게는 보호해야 할 평판이 없다. 정직할 수도 있고 부정직할 수도 있다. 복숭아를 팔 수도 있고 레몬을 팔 수도 있다. 알 도리가 없는 것이다. 그렇기에 우리는 레몬을 살 위험을 낮추려고 딜러를 통해 중고차를 산다. 비록 가격은 더 높지만, 불량 중고차를 구매할 위험성은 낮아진다. 설령 레몬임이 드러나도 보증이 있으니 그에 따른 조처를 받으면 된다. 우리는 선택할 수 있다. 미들맨을 피하고 싶다면 얼마든지 피할 수 있지만, 차가 고장 나면 되돌릴 수 없다.

그렇다고 해서 미들맨이 언제나 유익한 것은 아니다. 단적인 사례가 2007~2008년 글로벌 금융 위기를 초래한 미국의 '서브프라임 모기지론(subprime mortgage loan)', 즉 '비우량 주택 담보 대출'이다. 통상적으로 금융기관은 대출을 진행할 때 상환 능력이 있는지 확인한다. 당연한 말이지만 채무자가 돈을 갚지 못하면 은행 등 금융기관은 돈을 잃게 되므로, 상환이 가능한 사람에게만 대출해주는 게 맞다. 그러나 2000년대 초반 미국에서는 모기지론 판매 수수료를 받는 모기지 브로커가 은행을 대행해 대출을 진행하는 경우가 많았다. 정부의 초저금리 정책으로 주택 가격이 높은 상승률을 보이자 은행은 이들 미들맨까지 동원해 모기지론을 팔아치웠다. 채무 이행을 하지 못해도 주택 가격 상승으로 보전할 수 있다고 판단한 것이다.

그러나 '도덕적 해이(moral hazard)'에 빠진 모기지 브로커에게 채무 이행 능력 따위는 안중에 없었다. 더구나 자신들은 중개 수수료만 챙기면 될 뿐 채무 불이행에 대한 책임은 없었다. 많이 팔아서 많이 남기면 그만이었다. 결국 이들은 신용등급이 낮은 사람은 물론 신용불량자들에게까지 모기지론을 팔았다. 설상가상으로 이들이 판 모기지론은 신용도가 높은 채권으로 위장돼 다른 은행들에 묶였다. 2004년 미국 정부가 초저금리 정책을 종료하자 부동산 거품도 꺼지기 시작했다. 변동 금리가 적용되자 원리금을 갚지 못하는 상황이 벌어졌고 주택 가격이 폭락해 은행은 막대한 손실을 보게 됐으며, 급기야 굴지의 금융회사들이 줄줄이 파산하는 사태로 이어졌다. 이 경우에는 미들맨이 금융 산업과 경제에 심각한 문제를 초래한 주범이었다.

미들맨이 문제를 발생시키는 또 다른 경우는 독점력이 매우 높을 때다. 이를테면 드비어스(De Beers) 다이아몬드 카르텔은 전 세계 다이아몬드 공급 대부분을 통제하므로, 소비자가 부담하는 소매 가격에 커다란 영향력을 행사할 수 있다. 시장에서 독점만큼 강력한 것은 없다. 누구라도 그 힘을 피하고 싶겠지만, 다이아몬드 반지를 구매하고자 남아프리카 광산을 찾아가겠는가?

인터넷 환경이 미들맨을 대체하게 되리라는 주장이 있는데, 아티스트와 프로듀서에게 직접 음원을 구매할 수 있는 플랫폼이 있긴 하다. 그렇지만 여기에도 미들맨이 있다. 그 플랫폼이 바로 미들맨이다. 다시 한 번 강조하지만 양상만 달라질 뿐이다. 달리 말해 미들맨을 대체하는 게 아니라 그 자체가 미들맨이 되는 것이다. 우리가 음악을 듣는 아이튠즈(iTunes)나 스포티파이(Spotify)도 미들맨이다. 우리는 여전히 공장이 아니라 아마존과 같은 쇼핑 플랫폼에서 상품을 구매한다. 이렇게 보면 마치 미들맨이 거대한 음모의 세력처럼 느껴지기도 하지만 우리에게 없어서는 안 될 존재다. 늘 그런 것은 아니더라도 미들맨은 생산자와 소비자 모두의 '경제적 후생(economic welfare)'을 향상한다.

거품에 속지 않을
방법이 있을까

17세기 네덜란드는 이른바 '튤립 파동(Tulip mania)'으로 큰 몸살을 앓았다. 원래 유럽에 없던 꽃인 튤립이 유명해지자 너도나도 튤립을 재배했다. 희귀한 튤립일수록 비싼 가격이 매겨졌기에 네덜란드 전역에서 그야말로 '구근(알뿌리)' 확보 전쟁이 일어났다. 독특한 품종의 구근은 가치가 상상할 수 없을 정도로 높아서 네덜란드 돈으로 약 3,000플로린(florin)에 팔렸는데, 이는 숙련 노동자 연간 소득의 10배에 해당하는 액수였다. 물건을 직접 보기도 전에 돈부터 투자했고, 튤립 구근을 소유할 수 있는 권리가 거래되는 지경까지 이르렀다. 가격이 계속 오르다 보니 무조건 사고 보겠다는 심리가 팽배해졌다.

그러나 수요와 공급이라는 가장 기본적인 경제 원리를 잊은 대가는 혹독했다. 온 국민이 튤립 재배에 뛰어들자 어느덧 공급이 수요를 넘어서게 됐다. 1637년 2월, 시장은 하룻밤 사이에 무너졌다. 새삼 '꽃 한 송이에 이렇게 비싼 돈을 들여야 했다니' 하는 생각이 퍼져나가자 구매하려는 사람들이 사라졌다. 한 번 내려간 가격은 도미노처럼 폭락했다. 금보다 귀했던 튤립이 하루아침에 쓸모없는 휴지 조각이 된 것이다.

사람들은 이런 이야기를 들으면 아마도 속으로 이렇게 생각할 것이다.

'나는 이런 거품에는 절대로 속지 않아.'

하지만 인정하고 싶지 않은 진실은 역사가 반복되더라는 것이다. 이후로도 거품은 부풀었다 꺼졌다를 계속했고 이에 따라 호황과 불황이 이어졌다. 아주 익숙한 이야기다. 자산 가격의 기하급수적인 상승은 시장을 뜨겁게 달구고 끝없는 흥분을 불러일으킨다. 어지간해서는 움직이지 않던 사람들까지도 행동에 나서고 싶게 만든다. 이때가 거품의 정점이다. 그리고 삽시간에 거품이 꺼진다. 1790년대 잉글랜드와 웨일즈의 운하 광란, 1840년대 영국과 아일랜드의 철도 열풍, 1980년대 중반 이후 영국의 두 차례에 걸친 부동산 거품, 1995년에서 2001년 미국의 닷컴 버블 등이 모두 그렇다.

왜 그토록 많은 자산이 거품을 일으켰다가 꺼지는 것일까? 우리 인간 본성의 놀라운 특징 때문이다. 사람들은 이렇게 믿고 싶어 한다.

'이번엔 다를 거야.'

'이번엔 성공할 수 있어.'

'이번 가격 상승에는 다 이유가 있는 거야.'

게다가 그것이 거품이더라도 자기에게는 피해가 없다고 확신한다. 거품이 꺼지기 전에 팔 거니까. 하지만 결국 망연자실한 자신의 모습을 보게 된다.

인간은 왜 실수를 반복할까? 행동 경제학자들은 인간이 자신의 능력을 과대평가하고 약점을 보지 못하는 경향이 있다는 데 주목한다. 2006년 전문 펀드 매니저를 대상으로 한 설문조사 결과가 이를 잘 반영한다. 설문에 응한 펀드 매니저의 74퍼센트가 자신이 평균 이상의 업무 성과를 낸다고 응답했다. 26퍼센트는 평균이라고 답했다. 자신의 능력이 평균 이하라고 답한 사람은 0퍼센트, 즉 단 한 명도 없었다.

인간 심리의 또 다른 경향은 대다수가 옳다고 하면 너무 쉽게 사실이라고 믿는다는 점이다. 사람들 대다수가 주택을 구매하고 있고 부동산 중개인 대다수가 "지금이 매수 적기"라고 말하면 이 '군중의 지혜(wisdom of the crowd)'를 무시하기 어려워진다. 그래서 특정 자산을 매수하는 사람이 압도적으로 많으면 무의식적으로 '나만 뒤처지는 건가?' 하는 생각에 따라서 사게 된다. 이런 경향을 '양떼 효과(herding effect)'라고도 부른다. 존 메이너드 케인스는 성공은 늘 소수만 누릴 뿐 다수가 함께 누릴 수 없다고 봤다. 이는 투자에 그대로 적용된다. 어떤 자산이 좋게 보인다고 대다수가 동의한다면 오히려 투자하지 않는 게 좋다. 그렇지만 말처럼 쉬운 일은 아니다. 여러분이 부동산 중개인이고, 집값이 계속 오르고 있는데, 과대평가된 것이라고 경고하기란 어렵다.

'군중의 지혜' 또는 '양떼 효과'는 매우 강력하다. 1990년대 후반 미국 주식 시장에서 기술주와 인터넷 관련주 매수 붐이 일었다. 1996년 12월, 당시 연방준비제도(Fed) 의장 앨런 그린스펀(Alan Greenspan, 1926~)은 이 열기를 두고 "비이성적 과열(irrational exuberance)"이라고 경고했다. 이후 주가가 하락하자 그의 경고는 현실과 주가의 괴리에 대한 예언적 논평으로 널리 알려졌다. 그러나 2000년대 초까지 미국 경제 호황기를 이끌었던 그도 부동산 가격 상승과 모기지 대출 증가가 훗날 치명적인 결과를 초래할 거품이라는 사실은 깨닫지 못했다. 물가 상승률을 원하는 대로 통제할 만큼 금리 정책에 능해서 수많은 경제학자가 엘런 그린스펀을 신처럼 믿던 때가 있었다. 그런 그가 보지 못한 거품을 누가 감히 경고할 수 있었겠는가?

부동산 거품과 붕괴는 '이번엔 다를 거야'의 전형이다. 주택은 가치가 매우 높고 상대적으로 안정적인 자산이다. 특히 파리나 뉴욕처럼 토지가 제한적인 도시라면 집값 상승률이 일반적인 물가 상승률보다 더 높을 수 있다. 부동산은 튤립 구근보다 훨씬 더 큰 내재 가치를 갖고 있다. 자산 가치가 높다고 해서 거품과 무관한 것은 아니다. 다시 말해 뉴욕 집값 상승률이 평균보다 높을 수는 있지만, 그렇다고 영원히 오르지는 않는다. 뉴욕의 부동산도 다른 지역과 마찬가지로 호황과 불황을 모두 겪을 수 있다. 그리고 애초에 집값이 다른 도시보다 비싸므로 이미 높은 수준에서 가격 등락이 일어난다. 대다수 사람이 집값은 오를 수밖에 없다고 믿으면 '비이성적 과열'은 주택 가격을 기본 가치 이상으로 끌어올리게 된다. 거품이 끼는 것이다. 코로나19

: 미국 주식 시장의 주가수익비율(PER) :

닷컴 버블

1929년 월스트리트 대폭락

: 경기조정주가
수익비율
(CAPE) :

신용 경색

▶ 주식 시장의 CAPE가 높으면 주식이 고평가된 것이며 향후 20년 동안 수익률이 좋지 않을 것이다.
반대로 비율이 낮으면 주식이 저평가된 것이므로 향후 20년 동안 수익률이 좋을 것이다.

팬데믹과 같은 예상치 못한 환경 변수도 부동산 시장에 영향을 미친다. 재택근무가 일상이 되고 집 안에서 생활하는 시간이 많아짐에 따라 뉴욕과 같은 중앙 지역 주택 거래량이 감소할 수 있다.

2013년 노벨경제학상을 수상한 미국 경제학자 로버트 쉴러(Robert Shiller, 1946~)가 앨런 그린스펀의 표현을 제목으로 쓴 책《비이성적 과열》에서 이 거품에 관해 분석했다. 이 책에서 그는 자산 시장이 실제 가치를 넘어 과열되는 상황에 관해 이렇게 설명한다.

"나는 투기적 거품을 가격 상승 뉴스가 투자자들의 열망을 자극하는 상황이라고 정의한다. 이 상황은 가격 상승을 정당화하는 이야기를 증폭시키고, 더 많은 투자자를 끌어들이는 과정에서 개인과 개인의 심리적 전염을 통해 확산한다. 투자 대상의 실제 가치에 대한 의구심은 제쳐두고, 일부는 다른 사람들의 성공이 부러워서, 일부는 도박꾼들의 흥분에 이끌려 시장 과열에 동참한다.”

주식 시장의 CAPE가 높으면 주식이 고평가된 것이며 향후 20년 동안 수익률이 좋지 않을 것이다. 반대로 비율이 낮으면 주식이 저평가된 것이므로 향후 20년 동안 수익률이 좋을 것이다.

사태가 벌어지고 난 뒤 정신을 차리고, 그때부터 결과의 원인을 찾기란 언제나 쉽다. 1637년 튤립 거품이 꺼지고서야 사람들은 튤립 구근이 왜 비싸야 했는지 물었다. 1929년 10월 월스트리트 대폭락(Wall Street Crash)을 겪고서야 주가수익비율(Price to Earnings Ratio, PER)이 오랫동안 평균 이상으로 상승한 이유를 찾았다. 2007~2008년 금융위기가 있고서야 은행이 왜 단기 차입으로 돈을 빌려줬는지 물었다. 거품의 한복판에 서고 나서야 늘 손쉬운 답변을 내놓는다.

케네스 로고프(Kenneth Rogoff, 1953~)와 카르멘 라인하트(Carmen Reinhart, 1955~)는《이번엔 다르다(This Time is Different)》에서 인간의 단기적 기억과 근시안적 이해가 계속해서 거품을 재발하게 만들고 같은 종류의 금융 위기를 초래한다고 풀이한다. 누구나 발견할 수 있는 징후가 매번 있었는데도 '이번엔 다르다'는 착각에 빠져 같은 실수를 반복한다는 것이다. 여러분도 다음에 누군가가 "이번엔 달라요" 하면서 유혹한다면 소중한 돈을 몽땅 잃기 전에 다시 한 번 생각해보자.

제2장

정치적

곤경

세금을 줄이는 동시에 세수를 늘릴 수 있을까

_감세

1980년 미국의 한계 세율은 70퍼센트였다. 국가 경제 역량을 회복시키겠다는 공약으로 미국 제40대 대통령에 당선된 로널드 레이건 (Ronald Reagan, 1911~2004)은 세율을 조정하면 가시적 변화를 이끌어낼 수 있다고 판단했다. '감세'는 기존 정부를 본능적으로 불신하던 보수 대통령이 떠올릴 수 있는 자연스러운 발상이었다. 이상하게 들릴지 모르지만, 정부가 "세금을 줄이는 동시에 세수를 늘릴 수 있다"는 이론적 주장이 이를 뒷받침했다. 1974년 아서 래퍼(Arthur Laffer, 1940~)는 백악관 예산국 수석경제학자로 활동할 당시 "높은 세율이 낮은 세수로 이어질 수 있다"는 사실을 설명한 바 있다. "세율이 높아지면 세수가 늘어나지만, 일정 수준을 넘어서면 오히려 줄어든다"는 게 핵심이었다. 레이건 행정부는 이를 수용해 감세 정책을 설계했다.

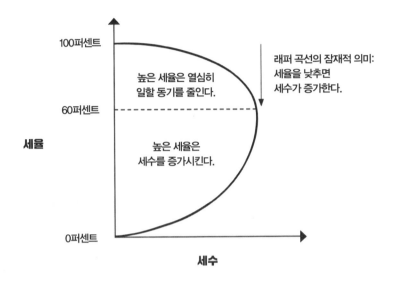

: 래퍼 곡선 :

래퍼의 개념을 쉽게 설명하면 이렇다. 세율이 100퍼센트이면 정부는 그만큼의 세수를 절대로 확보하지 못한다. 번 돈의 전부를 세금으로 내야 한다면 아무도 일하려고 하지 않을 것이다. 반대로 세율이 0퍼센트이면 정부는 아무런 세수도 얻지 못할 것이다. 결국 0퍼센트에서 100퍼센트 사이의 세율 중에서 가장 세수가 좋은 지점, 즉 세수를 극대화할 수 있는 세율을 정하는 것이 가장 바람직하다. 따라서 현재 세율이 너무 높아 세수 확보율이 낮다면, 감세를 통해 세수를 더 많이 얻을 수 있다.

전해지는 이야기에 따르면 아서 래퍼는 이 개념을 레스토랑에서 냅킨에다가 간단한 그림을 그려 설명했다고 한다. 그런데 사실 이는 래퍼의 독창적인 생각에서 나온 개념이 아니다. 14세기 아라비아 철학자 이븐 할둔(Ibn Khaldun, 1332~1406)까지 거슬러 올라간다. 하지만 어쨌든 이 개념은 이른바 '래퍼 곡선(Laffer curve)'으로 널리 알려졌고, 로널드 레이건과 같은 정치인에게는 무척 매력적인 제안으로 다가왔다. 세금을 깎아주니 유권자들이 좋아할 수밖에 없는 데다, 늘어난 세수로 경제 성장도 도모할 수 있으니 일거양득이 따로 없었다. 낮은 세율은 개인과 기업에 더욱 열심히 일할 동기로도 작용했다. 투자가 활발해지고, 일자리가 창출되고, 초과 근무하는 사람들이 많아지면, 생산성이 높아져 경제는 성장할 수밖에 없다. 더욱이 더 높은 경제 성장은 정부가 더 많은 소득세, 더 많은 법인세, 더 많은 판매세를 거둬들일 수 있다는 것을 의미했다.

로널드 레이건은 정치적 본능 말고는 자신의 감세 정책을 설득할 만한 경제 지식을 갖추지 못했지만, 아서 래퍼와 밀턴 프리드먼(Milton Friedman, 1912~2006)과 같은 '통화주의(monetarism)' 경제학자들이 이론적 토대를 제공했다. 마침내 한계 세율이 70퍼센트에서 50퍼센트로 인하됐다. 1986년에는 개인 소득세율도 50퍼센트에서 28퍼센트로 내려갔다.

그러나 유감스럽게도 이 실험은 엇갈린 평가를 받았다. 세수 증가 측면에서는 기대에 미치지 못하고 1981년 6퍼센트가량 감소했으며, 얼마 지나지 않아 레이건 행정부는 1981년부터의 세수 부족분을 충당하기 위해 다른 형태의 세금을 올려야 했다. 로널드 레이건 재임 기간 조세수입률은 1981년 19.1퍼센트에서 1989년 17.8퍼센트로 떨어졌다.

반면 일자리 창출 측면에서는 긍정적인 성과가 있었다. 1981년 경기 침체를 벗어나면서 미국 경제는 다시 성장하기 시작해 레이건 대통령 임기 동안 1,600만 개의 일자리가 창출됐다. 그런데 이후 빌 클린턴(Bill Clinton, 1946~) 재임 시기에는 이보다 더 많은 2,310만 개의 일자리가 생겼고, 클린턴 대통령은 레이건 행정부 때 인하한 소득세율을 39퍼센트까지 인상했다. 노동 시장에 영향을 주는 수많은 요인을 고려할 때 감세와 일자리 창출을 직접 연결하는 것은 무리가 있다.

'래퍼 곡선'의 주요 문제는 이것이다. 세수를 극대화할 수 있는 최적의 세율은 얼마일까? 많은 경제학자가 이 비율을 최대 70퍼센트로 보고 있다. '세테리스 파리부스(ceteris paribus)', 즉 '다른 모든 조건이 같을 때' 세율을 이것보다 낮추면 세수가 감소한다. 그렇기에 정부가 세금을 줄이면서 세수를 늘릴 수 있는 경우는 없다고 봐야 한다. 70퍼센트는 매우 높은 세율이다. 세율이 70퍼센트를 넘는 국가는 거의 없다.

노동자 관점에서 보면 감세는 다른 효과를 낼 수 있다. 한편으로 낮은 세율은 자신의 일을 더 매력적으로 느끼게 할 것이다. 기본 임금에 더해 초과 근무로 더 많은 소득을 얻고자 하는 기대 심리를 자극할 수도 있다. 언뜻 생각하면 그렇다. 하지만 노동에는 '소득 효과(income effect)'라는 또 다른 요인도 작용한다.

예를 들어 어떤 사람이 연소득 5만 달러를 목표로 일하고 있다고 가정해보자. 평소 여가를 중요하게 여겼지만 5만 달러 목표를 달성하려니 쉴 시간이 별로 없었다. 그러던 차에 세율이 내려가 세금을 덜 내게 됐다. 드디어 더 적은 시간을 일해도 목표 소득 5만 달러를 벌 수 있다. 이 사람이 일을 더 많이 할까? 이런 경우 세율을 내리면 근로 시간이 줄어 세수도 줄게 된다. 게다가 사실 대부분 노동자는 근로 시간을 마음대로 정하지 못한다. 세율이 오르든 내리든 별 영향이 없는 것이다.

이처럼 감세와 세수 사이의 연결 고리가 견고하지 않은데도 자유시장을 지지하는 경제학자들과 반과세를 주장하는 정치인들 사이에서는 여전히 인기가 높은 정책 명분으로 남아 있다. 2011년 캔자스 주 샘 브라운백(Sam Brownback, 1956~) 주지사는 사업세 폐지와 개인 소득세 인하를 포함한 파격적인 감세 정책을 시행했다. 그러면서 세금 감면이 경기 부양의 기폭제로 작용해 머지않아 감세분을 초과하는 주 수입을 가져다줄 것이라고 자신했다.

그러나 2017년까지 계속 주 수입이 감소해 급기야 9억 달러의 예산 격차가 발생했고, 그 결과 고속도로 건설 및 교육 예산 등을 삭감해야 했다. 바라던 경제 기적은 일어나지 않았으며, 캔자스 주 경제 성장률과 일자리 창출 지수는 다른 주를 밑돌았다. 결국 2017년 말 감세 조항이 폐지됨에 따라 실험도 끝이 났다.

2008년 노벨경제학상 수상자 폴 크루그먼(Paul Krugman, 1953~)은 감세를 머릿속에 한 번 박히면 끝까지 지워지지 않는 최악의 '좀비 아이디어(zombie idea)'라고 비판했다. 매번 잘못된 정책이라는 사실이 드러나는데도 감세가 여전히 유효할 수 있는 까닭은 표와 지지를 얻는 데 효과적이라는 정치적 매력 때문이라는 것이다. 조지 W. 부시(George W. Bush, 1946~) 정부 시절 백악관 경제자문위원회에서 활동한 그레고리 맨큐(Gregory Mankiw, 1958~)는 감세 자체가 세수를 확보해준다고 주장한 경제학자는 없다면서, 감세분의 35퍼센트는 더 높은 경제성장으로 상쇄할 수 있다고 설명했다. 그에 따르면 캔자스 실험은 경제적 관찰에 근거하지 않은 채 막연히 기적만을 바란 잘못된 정책이었다.

이와 마찬가지로 2017년 도널드 트럼프(Donald Trump, 1946~)의 감세 정책에는 특히 부유층과 기업에 상당히 유리한 세율 인하를 포함하고 있었다. 일부 트럼프 지지자들은 이로 인해 경제 성장률이 연간 6퍼센트 증가하고 세수도 효과적으로 확보할 수 있다고 주장했다. 하지만 주요 경제학자들은 이를 비판적으로 바라봤다. 결과적으로 트럼프 행정부의 감세 정책은 국가 부채만 키웠으며, 실질 임금이나 경제 성장률을 높이는 데 실패했다.

이와는 반대인 2013년 프랑스의 '증세' 사례도 지적할 가치가 있다. 당시 프랑수아 올랑드(François Hollande, 1954~) 대통령은 최고 부유층을 대상으로 부가가치세, 법인세, 소득세를 인상했다. 연소득 100만 유로(euro) 이상일 경우 세율이 무려 75퍼센트였다. 그런데 증세 정책 이후 세수는 오히려 큰 폭으로 감소했다. 75퍼센트라는 높은 세율을 매기자 부유층 사람들이 이를 피하려고 EU의 다른 국가로 이주해버렸기 때문이다. 이는 과도한 증세의 역효과를 잘 보여주는 사례다. 쉽게 다른 나라로 이주해 생활할 수 있는 EU 국가의 경우에는 더 그렇다.

한편 글로벌 시대에서 조세 정책은 경제력이 작은 나라가 국제 투자를 끌어낼 방법이 되기도 한다. 낮은 세율로 기업 유치 경쟁력을 높일 수 있다. 예를 들어 아일랜드는 법인세율을 대폭 낮춰 구글(Google)이나 마이크로소프트(Microsoft) 같은 거대 다국적 기업을 유치했다. 단, 이때의 문제는 국가 사이의 세율 경쟁을 부추겨 조세 하향 압박을 유발할 수 있다는 것이다.

감세의 또 다른 난제는 정부 지출 증가에 대한 정치적 압박감을 느끼게 한다는 데 있다. 의료, 연금, 교육, 안보, 사회 기반 시설은 모두 일반적인 유권자가 더 많은 지출을 원하는 영역이다. 감세는 차입으로 부족분을 조달하지 않는 한 이런 영역에 지출할 돈이 적어지는 기회비용을 발생시킨다. 더욱이 오늘날 많은 선진국은 공공복지 지출과 관련한 큰 어려움에 직면해 있다. EU와 미국 모두 경제 성장률은 하락 추세에 있지만, 인구 고령화 문제로 의료 및 연금 지출에 압박을 받고 있다. 이 같은 상황에서 감세할 수 있는 방법을 찾기란 매우 어렵다.

정치적 분위기에 따라서도 달라진다. 20세기 두 차례의 큰 전쟁을 거치는 동안 대부분 국가의 개인 소득세율은 매우 높았다. '전쟁'이라는 위기 때문이었다. 위기 극복이 높은 세율에 정치적 명분을 제공해 줬다.

이후에는 반대로 '경제 성장'을 위한다는 감세 명분이 정치권을 지배했다. 그러다가 전 세계가 '코로나19'라는 새로운 위기에 맞닥뜨렸다. 이 또한 극복해야 하므로 바이러스의 영향을 받는 모든 영역에 대한 정부 지출이 증가할 수밖에 없다. 이처럼 그때그때의 정치적 분위기가 증세 정책의 명분으로 작용하기도 한다.

정부 부채가
항상 부정적일까

'정부 부채'는 정치인들에게는 그야말로 지뢰밭이나 다름없다. 정부 부채 증가는 '정치적 곤경'을 초래하기에 정치인들에게는 그에 대한 본능적 두려움이 있다. 그런데 이와 달리 경제학자들은 경기 침체 때 부채 수준이 증가하는 양상을 낙관적으로 보기도 한다. '케인스주의(Keynesianism)' 경제 분석은 높은 정부 부채가 민간 부문 지출 감소를 상쇄해 경제에 도움이 될 수 있음을 보여준다. 그렇지만 케인스주의 경제학에서 말하는 정부 부채의 이점을 정치적으로 설명하기란 쉽지 않다. 정치인들 자신이 부채 문제를 제대로 이해하지 못할 때 특히 어렵다.

2000년대 말 전 세계적 경제 위기를 겪으면서 대부분 국가의 정부 부채가 급격히 늘었다. 부채 규모를 염려하는 사람들은 정부 부채가 많을수록 국채 금리와 세금이 더 높아질 수 있다고 지적했다. 높은 부채율이 경제적 부실을 의미한다는 생각은 자연스럽다. 《이번엔 다르다》의 케네스 로고프와 카르멘 라인하트도 정부 부채율이 높으면 경제 성장률이 낮아진다고 경고했다.

그러나 이런 비판이 그럴듯해 보이지만 케인스주의 경제학자들은 다른 접근 방식을 취한다. 정부의 민간 부문 차입은 사실상 자체 차입으로 봐야 한다는 것이다. 경기 침체 때 정부는 국채 대부분을 현금 운용이 여유로운 은행이나 부유한 개인을 상대로 발행한다. 케인스는 이를 저축액이 많은 조부모가 현재 소득이 없는 어린 친척들에게 돈을 빌려주는 것과 비슷하다고 말한 바 있다. 비록 어린 친척들이 조부모에게 빚을 진 셈이지만, 어쨌든 모두가 한 가족이다. 정부 부채 역시 다른 나라에서 돈을 빌려온 게 아니라 자국 내 저축액이 많은 기관과 개인에게 차입한 것이다.

케인스주의 경제학은 1929년 월스트리트 대폭락에서부터 1933년 봄까지의 대량 실업 시기인 대공황을 거치면서 발전했다. 당시 경제학계의 정설은 정부가 예산 균형을 맞춰야 한다는 것이었다. 그래서 정부는 세율을 올리고 지출을 삭감했으나, 경기 침체기에 허리띠를 졸라매는 '긴축'은 경제 상황을 더욱 악화시켰다. 실업 급여를 삭감하니 실업자들은 지출을 줄일 수밖에 없었고, 이로 인해 수요가 감소해 경제 성장률이 낮아지면서 세수도 내려가는 악순환에 빠졌다.

이때 케인스는 정부가 꼭 써야 하는 돈을 줄이지 않고도 저축액이 많은 국민에게 차입해 재정 위기를 극복할 수 있다고 제안했다. 이런 차입이 투자와 일자리를 창출하기 위한 목적이라면 수요를 안정시키고 경제 성장을 촉진해 세수 개선에도 큰 도움이 될 것이다. 이것이 정부 차입의 역설이다. 늘 그렇지는 않지만, 재정 적자를 줄이겠다고 섣불리 세금 인상과 지출 삭감을 추진하면 되레 경제 악화와 세수 감소로 이어진다. 따라서 어떤 상황에서는 긴축이 자멸에 이르는 길이 되는 것이다.

하지만 부작용이 있다. 2012년 그리스, 아일랜드, 이탈리아, 스페인 등 유로화를 채택한 EU 국가들이 정부 부채로 심각한 위기를 경험했다. 시장 유동성이 급감하고 국채 금리가 급등하자 이들 국가는 지출을 줄여서 부채를 낮춰야 한다고 느꼈다.

케인스주의 경제학이라면 이 상황을 어떻게 설명했을까? 케인스에 따르면 경기 침체 때 정부는 자국민에게 더 많은 돈을 빌려 난관을 돌파해야 한다. 그런데 이들이 처한 상황은 달랐다. 이 EU 국가들은 유로존(Eurozone) 회원이었고 자국 통화가 없었다. 유로화를 사용했으니까. 그렇기에 다른 나라들처럼 자국 통화 평가절하를 시도할 수도 없었고 중앙은행에서 화폐를 찍어내 양적 완화를 도모할 수도 없었다. 미국, 영국, 일본 등은 모두 자국 통화와 중앙은행을 갖고 있다. 예컨대 일본이 자국민에게 충분한 양의 채권을 판매하지 못하면 일본은행이 돈을 찍어 정부 부채를 사들일 수 있다. 너무 간단하게 들리겠지만 실제로 일어나고 있는 일이다. 미국 또한 2008년 금융 위기 이후 중앙은행인 연방준비제도에서 상당한 규모의 미국 채권을 매입하기도 했다.

이탈리아와 스페인의 경우 정부 부채 자체보다는 회수가 안 되는 부실 국채 문제가 심각해 유로존 전체에 위기를 초래한 것이 더 큰 문제였다. 결국 2012년 유럽중앙은행(ECB) 마리오 드라기(Mario Draghi, 1947~) 총재는 마이너스 금리 정책까지 도입하면서 유로화를 지키고자 "뭐든지 하겠다"고 약속했다. 이후 유로존 위기는 완화됐고 긴축 압력도 줄어들었다.

심각한 위기 상황에서 정부 부채가 비상 지출 일부를 흡수할 방안이 될 수 있다는 점도 정부 차입이 갖는 특징이다. 지난 세기 두 차례의 큰 전쟁을 겪는 동안 정부 부채는 눈에 띄게 증가했다. 그리고 2020년 코로나19 팬데믹 위기로 각국 경제가 폐쇄되면서 정부 차입이 급증했으며, 정부는 코로나19로 피해를 본 기업과 자영업자에 재

: 영국의 정부 부채(1727년 이후 GDP 대비) :

*1830년 이후에는 영국

정 지원을 제공했다. 이처럼 시급한 상황에서는 정부 부채 증가 우려보다 정부 지출 확대 요구가 더 큰 정치적 압력으로 작용한다.

그렇더라도 무작정 퍼줄 수만은 없는 노릇이다. 경기 침체기에 돈을 빌려서 주요 공공 영역 지원 자금을 조달할 수 있다는 것이 정부가 바라는 만큼의 돈을 끌어올 수 있다는 뜻은 아니다. 장기적으로는 한계가 있기 때문이다. 케인스주의 경제학은 경기 침체기의 차입에 관해서만 말하지 않는다. 강력한 경제 성장 시기 동안 정부 부채를 줄이는 것에 관해서도 강조한다. 요컨대 높은 차입금은 단기적으로는 유용하지만 미래에는 골칫거리가 된다는 얘기다.

장기 예산 문제를 단기 해결책인 정부 차입으로 접근하면 커다란 '정치적 곤경'을 초래할 수 있다. 인구 고령화와 낮은 경제 성장률에 직면한 선진국 대부분은 예산 제약이라는 문제에 봉착할 것이다. 인구 고령화로 의료 및 연금 지출은 수요가 증가하지만, 일할 사람이 모자라기에 세수는 줄어든다. 이와 같은 변화 앞에서 정부는 어려운 선택을 해야 한다. 연금 지출을 유지하고자 세금을 올리거나, 다른 지출을 줄이거나, 연금 수급 연령을 높여야 할 수도 있다. 그러면 곧바로 정치적 곤경에 처하게 된다. 왜냐하면 국민 대부분이 싫어하는 정책들이기 때문이다.

정부 차입이라는 손쉬운 해결책으로 급한 불을 꺼서 얼마간 여론을 잠재울 수는 있겠지만, 인구 고령화 같은 문제는 결코 해결하지 못한다. 예산만 가중할 뿐 실익이 없다. 사회 기반 시설 확충이나 투자 촉진 또는 일자리 창출을 위한 정부 차입은 생산성을 향상하고 성장률을 높여 더 많은 세수를 확보하는 데 도움이 될 수 있다. 하지만 고령화나 연금 지출은 복지 예산이라서 생산성 향상이나 경제 성장과는 관련이 없다. 이 돈을 차입해서 쓰면 빚을 미래에 떠넘기는 데 지나지 않는다. 추가 세금과 예산 후폭풍이 기다릴 뿐이다.

돈을 찍어 국채를 매각하는 방법도 경제에 엄청난 악영향을 끼칠 수 있다. 대공황 당시 미국과 영국은 인플레이션을 일으키지 않는 선에서 화폐를 더 발행할 수 있었지만, 대개는 정부가 너무 많은 돈을 찍어내면 통제할 수 없는 초인플레이션을 초래하고 만다.

1923년 독일에서 발생한 초인플레이션의 원인은 제1차 대전 이후 정부 부채가 급속히 증가했기 때문이다. 전쟁에 막대한 돈을 쏟아부은 데다 패전국으로서 갚아야 할 전쟁배상금만 해도 엄청난 액수였다. 당연히 정치적으로도 혼란스러웠고 의회는 교착 상태에 빠졌다. 결국 방법은 돈을 찍어내는 것밖에 없었다.

2000년대 중반 짐바브웨의 상황도 비슷했다. 극심한 경기 침체와 높은 정부 부채를 아무 생각 없이 돈만 찍어 대응하다가 초인플레이션을 일으켰다. 2008년 11월 짐바브웨의 인플레이션율은 무려 796억 퍼센트였다. 일평균 물가 상승률은 98퍼센트에 달했다.

국가가 해외에서 돈을 빌려 정부 부채를 조달하는 경우 부작용에 합병증까지 추가된다. 해외 차입은 외국인 투자자에게 불안 요인으로 작용하며, 국채 매각 때 돈이 국내로 쉽게 환수되지 않는 등 자본 도피에 취약하게 만든다. 특히 아르헨티나와 러시아를 비롯한 동남아시아 신흥 경제국들이 그랬다. 경제에 문제가 생기고 통화 가치가 하락하면 결국 높은 정부 부채가 발목을 잡게 된다. 화폐 가치가 낮은 나라의 국채를 계속 갖고 있기 불안하므로, 외국인 투자자의 매도가 줄을 잇게 되면서 국채 금리는 더 높아지고 차입비도 증가한다.

그렇다면 국가는 돈을 얼마나 빌릴 수 있을까? 좋은 질문이지만 대답하기는 쉽지 않다. 2020년 일본의 경우 정부 부채는 GDP의 240퍼센트에 달했지만, 국채 금리는 아직 낮았고 매수도 계속 이어졌다. 반면 2012년 이탈리아에서는 정부 부채가 100퍼센트에 도달하자마자 불안해진 투자자들이 줄줄이 매도하면서 국채 금리가 폭등했고 정부는 긴축을 시행할 수밖에 없었다. 제2차 대전의 여파로 1951년 영국 정부 부채는 GDP의 200퍼센트로 정점을 찍었지만 경기 침체는커녕 이후 강한 성장세를 보였으며, 부채도 꾸준히 줄어 정부 부채로 인한 위기는 겪지 않았다.

2019년 아르헨티나의 경우 정부 부채가 낮다면 낮은 89퍼센트였으나 2020년까지 돈을 더 확보하기 위해 발버둥쳤다. 아르헨티나는 1816년 스페인으로부터 독립한 이래 아홉 차례나 정부 부채를 갚지 못했다. 이 때문에 국가 신용도가 매우 낮아서 다른 나라보다 차입비가 더 많이 든다. 다시 말해 아르헨티나 국채는 위험성이 높으므로 투자를 유치하려면 더 많은 이자를 줘야 한다.

이를 통해 우리는 부채 액수 말고도 여러 요인이 있다고 짐작할 수 있다. 부채 상환 실적이 좋은 나라는 더 융통성 있게 해외 차입을 할 수 있다. 그만큼 신용이 좋기에 안심하고 국채를 매입할 수 있는 것이다. 예를 들어 캐나다, 벨기에, 덴마크, 영국과 같은 국가는 정부 부채를 못 갚은 적이 없다. 자국 통화가 있고 환율 정책을 효율적으로 운용하는 국가라면 유동성도 좋다. 그러나 채무 불이행 전적이 있는 국가는 투자자들이 매우 조심스러워하므로 부채 위기에 빠질 가능성이 크다.

이민 문제에는
단점만 있을까

'이민'도 강력한 '정치적 곤경'을 초래할 수 있다. 대규모 이민에 대한 적대심은 전 세계 많은 나라에서 되풀이되는 문제였다. 하지만 이민의 경제학은 정치적·문화적 차원과는 또 다르고 더 복잡하다.

이민자들은 해당 국가의 경제적 후생을 개선할까 감소시킬까? 이민자들의 유형에 따라 다르다. 이민자들이 노동 가능 연령대인 경우 일반적으로 몇 가지 경제적 이점을 얻을 수 있다. 노동 가능, 즉 생산 활동이 가능한 연령대 이민자들은 확실히 정부 예산에 도움이 된다고 할 수 있다. 이들은 엄연히 소득세를 내는 데다 지금 당장 연금 및 의료 혜택을 받지 않아도 된다.

이와는 대조적으로 60세 이상의 이민자들은 경제에 매우 다른 영향을 미칠 수 있다. 이들은 노동 가능성이 작아서 소득세를 낼 일이 거의 없는 대신 연금이나 의료 혜택은 받게 된다. 물론 통상적으로 이민자 대다수는 노동 가능 연령대의 사람들이다. 다른 나라로 이주하려는 사람들은 대개 더 나은 삶을 살고자 하는 열망을 품고 있다. 당연히 취업해 일하려는 의지가 강하다. 은퇴 연령대의 사람들이 굳이 다른 나라로 이주하는 경우는 별로 없으며, 있어도 대부분이 노동 가능 연령대의 가족 구성원이다.

다른 나라에서 이주해오는 이민자만 떠올릴 게 아니라, 다른 나라로 이주하는 자국민도 생각해봐야 한다. 성실하고 야심 찬 사람들, 기업가 정신을 가진 사람들이 기꺼이 위험을 감수하고 해외로 이주한다는 점에서 이민은 철저히 자기선택적 결정이다. 이주해온 이민자들이 많은 미국, 영국, 독일 등의 나라에서는 이민의 단점만 따지는 경향이 있으나, 반대로 더 나은 미래를 위해 타국으로 떠나는 자국 젊은 이들을 바라만 볼 수밖에 없는 개발도상국 처지에서 이민은 생각보다 심각한 문제다.

EU에 가입한 이후 많은 동유럽 국가 경제에서 이른바 '두뇌 유출(brain drain)' 현상이 발생했다. 최고 수준의 교육을 받은 최고 수준의 인재들이 정작 모국이 아닌 다른 나라를 위해 일하게 되는 것이다. 라트비아의 경우 노동 가능 인구가 2000년에서 2017년 사이 25퍼센트 감소했고, 대학 졸업자의 33퍼센트가 다른 국가로 이주했다. 이들의 기술, 생산성, 세금, 기업가 정신 등 엄청난 기회비용을 잃는 것과 다름없다. IMF(국제통화기금)에 따르면 불가리아와 루마니아의 경우 이민으로 인한 GDP 감소율만 3~4퍼센트다.

그렇지만 '두뇌 유출'이 무조건 손실로 이어지는 것만은 아니다. 큰 위로가 되지는 않겠지만 이들이 외국에서 번 돈 일부는 국내로 송금된다. 일종의 외화벌이 역할을 하는 셈이다. EU 가입 때 국가가 받은 경제적 혜택도 있다. 그래도 손실이 더 큰 것은 사실이다. 자국의 기업들은 이들의 공석을 메우기 위해 안간힘을 써야 했고 동유럽과 서유럽 사이의 임금 격차를 줄여야 하는 압박에 시달렸다. 노동 인구 감소로 정부 재정에도 큰 타격을 받았다. 2013년 라트비아의 노동 인구 비율은 10명 중 3.3명이었다. 이마저도 외국으로 빠져나간 이민자로 인해 2030년에는 10명 중 2.0명이 될 것으로 예상한다. 이는 향후 연금 지출 및 세금 인상 문제에 직면하게 된다는 뜻이다. IMF는 이들 국가의 '두뇌 유출'이 비경제적 비용도 유발할 것이라고 지적한다. 교육 수준이 높고 열망이 강한 젊은 노동자들의 부재가 정치와 문화에도 부정적인 영향을 미친다는 것이다.

그런데 '두뇌 유출' 문제의 아이러니는 이민자를 받아들인 국가에서 보면 인구 고령화의 효과적인 해결책이 될 수 있다는 점이다. 출생률 감소는 전 세계적인 골칫거리지만 그중에서도 이탈리아를 비롯한 서유럽 국가에서 유독 심각한 상황이다. 이들 국가에서는 전형적인 인구 역피라미드 현상이 나타나고 있는데, 은퇴자 대비 노동자 인구 비율이 현저히 낮다. 2010년 기준 서유럽에서는 국가의 65세 이상 은퇴자 1명당 4명의 노동 가능 연령대 성인이 있었다. 하지만 2050년까지 이 비율은 65세 이상 은퇴자 1명당 노동 가능 연령대 2명으로 감소하게 된다. 즉, 노인 1명을 4명이 부양했는데 앞으로는 2명이 책임져야 한다. 연금 및 의료 지출 예산을 노동 가능 연령대에 부과할 세금을 올려 충당해야 하는 상황이 벌어질 것이다. 따라서 노동 가능 연령대의 이민자들을 적극적으로 수용하는 게 고령 인구 부양 비율과 출생률을 높이는 해결책이 될 수 있다. 이민자 수용 정책이 지금은 인기도 없고 정치적 곤경만 초래할지 몰라도, 20년 뒤에는 아무도 문제 삼지 않는 당연한 정책이 될 것이다.

그러나 여전히 이민은 여러 까다로운 질문을 제기한다. 이민자들이 현지 노동자들의 일자리를 빼앗으리라는 두려움이 있다. 하지만 이 주장은 '노동 총량의 오류'에 해당한다고 이미 설명했다. 이민자들이 노동 공급을 늘리면서 지출 활동을 통해 노동 수요도 증가시키므로, 결국 이들이 취하는 일자리만큼의 일자리가 창출된다. 다른 우려는 저임금 국가에서 온 이민자들이 현지 노동자, 특히 저숙련 노동자들의 임금에 하향 압력을 가하리라는 생각이다. 이 부분에는 아직 논쟁의 여지가 있지만, 이주 노동자들로 인해 임금 수준이 하락하지 않는다는 수많은 통계가 있다. 미국과 서유럽으로 대규모 이민자가 몰린 기간 동안 현지 임금이 상승했다는 자료도 많이 있다.

요컨대 이민자들은 노동 공급을 늘릴뿐더러 소비 경제에 이바지함으로써 노동 수요도 늘리며, 임금 하락 요인이 아니다. 이민자들이 기업가 정신을 대표한 사례도 많다. 미국의 많은 유수 기업은 이민자나 이민자 자녀들이 세웠다. 여기서 한 가지 가설을 제시할 수 있는데, 이민자들이 해당 국가의 경제, 문화, 기술, 지식, 창의성, 잠재력을 높인다는 것이다. 특히 미국은 훌륭한 과학자들의 이민으로 덕을 크게 봤다. 알베르트 아인슈타인(Albert Einstein, 1879~1955), 니콜라 테슬라(Nikola Tesla, 1856~1943), 엔리코 페르미(Enrico Fermi, 1901~1954) 등은 모두 미국 시민이 된 이민자들이었다.

이민자 가운데 저숙련 노동자들에 대한 영향은 좀 더 복잡하다. 어떤 연구는 현지 저숙련 노동자들(대부분 고등학교 중퇴자)이 이들에게 부정적인 영향을 받을 수 있다고 주장한다. 농업과 같은 분야로 저숙련 이주 노동자가 유입되면 낮은 임금이 형성되고 심지어 임금이 대폭 삭감된다는 주장도 있다. 그런데 보통은 이주 노동자와 현지 노동자가 같은 일자리를 놓고 경쟁하지는 않는다.

오히려 이민자들 덕분에 상대적으로 저렴한 보육 서비스가 가능해진 측면을 주목할 필요가 있다. 자녀를 돌보기 위해 저임금 이민자를 고용할 수 있게 되면서, 더 많은 현지 여성이 육아로 인한 경력 단절을 겪지 않고 노동 시장에 참여하고 있다. 게다가 현지 노동자로는 충당하기 어려운 일자리도 있다. 예를 들어 과일 수확이나 노인 돌봄 서비스 등은 이민자들을 끌어들이지 않고서는 사람 구하기가 거의 불가능하다. 영국의 경우 2016년 브렉시트(Brexit) 찬반 국민투표 이후 동유럽 이민자 유입이 줄면서 농촌 일손을 구하는 데 큰 어려움을 겪고 있다.

이민 문제를 바라볼 때 GDP, 고용, 임금 이외의 측면을 살피는 것도 중요하다. 대규모 이민은 주택과 교통 그리고 사회 서비스 전반에 영향을 미친다. 이민자들은 인구 밀도가 높은 지역, 다시 말해 일자리가 많은 대도시에 자리를 잡는 경향이 있다. 이로 인한 인구 증가는 주택 가격과 월세 상승의 요인이 되며, 이는 현지 노동자들의 경제적 부담으로 작용한다. 나아가 이민자들이 고도로 현지화하면 사회 서비스 지출 비용도 올라간다. 이민자들로 해당 도시 인구가 10퍼센트 증가하면 그만큼 의료, 교육, 주택과 같은 기반 서비스도 확대해야 하므로 더 많은 예산이 소요된다. 공공자원이 이민자 인구가 많은 도시에 집중되기 때문에 지역 불균형 문제도 심화한다. 이론상 대규모 이민은 사회 서비스에 더 많은 지출을 유도해 결국 세수 확보 문제로 이어진다. 그러나 어디까지나 이론적인 얘기다. 현지인들은 수요 증가와 인구 과밀화에 따른 불편은 체감하면서도 전체 경제 지표에서 이민자들이 GDP 증가에 이바지하고 있다는 사실은 느끼지 못한다.

이민이 '정치적 곤경'을 초래하게 되는 가장 큰 요인은 이민자들에 대한 현지인들의 선입견이라고 할 수 있다. 어떤 지역에 해결하지 못한 기존 문제가 있고 사회 기반 시설 및 서비스가 불충분한 경우 이민자들은 쉽게 정치적 표적이 된다. 공공투자 결여와 지역 경제 침체라는 진짜 문제를 감추는 표적이다. 병원 진료 대기 줄은 예전부터 있었지만, 이민자들 때문에 대기자 명단이 생긴 거라며 볼멘소리를 한다. 경제적 쟁점을 정치적 관점으로 보는 것도 문제다. 민족적·문화적 다양성을 이해하지 않고 하나의 잣대로만 평가하려는 태도 또한 이민 문제를 더욱 복잡하게 만든다. 다문화주의를 반대하는 근거로 경제적 측면을 지적할 수 있겠지만, 숨기고 있던 진짜 동기가 외국인에 대한 혐오라면 어떤 이유에서건 정당하지 않다. 이민 문제를 전체적이고 유기적인 맥락에서 살피지 않고 자기 입맛대로 '체리 피킹(cherry picking)'해 부각시키는 행위도 옳지 않다. 이민 문제에 관한 연구는 너무 많아서, 마음만 먹으면 자신의 관점을 정당화할 수 있는 것들만 취사선택할 수 있다.

앞으로 30년 또는 40년 동안 이민자들에 대한 인식은 크게 바뀔 것이다. 더 깊이 들어갈 것도 없이 인구 고령화와 인구 감소 문제 하나만으로도 충분하다. 머지않은 미래에 이민자 유치 경쟁이 일어날 수도 있다. 고등 교육을 받은 젊고 건강한 이주 노동자들을 데려가려고 너도나도 눈에 불을 켜고 달려들지 모른다. 고령 인구 부양 비율과 출생률을 높이기 위해서도 이민자 수용 요구는 점점 더 강해질 것이다. 거의 모든 선진국이 노동 공석을 채우고자 저마다 마련한 이민 정책을 홍보하며 이민자 유치에 열을 올릴 것이다.

지금 대통령이 뛰어나서
경제가 좋아졌을까

경제학자들을 괴롭히는 한 가지를 꼽으라면 현재의 경제 상황이 대통령의 경제 성과로 연결되는 모습을 지켜보는 일일 것이다. 어찌 보면 당연하겠지만 경제 상황이 좋으면 유권자들은 현직 대통령을 호의적으로 바라본다. 반대로 실업률이 높고 경제 성장률이 낮으면 대통령을 비난하게 된다. 하지만 경제적 관점에서 볼 때 실제로 대통령에게 현재의 경제 상황에 대한 책임이 있을까? 있다면 얼마만큼 있을까?

경제와 관련한 다른 모든 요소를 결합해보면 대통령의 정책과 선언이 15퍼센트 정도를 차지한다고 할 수 있다. 그런데 사실 여기에는 운도 필요하다. 미국의 경우 역대 대통령 가운데 운이 따라준 때도 있었고 그렇지 않은 예도 있었다. 이를테면 지미 카터(Jimmy Carter,

1924~)는 1970년대 후반 제2차 석유 파동을 겪은 불행한 대통령이었다. 허버트 후버(Herbert Hoover, 1874~1964)는 취임 후 몇 달 만에 월스트리트 대폭락을 마주했다. 한편 드와이트 아이젠하워(Dwight Eisenhower, 1890~1969), 존 F. 케네디(John F. Kennedy, 1917~1963), 린든 존슨(Lyndon Johnson, 1908~1973)은 경제 호황의 덕을 본 운 좋은 대통령들이었다.

물론 그렇다고 운이 전부는 아니다. 대통령의 판단이 경제에 미치는 영향을 무시하는 것도 잘못이다. 운 탓으로 돌릴 수 없는 사례도 있다. 허버트 후버 대통령이 1929년 3월에 취임한 것은 분명히 운이 없었다고 할 수 있지만, 10월의 월스트리트 대폭락은 어쩔 수 없다 쳐도 이후의 대응은 여러 면에서 진정한 실패였다. 당시 그는 연방 실업 급여와 같은 구제 방안을 거부했고, 오히려 이듬해인 1930년 미국 산업을 보호한다는 명분으로 수입품에 높은 관세를 부과하는 '스무트-홀리 관세법(Smoot-Hawley Tariff Act)'에 서명함으로써 세계 각국의 무역 보복을 초래했다. 무역 거래가 급감하자 불황은 더욱 심해졌다. 이때 1,000명이 넘는 경제학자가 청원을 넣었지만 꿈쩍도 하지 않았다. 1931년 경제가 파탄 지경에 이르자 이번에는 재정 적자를 만회하고자 세율을 올렸다.

후버 대통령이 운이 좋았다고는 할 수 없지만, 어쨌든 그는 자신의 힘과 의지로 불황을 막기는커녕 더 심각한 경기 침체를 불러왔다. 아마도 그는 자유시장에 대한 믿음이라는 당시 만연해 있던 주류 경제관에 발목 잡혔을 것이다. 훗날 그는 재무부 장관 앤드루 멜런

(Andrew Mellon, 1855~1937)이 경기 침체가 진행되도록 방치했다고 회상했다. 멜런은 이렇게 주장했다.

"노동을 청산하고, 주식을 청산하고, 농민을 청산하고, 부동산을 청산해야 한다. 그래야 부패를 없앨 수 있다. 그동안 턱없이 높았던 생활 수준과 생활비도 내려갈 것이다. 나아가 진취적인 사람들이 덜 유능한 사람들을 이끌 것이다."[1]

실업률은 20퍼센트까지 치솟았다. 뒤늦게 몇 가지 연방 지원 정책이 시행됐지만, 허버트 후버라는 이름은 어느새 최악의 대공황과 동의어가 돼 있었다. 실업자와 노숙자들이 만든 판자촌은 그의 이름을 딴 '후버빌스(Hoovervilles)'라고 불렸다.

역대 대통령이나 집권 정당의 경제 기록을 비교할 때 실제 대통령의 영향이라고 할 수 있는 것들에는 무엇이 있을까? 원칙적으로 한 나라의 경제는 민간 부문의 성과에 큰 영향을 받는다. 장기적 성장률은 산업의 생산성 향상과 기술 혁신이 좌우한다. 대통령은 이를 정책적으로 지원함으로써 미미한 영향력을 행사할 수 있다. 전후 시대에는 세탁기나 자동차 같은 노동 절약적 장치들과 컴퓨터 발전 덕분에 생산성을 크게 향상할 수 있었다. 그러나 이는 대통령의 역량이 아닌 민간의 혁신이 이뤄낸 결과다.

2007년 이후 전 세계적으로 생산성 증가세가 둔화하고 있다는 우려가 제기됐다. 일각에서는 지금 우리가 목격하는 기술 혁신이 과거의 혁신보다 의미가 덜하기 때문이라고 설명한다. 그동안 컴퓨터 시스템 등의 첨단 분야는 기하급수적인 성장 속도를 보여왔다. 인터넷과 AI가 엄청난 기술임은 틀림없다. 그렇지만 인류 역사상 비약적인 생산성 향상과 경제 성장을 체감하게 해준 기술은 전보, 전화, 전기와 같은 더 단순한 것들이었다. 대통령이 민간 부분의 기술 혁신에 도움이 되는 환경을 조성하도록 정책적으로 지원할 수는 있다. 제2차 대전이 한창일 때 정부의 강력한 개입으로 기술이 크게 향상된 예도 있다. 하지만 일반적으로 기업이나 발명가는 대통령의 영향을 받지 않는다. 이들은 자신의 동기와 주도로 움직인다.

대통령의 정책이 실물 경제에서 가시적인 효과로 나타나기까지 상당한 시일이 걸린다는 것도 문제다. 예컨대 대통령이 고민 끝에 민영화나 규제 완화와 같은 효과적인 공급 정책을 시행하더라도, 긍정적이든 부정적이든 간에 그 정책의 결과는 몇 년 동안 드러나지 않는다. 실제 경제에 녹아들어 영향을 미치는 데 시간이 걸리기 때문이다. 거시경제 정책은 더욱 그렇다. 대통령이 단기 성과에만 집착하지 않고 멀리 내다보면서 강력한 성장을 위한 초석을 마련한다면, 설사 지금 당장 눈에 띄는 효과가 없더라도 정책 추진력은 몇 년 동안 지속할 수 있다. 경제를 살피는 일은 거대하고 육중한 배를 조종하는 것과 같다. 배가 한 방향으로 거세게 돌진하고 있을 때는 방향키가 제대로 먹히지 않는 법이다.

2016년 도널드 트럼프가 당선될 무렵 미국 경제는 그런대로 잘 돌아가고 있었다. 실업률이 감소하고 새로운 일자리가 생겨나면서 경제도 강한 성장세에 있었다. 2017년 1분기 때 트럼프 대통령은 자신의 공로라며 스스로 추켜세웠다. 그러나 그것은 사실이 아니었다.

주목해야 할 두 가지 사항이 있었다. 첫째, 2017년 1분기 경제 데이터는 버락 오바마(Barack Obama, 1961~) 대통령 집권 때 나타난 결과다. 둘째, 트럼프 대통령 취임 후 1개월은 긍정적이든 부정적이든 경제에 영향을 미칠 수 있다고 여길 수 없는 시간이다. 2017년 경제 상황은 전년도 경제 지표를 반영한다. 이것이 대다수 경제학자가 2017~2018년 미국 경제 성장을 현 정부가 아닌 이전의 오바마 행정부 덕분이라고 주장한 까닭이다.

경제에서 유심히 봐야 할 또 다른 사안은 대통령의 정책이 실제 경제에 미치는 영향은 무척 제한적일 수 있다는 점이다. 이에 관한 좋은 사례도 도널드 트럼프 대통령의 무역 정책에서 찾을 수 있다. 심지어 공화당 성향의 보수 경제학자들조차 중국을 상대로 한 트럼프의 무역 전쟁이 경제적 후생 손실로 이어져 소비자 물가 상승 및 수출 감소를 초래하리라고 예견했다. 철강 등 제조업과 일부 산업이 누릴 수 있다는 혜택도 매우 제한적인 데다 부정적 영향이 더 컸다. 그런데도 막상 트럼프의 무역 전쟁은 예상과 달리 미국 경제에 별다른 영향을 미치지 않았다. 왜 그랬을까? 무역 전쟁이 경제적 후생 손실을 유발해 성장률을 본래보다 0.2퍼센트 낮춘다고 가정해보자. 이는 연 3.0퍼센트 성장률에서 2.8퍼센트 성장률로 낮아진다는 의미다. 이 정도로는 대통령의 무역 정책이 실패했다고 비판하기 어렵다. 일반 국민은 경제에 부정적인 영향을 미쳤다고 느끼지 못한다. 경제학자들의 관점에서는 큰 수치일 수 있으나, 유권자들의 대통령 경제 정책에 대한 신뢰를 무너뜨리기에는 효과가 없다.

더욱이 거시경제 정책의 무거운 짐을 대통령이 지는 것도 아니다. 경제에서 가장 중요한 도구로 쓰이는 '통화 정책(monetary policy)'은 대통령이 아닌 '중앙은행'에서 시행한다. 중앙은행은 낮은 인플레이션율, 안정적인 경제 성장률, 낮은 실업률을 목표로 삼는다. 그래서 대통령이 독단으로 경제에 악영향을 미치는 정책을 시행하더라도 중앙은행이 통화 완화 정책으로 이를 상쇄할 수 있다. 예를 들어 대통령이 세율을 인상하고 재정 지출을 줄이면 성장률이 둔화하지만, 중앙은행이 이에 맞서 금리를 인하하거나 화폐를 추가 발행함으로써 수요를 증가시킬 수 있다. 실제로도 미국의 중앙은행인 연방준비제도는 코로나19 팬데믹으로 인한 경기 둔화에 대응해 경제 회복과 인플레이션을 잡기 위한 모든 조처를 하겠다고 밝힌 바 있다.

금리를 조정하고 화폐를 발행하는 연방준비제도의 강력한 권한은 대통령보다 경제에 훨씬 더 큰 영향을 미칠 수 있다. 그렇다고 해서 정치인들에게 책임이 없는 것은 아니다. 우리는 2000년대 초반의 경제 및 신용 거품을 막지 못한 정치인들을 비난할 수 있다. 어느 정도는 사실이기도 하다. 정치인들이 조금의 선견지명만 발휘했어도 모기지 대출과 잘못된 은행 관행에 규제를 가할 수 있었다. 하지만 더 큰 책임은 부동산 거품을 전혀 문제 삼지 않은 채 모기지 대출을 장려하고 느슨한 통화 정책을 고수한 연방준비제도에 있다. 앨런 그린스펀은 경제 관리 측면에서 오류가 없기로 정평이 나 있었지만, 2007년 이후 그의 평판은 급락했다. 틀림없이 그의 행동은 대통령보다 경제에 더 큰 영향을 미쳤다.

'신용 경색(credit crunch)' 또한 좋은 예다. 1980년대 미국과 영국은 신용 통제를 철폐하고 금융 시장을 자유화하는 데 열성적이었다. 1980년대를 지나 1990년대까지는 그 효과가 꽤 온건했다. 그런데 2007년이 되자 이 1980년대 정책의 효과가 결실을 보기 시작했다. 파생 상품, 신용 부도 스와프(credit default swap), 모기지론의 예상치 못한 성장은 1980년대 정책 시행과 아무런 관련이 없는 정치인들에게 '정치적 곤경'을 안겼다.

이 부분은 대통령이 경제에 미치는 영향이 매우 적다는 것을 시사한 듯 보일 수 있지만 예외도 있다. 1929년 일련의 정책 실패로 미국 경제는 대공황에 빠졌고, 2007~2008년 금융 위기도 마찬가지로 주요 경기 침체를 촉발했다. 그러나 이와 연결된 경제 정책은 이미 1930년대부터 발전했다. 글로벌 금융 위기에 대응하고자 각국 정부는 은행 시스템을 정비하고 재정 정책을 마련했다. 미국의 은행들은 대규모 구제금융을 받았다. 2009년 대통령에 취임한 버락 오바마는 미국 자동차 산업에 구제금융을 제안했고 확장 재정 정책안을 통과시켰다. 이 같은 그의 노력 덕분에 미국은 정부 개입을 꺼렸던 유럽보다 빠르게 경제를 회복할 수 있었다. 오바마 대통령의 정책이 없었다면 미국의 경제 상황은 더욱 악화해 실업률이 더 높아졌을 것이다. 그런데도 2010년 오바마 대통령의 민주당은 중간 선거에서 공화당에 패배했다. 아마도 "불행 중 다행이다"는 뛰어난 정치 슬로건이 아니었기 때문일 것이다.

부자들이 많이 벌면 콩고물이 떨어질까
_낙수 효과

'낙수 효과(trickle-down effect)'라는 말을 들어봤을 것이다. 부유층의 부가 늘어나면 경기가 부양해 저소득층에게 혜택이 돌아가고, 결국 국가의 경제 성장과 국민 복지가 향상한다는 이론이다. 부자들의 소득이 증가하면 모든 사람에게 좋다는 얘기다. 다시 말해 부자가 더 부자가 되는 것을 우려해서는 안 된다. 이들의 돈이 흘러내려 온 국민의 경제적 후생을 개선할 것이기 때문이다. 낙수 효과는 이른바 '레이거노믹스(Reaganomics)'라 불린 로널드 레이건 대통령의 경제 정책 및 1980~1990년대의 자유시장 개혁과 밀접한 관련이 있다. 프리드리히 하이에크(Friedrich Hayek, 1899~1992), 밀턴 프리드먼, 아서 래퍼와 같은 경제학자들은 낙수 효과를 기대할 때 소득 불평등을 줄이는 쪽이 아닌 전체 소득을 높이는 데 집중해야 한다고 주장했다. 파이를

균등하게 분배하기보다는 더 큰 파이를 만들어 모두가 잘살 수 있도록 해야 한다는 것이었다. 낙수 효과는 소득세 인하, 민영화, 금융 서비스 자유화 등의 정책을 정당화하는 데 이용됐다.

이 논지의 핵심은 부유층의 부가 늘어나면 자연스럽게 이들의 소비 지출도 증가한다는 것이다. 이는 상품과 서비스에 대한 수요를 높이고 경제에서 추가 고용을 창출한다. 이를테면 최상류층 부자들은 개인 비서와 운전기사를 고용해 노동 계층을 위한 일자리를 창출한다. 부가 증가함에 따라 기업 투자에 열의가 높아져 새로운 일자리가 계속 생기고 임금이 상승한다. 좋은 예로 아마존의 창업자 제프 베이조스(Jeff Bezos, 1964~)는 아마존 주가가 오르자 사업 운영 범위를 크게 확장해 신제품과 물류에 투자하고 경제 전반에 걸쳐 새 일자리를 창출했다. 게다가 부자가 더 부유해지면 소득세, 지출세, 법인세와 같은 세금을 더 많이 내게 된다. 미국의 경우 연소득 51만 5,317달러 이상의 상위 1퍼센트 부자들이 연방 소득세의 약 38퍼센트를 납부한다.

정부는 이렇게 확보한 세수로 교육, 보건, 사회보장에 더 많은 지출을 할 수 있다. 그러면 직접적 혜택은 아닐지라도 모든 사회 구성원이 간접적 이익을 볼 것이다. 세수는 취약 계층의 생활 수준을 높이는 사회복지망을 제공하는 데 필수적이다. 아울러 부유층의 소득이 증가하면 '승수 효과(multiplier effect)'가 일어난다. 부자가 운전기사를 고용하면 운전기사도 더 많은 돈을 지출하면서 식당과 술집의 수요가 증가한다.

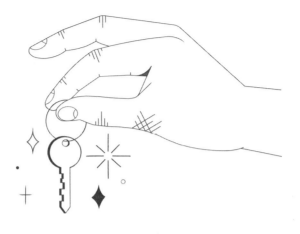

19세기 후반에서 20세기 전반부를 살펴보면 낙수 효과의 증거를 뒷받침하는 증거를 찾을 수 있다. 포드자동차(Ford Motors)나 제너럴 일렉트릭(General Electric, GE)과 같은 거대 기업이 성공하면서 사업주와 고위 관리자의 소득이 높아졌지만, 이 기간에 발생한 경제 성장이익이 이들 상위 10퍼센트에게만 돌아간 것은 아니었다. 실질 임금의 상당한 증가로도 이어졌다. 포드자동차의 수익성이 좋아지자 회사는 노동자의 실질 임금을 인상해 생활 수준을 높였다. 노동자들이 돈을 더 많이 벌게 되니 소비재 수요도 늘어서 사업에 더욱 도움이 됐다. 포드자동차 노동자는 자동차의 '사치'를 감당할 수 있는 최초의 육체노동자였다. 어떤 의미에서 이는 진정한 혁명이었고, 역설적이게도 임금 인상은 기업에 큰 이익을 가져다줬다. 노동자와 중산층의 소득이 증가함에 따라 자동차 수요도 증가해 시장 수요 증가와 임금 상승의 선순환이 이뤄졌으며, 사회 전반의 사람들이 혜택을 받았다. 1900년부터 1980년까지 소득 상위 10퍼센트가 더 잘살게 되면서 불평등이 줄어들었다는 사실은 실제로 유익한 낙수 효과가 있었음을 시사한다.

그러나 1980년 이후로 낙수 효과에 대한 증거는 더이상 찾기 어려워졌다. 불평등이 감소하기보다 오히려 부자와 빈자 사이의 격차가 계속 커져만 갔다. 상위 10퍼센트의 부는 더 늘었고 저소득 계층은 점점 더 가난해졌다. 문제는 부자가 더 부자가 될수록 그들의 부가 아래로 흐른다고 보장할 수 없다는 데 있었다. 이제 백만장자는 추가로 얻은 부를 사회 전체의 수요와 생산을 높이는 쪽으로 지출하지 않았다. 그 대신 그대로 저축하거나 주식 시장에 투자하거나 부동산 같은 자산을 확보하는 데 사용했다.

상황이 이렇게 되자 부유층의 소득 증가가 저임금 노동자나 실업자의 혜택으로 떨어져 내려가지 않았다. '낙수'가 일어나지 않았다. 어떤 경우에는 되레 저소득층의 생활 수준을 더 떨어뜨리기도 했다. 부자들이 남아도는 돈으로 땅과 집 같은 자산을 더 많이 구매하자 이 때문에 주택 가격이 물가 상승률 이상으로 높아져 저소득층의 내 집 마련이 매우 어려워졌다. 나아가 주택 가격 상승은 임대료에도 영향을 미쳐 저소득층이 부담해야 할 월세도 더 높아졌다. 2000년대에 등장한 '임대 세대(Generation Rent)'는 높은 집값 때문에 나이가 들어서도 임대 주택에 살 수밖에 없는 청년들을 일컫는 용어가 됐다. 부자들의 부가 급증한 결과였다.

낙수 효과 이론의 또 다른 문제점은 거대 기업과 부유층의 조세 회피를 고려하지 않는 것이다. 애플(Apple)은 수익성이 매우 높은 대표적 기업이다. 고객의 브랜드 충성도도 높고 제품 가격도 높다. 낙수 효과 이론대로라면 애플이 더 많은 이윤을 내면 낼수록 더 많은 투자와 일자리 창출로 경제에 이바지해야 한다. 하지만 애플은 2,000억 달러가 넘는 지급준비금, 즉 '현금'을 축적해놓고 있다. 이 현금 중 상당 금액은 조세 회피처로 유명한 버뮤다와 같은 역외은행 계좌에 보관돼 있다. 낙수 효과는 기대할 수 없다. IMF에 따르면 글로벌 조세 회피로 연간 5,000~6,000억 달러에 달하는 법인세 수입 손실이 발생하고 있다. 그만큼 세수를 확보하지 못하므로 낙수 효과도 일어나지 않는다. 1950~1960년대 이후 세계화는 더 많은 자본 이동을 가능케 했다. 고소득자와 부유층은 세금을 내지 않는 돈을 더 많이 갖게 됐다. 미국 경제학자 제임스 S. 헨리(James S. Henry, 1952~)는 2015년 기준 개인의 조세 회피처 예치금이 36조 달러 이상이라고 추정했다. 당연하게도 조세 회피처에 보관된 돈은 낙수 효과를 일으키지 못한다.

　물론 낙수 효과는 부를 가진 기업과 개인에 따라 달라질 수 있다. 예컨대 마이크로소프트의 창업자 빌 게이츠(Bill Gates, 1955~)는 전 세계 자선 프로젝트에 재산 대부분을 기부하기로 약속했다. 그러면 부유층에서 저소득층으로뿐 아니라, 부유국(미국)에서 개발도상국으로 자본과 투자가 흘러 떨어지는 매우 실질적인 낙수 효과를 기대할 수 있다.

프랑스 경제학자 토마 피케티(Thomas Piketty, 1971~)는 낙수 효과에 회의적인데, 최근 수십 년 동안 부유층은 더 부유해졌지만 저소득층은 생활 수준이 정체 또는 쇠퇴하는 '나쁜' 낙수 효과가 나타났다고 지적했다. 피케티는 부의 특성은 흘러 떨어지는 것과는 거리가 멀고, 그저 스스로 더 많은 부를 낳는다고 봤다. 일례로 2018년 미국 기업이 법인세 인하 혜택을 받았을 때 자사주 매입이 크게 늘었다. 기업들은 그 돈을 투자와 일자리 창출이 아닌 자기 회사 주식을 사는 데 사용함으로써 자사주 가치를 높여 더 많은 배당금을 지급할 수 있었다. 상위 1퍼센트의 소득이 급격히 올랐으니 재화 소비가 늘어나 일자리 수요가 생기고 투자가 활발해져야 했는데 변화는 없었다. 이미 설명했듯이 이 소득 증가분을 자산 증식에 사용했기 때문이다. 이 돈은 저소득층으로 흘러 떨어지지 않는다.

그렇다면 부유한 자선가들은 어떨까? 그들의 활동은 낙수 효과를 일으킬까? 19세기 후반 미국에서 가장 부자였던 앤드루 카네기(Andrew Carnegie, 1835~1919)와 존 D. 록펠러(John D. Rockefeller, 1839~1937)는 자신들이 벌어들인 상당한 부를 사회에 기부했다. 그런데 앤드루 카네기가 설립한 철강 회사는 노동자들에게 낮은 임금을 지급하고 제품에 높은 가격을 부과하면서 산업을 무자비하게 독점했다. 이 같은 행위는 분명히 낙수 효과를 제한했고, 그는 회사가 창출한 부를 자신이 축적했다. 그래도 그는 1901년 회사를 매각해 18년 뒤 사망할 때까지 48억 달러, 2020년 기준으로는 720억 달러를 기부해 도서관과 대학 등을 세웠다. 낙수 효과를 일으킨 셈이었다.

하지만 자선 활동의 낙수 효과는 쉽게 과대평가될 수 있다. 전 세계 부의 50퍼센트를 단 1퍼센트의 사람들이 소유하고 있다. 자선 재단은 1조 5,000억 달러를 관리하는 것으로 추정된다. 그렇지만 이 돈이 대부분은 명문 대학이나 사립 학교 또는 오페라와 같은 엘리트 예술에 쓰인다. 저소득층을 위한 자선 활동은 극히 일부분이다. 더욱이 자선가들은 우익의 정치적 대의를 지지하는 코흐(Koch) 가문이나 자유주의적 대의를 지지하는 조지 소로스(George Soros, 1930~)처럼 자신이 지지하는 정치 진영에 막대한 액수를 기부하기도 한다. 이런 자선 활동을 낙수 효과와 연결하는 것은 논쟁의 여지가 있다.

낙수 효과는 누진세, 노동조합, 분배 문제 등을 다룰 때 자주 거론된다. 그렇지만 최근 수십 년 동안 낙수 효과의 범위는 계속 제한돼왔다. 여러 편법을 이용한 부유층의 누진세 탈세, 노동 시장 유연화, 노동조합 약화와 더불어 얼마든지 역외계좌를 이용해 조세를 회피할 수 있도록 해준 세계화의 부작용 때문이다.

정치는 어떻게 인플레이션을 이용하는가
_인플레이션

'인플레이션'은 물가가 상승한 만큼 오른 생활비의 척도가 된다. 물가가 오른다는 것은 화폐 가치가 떨어진다는 의미다. 따라서 인플레이션은 저축한 사람들에게 피해를 준다. 1925년에는 260달러로 자동차(포드 모델 T)를 구매할 수 있었다. 현재는 인플레이션 때문에 260달러로 타이어 4개를 살 수 있다.

연간 3퍼센트의 물가 상승은 비록 불편할 수는 있지만 큰 문제는 아니며 손쉽게 조정할 수 있다. 그러나 매우 높은 인플레이션율은 경제를 황폐화한다. 물가 상승률이 연간 100퍼센트를 넘으면 돈의 가치가 급격히 떨어진다. 현금을 저축한 사람들은 그야말로 돈이 '증발'하는 모습을 보게 되며, 경제 시스템에 대한 신뢰가 뿌리째 흔들리게 된다.

만약 인플레이션율이 연간 1만 퍼센트를 초과하면 정상적인 경제 활동은 중단된다. 물가가 너무 빨리 상승해 화폐 가치를 더는 신뢰할 수 없게 되면 너도나도 저축 대신 가치 있는 다른 자산을 구매하려고 할 것이다. 초인플레이션의 가장 유명한 사례는 1923년의 독일이다. 노동자들에게 임금을 지급하기 위해 정부는 계속해서 더 많은 돈을 찍어냈다. 누구나 예상했듯이 이는 감당하기 어려운 인플레이션을 초래했지만, 노동력을 유지하려면 화폐를 계속 발행해 더 높은 인플레이션을 유발하는 수밖에 없었다. 시장에서 정상적인 거래는 중단됐고, 대다수 사람이 물물교환에 의존해 경제 활동을 이어갔다. 사람들은 금속, 면화, 장신구 등을 사 모으고자 혈안이 됐다. 노동자들은 급여를 받으면 곧장 빵을 사려고 뛰쳐나갔다.

한편으로 높은 인플레이션은 막대한 부가 재분배되는 효과도 가져왔다. 수년 동안 부지런히 저축해온 중산층은 자신들이 돈이 삽시간에 무가치해지는 광경을 망연자실 지켜봤다. 그런데 역설적이게도 매우 높은 인플레이션은 부채가 많은 사람에게 기회가 될 수 있었다. 물가가 올라 화폐 가치가 떨어지면서 채무자는 빚을 갚기 수월해졌고, 반대로 채권자는 손해를 봤다. 독일의 초인플레이션 상황 때 모든 사람이 불행해진 것은 아니었다. 주택, 토지, 회사, 주식 등을 갖고 있던 사람들의 부는 증가했다. 그렇더라도 화폐 가치 하락은 독일인들에게 충격적인 경험이었고 정부에 깊은 원한을 불러일으켰다. 1923년 독일의 초인플레이션이 촉발한 국민적 불만은 10년 후 아돌프 히틀러(Adolf Hitler, 1889~1945)가 집권하는 토대가 됐다. 80년이 지난 오늘날에도 독일 초인플레이션의 흉터는 유럽중앙은행의 반인플레이션 집착에서 여전히 볼 수 있다.

초인플레이션은 독일 그리고 짐바브웨의 사례가 유명하지만, 사실 역사상 최고 기록을 세운 곳은 1946년의 헝가리다. 15.3시간마다 물가가 두 배로 뛰어 7월 인플레이션율은 4만 1,900조 퍼센트에 달했다. 수치가 너무 커서 감도 오지 않는다. 이에 비하면 별것 아닌 듯 보이지만 1861~1865년 미국 남북 전쟁 때 남부 연합의 생활비 인상률은 무려 92퍼센트였다. 하지만 이런 규모의 초인플레이션은 오늘날 선진국에서는 거의 일어나지 않는다.

그런데도 경제에 미치는 인플레이션의 악영향은 여전히 강력하다. 보통 수준의 인플레이션도 경제적·심리적 비용을 유발한다. 무엇보다 인플레이션율이 금리보다 높으면 저축한 사람들은 손실을 본다. 그리고 인플레이션율이 높아지면 시장 불확실성 분위기가 형성돼 위험 회피 행동으로 이어진다. 예컨대 인플레이션이 심해져 변동성이 커지면 미래 비용과 수요가 불확실해져 기업들이 투자를 줄이게 된다. 이는 인플레이션율이 안정적인 국가가 장기적으로 더 나은 경제 성장률을 보인다는 주장의 근거로 자주 언급된다. 아울러 물가 상승률이 높아지면 소비자 사이에서 더 많은 선택 비용이 발생한다. 물가가 안정적이면 물건을 구매할 때 크게 고민하지 않지만, 가격이 널뛰면 상황을 파악하고 비교하는 데 더 많은 시간을 쓰게 된다.

일반적으로 물가 상승률과 함께 임금도 오르므로, 적어도 이론적으로 노동자는 손해를 보지 않아야 한다. 그래도 대부분 사람은 임금이 올라도 물가가 상승하면 심리적 거부감을 느낀다. 더욱이 임금 인상률이 물가 상승률에 비례한다는 보장도 없다. 2009년 전 세계 많은 국가에서 유가 상승으로 오른 물가 때문에 상대적으로 임금이 내려가는 두 가지 악재를 경험했다. 이 경우 인플레이션은 실질 소득 감소로 직접 연결된다. 나아가 높은 인플레이션은 국가 경쟁력을 낮아지게 만든다. 그리스의 인플레이션율이 독일보다 높으면 수출에 어려움을 겪게 된다. 그래서 독일 무역에서 경상수지 적자를 내고 결국 그리스의 경제 성장률이 낮아진다.

밀턴 프리드먼은 "인플레이션은 대상이 없고 아무도 투표하지 않는 세금"이라는 유명한 말을 한 바 있다. 화폐의 수요와 공급이 경기 상승과 하락의 주된 요인이라고 믿는 통화주의자들의 인플레이션에 대한 혐오감을 압축한 말이라고 할 수 있다. 일찍이 1970년대부터 밀턴 프리드먼은 정부가 국채를 보유한 국민을 희생시키면서 정부 부채 가치를 줄이기 위해 인플레이션을 이용한다고 지적했다.

제2차 대전 이후 대부분 국가는 막대한 액수의 정부 부채에 시달렸다. 반면 사람들은 낮은 인플레이션을 기대하면서 상대적으로 낮은 금리에도 국채를 매입했다. 인플레이션율이 2퍼센트였고 국채 금리가 5퍼센트였기에 실효 이익이 3퍼센트인 좋은 투자였다. 그러나 1970년대에 이르러 예기치 않게 인플레이션율이 상승했다. 5퍼센트 이자를 받는 국채를 샀는데, 1973년 미국 인플레이션율이 11퍼센트로 폭등한 것이다. 그런데 이 높은 인플레이션 기간은 정부가 부채를 GDP 비율로 줄이기에 절호의 기회였다. 미국 정부는 말 그대로 부채를 부풀려 채권 가치를 폭락시켰다. 정부는 이익을 봤고 채권자들은 손해를 봤다. 국채 이자 5퍼센트는 인플레이션율 11퍼센트와 채권 가치 하락을 상쇄하지 못했다. 실질 금리 –6퍼센트의 국채를 보유한 셈이었다.

인플레이션을 이용해 정부 부채의 가치를 줄이는 꼼수는 한두 번은 가능해도 반복해서 쓰기에는 부작용이 더 많다. 어떤 나라가 인플레이션으로 경제 성장을 도모하면 투자자들은 인플레이션 위험을 상쇄할 만큼 높은 채권 이자가 제공되지 않는 한 해당 국가의 국채를 매입하지 않을 것이다. 이런 부작용에도 큰 부채에 직면한 정부는 인플레이션을 이용해 부채의 실질 가치를 낮출 수 있다는 유혹을 뿌리치기 어려워한다.

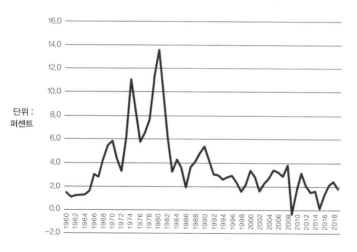

: 미국의 인플레이션(1960~2019년) :

단위 :
퍼센트

인플레이션은 '정치적 곤경'의 돌파구로도 악용된다. 특히 집권 정부가 선거 직전 환심성 정책으로 인플레이션을 역이용한 성장을 추구할 수 있다. 일시적 인기라도 아쉬운 정부는 통화 및 재정 확장 정책을 펼치게 된다. 여기에는 당연히 금리와 세금 인하가 포함된다. 낮은 금리로 대출자와 주택 소유자는 더 많은 가처분 소득을 확보한다. 기분이 좋아지면 지출을 늘릴 것이다. 이렇게 시중에 돈이 돌면 경제 성장률 증가와 실업률 감소로 이어진다. 유권자들이 정부의 경제 성과를 체감하게 만드는 방식은 대체로 이런 식이다.

그러나 단기간에 억지로 경기를 부양시키는 이런 정책은 인위적 인플레이션을 유발한다. 소비자 수요가 증가하면 기업은 가격 인상으로 대응한다. 실업률이 떨어지면 노동자는 더 높은 임금을 요구한다. 다시 말해 단기 경제 성장 목적의 정책은 인플레이션을 염두에 두고 이를 역이용하는 행위다. 짧은 기간에는 물가 상승률보다 경제 성장 지수가 눈에 더 잘 띈다. 정부가 전략을 잘 짜서 시기만 제대로 맞추면 인플레이션 꼼수를 눈치채지 못한 유권자들의 환심을 얻어 재선에 성공할 것이다.

문제는 선거 이후다. 단기 성장은 지속 가능하지 않기에 이 시점에서 정부는 인플레이션을 잡아야 한다. 선거가 끝나고 머지않아 금리는 다시 오르고 경기는 호황에서 불황으로 접어든다. 이와 같은 경기 순환을 '가다 서다'를 반복한다고 해서 '스톱-고(stop-go)'라고도 부른다. 단기 부양책으로 경제가 잠재력 이상 성장하지만, 인플레이션이 경제를 다시 정지시킨다. 실제로 일부 서구 경제는 전후 기간 이런 호황과 불황의 경기 순환을 경험했으며, 정치인들이 인플레이션을 낮게 유지할 수 없다는 사실에 동의했다. 더 높은 경제 성장을 추구하려는 정치적 동기는 항상 있었으며, 인플레이션을 일으키면 언제나 문제가 발생했다.

정치적 목적을 이루는 데 인플레이션이 거듭 악용되자 선출직 정치인으로부터 비선출 중앙은행 총재에게 인플레이션 통제권이 넘어갔다. EU에서 통화 정책은 인플레이션 2퍼센트 미만 유지를 목표로 하는 유럽중앙은행이 관리한다. 중앙은행이 통화 정책을 통제하면 초과 수요가 초래하는 '수요 견인(demand pull)' 인플레이션 가능성은 작아진다. 중앙은행에는 선거에서 이겨야 할 일이 없으므로 정치적 편의를 위해 인플레이션을 유도할 까닭도 없다. 그래도 단점이 있다면, 그 밖의 중요한 정책 역시 경제를 좌지우지할 만한 막강한 권한을 가진 중앙은행이 시행한다는 것이다.

통화 가치를 일부러 떨어뜨리는 이유가 무엇일까

_환율

'환율(exchange rate)'은 화폐와 화폐의 교환 비율이다. 그렇기에 해당 통화의 가치는 다른 통화와 비교해 결정되며 계속 변한다. 환율 변동은 소비자, 기업, 경제 성장, 국제 수지 등에 중대한 영향을 미친다. 한 국가의 통화 가치는 낮을 때와 높을 때 각각 경제에 미치는 영향이 다르다. 상대 통화와 비교해 환율이 낮다는 것은 '통화 가치가 높다(통화 강세/평가절상)'는 뜻이며, 반대로 환율이 높다는 것은 '통화 가치가 낮다(통화 약세/평가절하)'는 의미다.

예를 들어 환율이 낮으면 해외 무역에서 같은 금액으로 더 많은 수입품을 구매할 수 있다. 낮은 환율로 제품을 수입할 수 있으니 소비자 생활 수준도 높아진다. 해외로 여행할 때도 더 유리하다. 그만큼 돈을 덜 써도 된다. 환율이 낮으면 수입 원자재 가격도 낮아져 기업이 생산

비용을 줄이는 데 도움이 된다. 낮은 생산 비용과 저렴한 수입 가격은 국내 인플레이션을 낮추는 효과도 있다. 통화 강세는 한 국가의 '강력한 경제'와 '강력한 정치'를 반영하기도 한다. 역사적으로도 정부의 '안정'과 '힘'을 보여주기 위해 자국 통화 가치를 높이고자 노력한 적이 많았다.

하지만 통화 강세가 갖는 모든 이점에도 불구하고 통화 가치를 평가절하하는 정책이 필요해지기도 한다. 통화 가치를 떨어뜨리면 환율이 오른다. 환율이 높으면 외국에서 더 싼 가격으로 자국 제품을 살 수 있게 되므로 수출이 증가한다. 이것이 통화 평가절하의 가장 큰 동기다. 수출 기업에 경쟁 우위를 제공하기 위해서다.

미국 달러화와 일본 엔화 환율이 '1달러 = 100엔'이라고 가정해보자. 그런데 달러 가치가 하락해 '1달러 = 70엔'이 된다. 700엔짜리 일본 제품을 수입할 때 7달러면 됐는데, 이제는 10달러를 내야 한다. 수입 비용이 늘어나니 수입 지출이 줄어든다. 반면 미국의 수출 기업들에는 호재다. 일본 소비자가 20달러짜리 미국 제품을 사려면 예전에는 2,000엔을 내야 했는데, 이제는 1,400엔이면 된다. 결국 달러 평가절하가 일본의 미국 제품에 대한 수요를 늘리게 해준다. 게다가 미국이 수출을 늘리고 수입을 줄이면 일본과의 무역에서 발생한 경상수지 적자도 개선될 것이다.

미국 제조업 기업들이 수출에 애를 먹고 있고 값싼 수입품 때문에 폐업 위기에 처해 있다면, 달러 평가절하가 수출 기업을 살리는 단기 부양책이 될 수 있다. 달러 가치를 10퍼센트만 평가절하해도 수출 기업이 경쟁력을 회복하고 수익성을 유지토록 해서 제조업 일자리를 확보할 수 있다. 정치적으로도 무척 매력적인 정책이다. 정치인들이 수출 기업, 특히 제조업의 지지를 받고 싶을 때 비교적 쉽게 행할 수 있는 전략이기도 하다.

중국은 의도적으로 위안화를 평가절하하려고 시도한 적이 있다. 주변 경쟁국들에 피해를 주면서(이웃 거지 만들기) 자국 기업의 경쟁 우위를 위해 일부러 통화 약세를 유지하다가 '환율 조작국(currency manipulator)'이라는 비난을 받았다. 중국 경제는 수출에 크게 의존하던 터라 이 전략을 추구한 것으로 보인다. 저성장으로 실업이 증가해 사회적 불안이 야기될까 봐 두려웠던 것이다. 2005년과 2007년 사이에 중국이 환율 조작국이었다는 강력한 증거가 있다. 위안화 평가절

: 중국/미국 환율 :

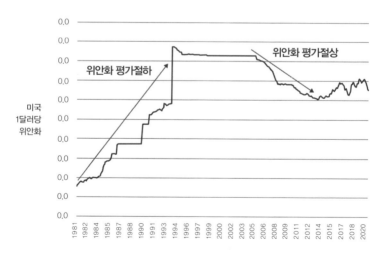

하를 유지코자 중국은행은 미국 국채 등의 미국 자산을 계속 매입했다. 이는 중국의 대미 수출 증가와 미국의 대중 무역 적자로 이어졌지만, 역설적이게도 미국 정부가 적은 비용으로 재정 적자를 메울 수 있도록 돕는 결과를 가져오기도 했다.

2016년 도널드 트럼프가 대통령에 당선되자 미국은 중국의 위안화 평가절하와 대미 무역 흑자로 큰 이익을 봤다. 트럼프 대통령은 대중 무역 불균형을 바로잡아야 한다는 명분으로 미국 달러 평가절하 필요성에 관해 입버릇처럼 말하곤 했다. 물론 우리는 달러 평가절하가 미국 대통령이 마음대로 할 수 있는 일이 아니라는 사실을 안다. 달러 환율은 통화 시장과 경제 지표에 좌우되며, 미국의 중앙은행인 연방준비제도가 통화 공급을 크게 늘리지 않는 이상 평가절하가 일어날 가능성은 매우 낮다. 더구나 2020년 미국 달러는 코로나19 팬데믹으로 투자자들에게 가장 안전한 통화로 인정받아 오히려 평가절상했다.

그렇지만 중앙은행이 금리를 내리기로 하면 얘기는 달라질 수 있다. 통화 가치를 낮추기 위해 연방준비제도는 금리를 인하할 수 있다. 미국의 금리가 내려가면 달러 저축에 대한 매력이 떨어지므로 자연스럽게 달러를 매입하려는 글로벌 수요 또한 감소한다. 연방준비제도는 통화 공급을 확대해 인플레이션을 유도할 수도 있다. 미국 내 인플레이션이 높아지면 미국에 수출하는 제품의 경쟁력이 떨어져 수출 수요가 줄어드는 동시에 달러 수요도 감소한다. 그러면 달러 가치가 하락하게 된다.

이렇듯 통화 약세(평가절하)는 경제 성장에 여러 이점을 제공한다. 그렇다면 모든 나라가 앞다퉈 평가절하를 해야 할 텐데 그러지 않는 까닭은 무엇일까? 크게 세 가지 이유가 있다.

첫째, 섣부르게 통화 약세를 추구하면 인플레이션 압력이 커지기 때문이다. 수입품은 더 비싸지고 생활비는 올라간다. 석유나 식량 같은 원자재를 수입에 의존하는 국가의 경우 더 큰 문제가 된다.

둘째, 단기 효과만 볼 수 있을 뿐 장기 부양책은 될 수 없기 때문이다. 낮은 환율 덕분에 처음에는 어느 정도 수출 경쟁력을 확보할 수 있지만, 인플레이션이 일어나 가격이 다시 오르면 손익이 역전된다.

셋째, 평가절하는 하고 싶다고 할 수 있는 통화 정책이 아니기 때문이다. 우선 자국 화폐가 있어야 하며, 자국 화폐의 가치를 떨어뜨릴 상대국 화폐도 있어야 한다. 미국 달러를 중국 위안화에 대해 평가절하한다고 해보자. 미국은 일시적으로 대중 무역에서 우위를 점할 수 있게 되지만 중국 또한 가만히 있을 리 없다. 미국에 빼앗긴 경쟁 우위를 되찾기 위해 중국도 위안화를 평가절하해 대응할 것이다. 그 결과 미국과 중국이 서로 더 싸게 수출하려는 이른바 '경쟁적 평가절하(competitive devaluation)' 상황에 놓이게 된다. 이 상황은 전형적인 제로섬 게임이다. 어떤 통화의 평가절하는 다른 통화의 평가절상으로 이뤄지는 것이다. 거지가 되고 싶은 이웃(국가)은 없다.

환율과 관련해 유념해야 할 또 다른 사항은 통화 평가절하나 평가절상으로 기대할 수 있는 이점이 여러 요인, 특히 경제 상황에 달려 있다는 점이다. 예를 들면 1930년대에는 대부분 통화가 금본위제에

속해 있었기에 고정 환율이 적용됐다. 그러나 대공황에 빠지면서 많은 나라가 과평가된 환율과 제한된 통화 정책의 문제점을 인식하게 됐다. 이에 1931년 영국은 금본위제를 또다시 포기하고 파운드화를 평가절하했다. 그러자 경제에 숨통이 트였다. 저렴한 가격으로 수출이 활발해졌고 경제 성장을 촉진하는 데 도움이 됐다. 경기 침체기에는 인플레이션이 문제가 되지 않아서, 평가절하가 인플레이션을 부추긴다는 우려도 쑥 들어갔다.

2012년에는 유로존의 많은 남부 유럽 국가가 낮은 경제 성장률, 높은 실업률, 대규모 경상수지 적자로 어려움을 겪고 있었다. PIGS로 불리던 포르투갈, 이탈리아, 그리스, 스페인은 독일이나 북유럽보다 인플레이션이 심해서 수출 경쟁력이 떨어져 경제 성장률이 저조했다. 하지만 이들 남유럽 국가는 유로존의 공통 통화인 유로화를 공유하고 있었기 때문에 평가절하가 불가능했다. 과평가된 환율에 갇혀 아무것도 할 수 없었다. 이는 2010년대 초반부터 이어진 장기 경기 침체의 원인이었다. 자국 통화를 보유하고 있어 변동 환율이 적용되는 미국, 영국, 일본과 같은 국가는 이럴 때 더 유연하게 대처할 수 있었다. 이들은 통화가 과평가되면 가치를 낮춰서 경쟁력을 회복했다.

방만하게 경영한 은행을 구제해야 할까
_긴급 구제

기업이 망할 위기에 처했을 때 정부가 나서서 해당 기업을 보호하고 고용을 안정화해야 할까? 일반적으로 자유시장을 옹호하는 경제학자들은 시장에서 실패한 기업을 '긴급 구제(bailout)'한다는 명목으로 정부가 개입하는 것을 무척 경계한다. 이들은 기업이 수익성을 잃게 된 이유가 경영을 비효율적이고 방만하게 했거나 산업 자체가 쇠퇴했기 때문이라고 주장한다. 이들에 따르면 정부 보조금으로 회사를 구한다는 것은 한마디로 "이미 낭비한 곳에 돈 쓰는" 행위다. 자유시장 옹호 경제학자들은 정부 보조금이 왜 회사를 되돌릴 수 있는지 묻는다. 다른 문제도 있다. 부실기업이 구제금융에 의존하면 정부에 로비하게 되고, 기업 생존을 명분으로 구조조정이나 정리해고가 횡행해질 수 있다.

오스트리아 출신의 미국 경제학자 조지프 슘페터(Joseph Schumpeter, 1883~1950)는 끊임없이 스스로 새롭게 하는 자본주의의 특성을 설명하면서 '창조적 파괴(creative destruction)'라는 개념을 제시했다. 슘페터는 비효율적인 기업이 자연스럽게 시장에서 도태되도록 허용해야 자원을 더 효율적이고 생산적인 용도로 사용할 수 있다고 주장했다. 예컨대 1980년대 미국과 영국의 수많은 탄광은 석탄 산업 쇠퇴 속에서 어떻게든 이윤을 내고자 몸부림치고 있었다. 대규모 실업 사태도 예견되는 상황이었다. 정부는 석탄 회사가 몇 년 동안 어려움을 겪으면서도 버틸 수 있게 구제금융을 제공할지, 아니면 석탄 회사를 폐쇄하고 자본과 노동이 다른 산업으로 이동하도록 해야 할지를 두고 고심했다. 사실 석탄 산업의 쇠퇴는 기정사실이었다. 재생 에너지 같은 더 수익성 높고 자연 친화적인 산업에 집중하는 게 바람직했다. 결국 미국과 영국은 이들을 구제하지 않았고 대다수 탄광이 문을 닫았다. 석탄 회사를 구제하면 공해 산업 유지를 조장하는 셈이라는 여론의 압박도 무시하기 어려웠다.

정치인들은 이 문제에서 '정치적 곤경'에 처하는데, 널리 알려진 기업을 폐쇄해 대량 실업이 발생하면 세간의 이목을 끌 수밖에 없다. 정치적 관점에서는 노동자들이 정부에 일자리를 지켜달라고 애원하는 모습을 외면하기 힘들다. 이때 해당 산업이 전략적으로 중요하다면 정부 개입은 설득력을 얻을 수 있다. 이를테면 스위스항공(Swiss Air)이나 에어프랑스(Air France) 같은 국영 항공사가 어려움을 겪고 있다면 정부는 국가 평판을 이유로 이 산업을 보호해야 한다고 판단할 수 있다. 국영 항공사의 몰락을 방치하면 경제에 부정적인 인상을 준다. 농업, 방위 산업, 제조업 등의 분야도 국가 이익에 부합하는 상품을 생산한다고 할 수 있다. 정부는 식량 수입에만 의존하기보다 농업을 구제해 식량 자체 생산 시스템을 모색할 수 있다. 국가가 주요 상품과 서비스를 수입으로만 해결하려고 하면 제2차 대전 때 해군 봉쇄로 영국에 식량 공급이 끊겼듯이 국가 위기 상황에 취약해질 수 있다.

그러나 이런 모든 형편에도 불구하고 정부 개입에는 막대한 기회비용이 따른다. 정부가 실패한 산업을 보호하고자 돈을 투입한다고 가정해보자. 그렇게 되면 이 돈은 실업자들이 새 분야에서 새 일자리를 찾도록 돕는 재교육 프로그램처럼 더 생산적인 분야에 사용할 수 없다. 아울러 쇠퇴한 산업의 수익성 없는 기업을 유지하고자 더 전도유망하고 수익성 높은 산업으로 노동과 자본을 이동시키지 못하게 된다. 조지프 슘페터는 소비에트 공산주의 모델이 실패한 주요 요인으로 실패를 허용하지 않았다는 점을 꼽았다. 기업이 아무도 원하지 않는 제품을 생산하더라도 정부는 그 기업을 지원했다. 사회적 유용성과 기업의 생존 사이에는 직접적인 연관성이 없었다. 정부의 실패를 허용하지 않겠다는 의지가 혁신적이고 효율적인 기업이 등장할 여지를 제거한 것이었다.

꼭 자유시장 옹호 경제학자가 아니더라도 부실기업에 대한 구제금융을 신뢰하는 경제학자는 거의 없다. 그렇지만 실패로 치부하기에는 불명확한 상황도 있다. 심각한 경기 침체 속에서 어떤 기업은 극단적인 영업 손실을 볼 수 있으며, 이로 인해 사업에서 밀려날 수 있다.

경기 침체라는 환경적 요인이 없었다면 그렇게까지 되지는 않았을 기업들이다. 그러므로 이들이 처한 어려움은 일시적이라고 예상할 수 있다. 일례로 2009년 제너럴모터스(General Motors, GM)와 크라이슬러(Chrysler) 같은 미국 자동차 제조업체는 파산 위기에 처해 있었다. 유럽과 일본 기업보다 경쟁력이 떨어진 것도 요인이었지만, 더 큰 이유는 2009년 경기 침체가 이들 기업이 생산하는 고급 자동차 수요에 치명타를 가했기 때문이었다. 당시 이를 구제해야 할지를 두고 큰 논쟁이 벌어졌다. 어떤 경제학자들은 정부가 실패한 산업에 납세자의 소중한 돈을 낭비해서는 안 된다고 주장했다. 이와 대조적으로 다른 경제학자들은 미국 자동차 산업의 위기는 일시적이며 여전히 국가의 강력한 자산이 될 수 있다고 강조하면서, 구제금융이 고용 불안정을 막고 자동차 업계 스스로 일어설 수 있도록 기회를 줄 수 있다고 역설했다.

오바마 대통령은 고심 끝에 국가경제위원회 의장 래리 서머스(Larry Summers, 1954~)의 조언을 수용해 782억 달러의 구제금융을 승인했다. 서머스는 경제학자들의 찬반양론을 신중히 저울질한 끝에 정부가 이 기업들의 몰락을 모른 체하면 엄청난 실업 사태와 심각한 경기 침체를 초래한다고 결론지었다. 서머스 자신도 자동차 회사들이 구제금융을 생산성과 효율성 개선을 위해 바람직하게 사용하리라고 믿었다. 그 결과 일부 우려와 달리 미국 자동차 산업은 곧 회복세를 보였고, 기업들은 정부 보조금 중 580억 달러를 조기 상환할 수 있었다.

이때의 구제금융은 일자리를 보호해야 할 정치적 필요성과 기업이 실패하도록 방치할 때의 경제적 비용이 균형을 이뤘기에 대체로 합당했다는 평가를 받았다. 그렇지만 구제금융 정책 자체가 아닌 관대했던 기간을 문제 삼은 경제학자도 있었다. 앨런 크루거(Alan Kreuger, 1960~2019)는 자동차 산업 구제에 회의적이었는데, 이미 몇 번의 구조조정 시도가 실패했기 때문이다. 그래도 그는 이후 자신의 예상보다 더 성공적인 정책이었음을 인정했고, 경제학자들이 무조건 구제금융을 반대하는 것은 아니라고 설명했다.

이번에는 은행에 대한 정부 구제금융을 살펴보기로 하자. 2008년 미국 굴지의 투자은행 리먼브라더스(Lehman Brothers)가 파산보호를 신청했다. 그런데 뜻밖에도 정부는 개입하지 않고 파산하도록 방치했다. 이 사태는 전 세계 경제에 공포를 불러일으켰다. 순식간에 사람들은 은행 시스템에 대한 믿음을 잃었고, 수많은 상업은행이 곤경에 빠졌다. 영국에서는 은행들이 파산할 것을 두려워한 사람들이 저축한 돈을 찾으려고 은행마다 줄을 지었다.

하지만 은행에는 그만큼의 현금이 없었다. 은행은 예금 일부만 현금으로 보관하고 나머지는 대출해준다. 이것이 은행의 기본 수익 모델이다. 은행의 예금 체계는 저축한 사람들이 자신의 돈을 잃지 않으리라는 믿음이 있어야 작동한다. 한꺼번에 돈을 인출하는 사태를 감당할 수 없는 것이다. 그래서 정부와 중앙은행이 은행의 현금 부족을 해결하기 위해 개입해야 했다. 미국과 영국은 주요 은행을 구제하고 재정을 지원했다. 이런 종류의 은행공황은 대공황 이후에는 본 적이 없었다. 그때는 정부도 개입하지 않았다. 은행이 파산하면 문을 닫았고 예금자들은 저축한 돈을 잃었다. 미국의 경우 1929년에서 1932년 사이에 500개 은행이 파산했다. 은행이 파산할 때마다 통화 공급이 급격히 떨어졌고 지출 및 투자 감소로 이어졌다. 경기 침체는 말할 것도 없었다. 이처럼 은행의 줄도산이 경제에 미치는 파장 때문에 은행이 위기에 처하면 구제금융을 시행해야 한다는 목소리가 커졌다. 그렇지 않으면 경기 침체가 더욱 악화할 테니까.

요즘 유권자들은 이에 합리적 의구심을 제기하기도 한다. 일반 제조업은 그렇다 쳐도, 시민들 돈으로 자신의 배를 채우는 은행가들은 무슨 자격으로 정부 지원을 받는가? 그도 그럴 것이 2007~2008년 글로벌 금융 위기의 비극적 역설은 결국 주요 구제금융 대부분이 위기에 책임이 있는 은행에 투입됐다는 것이다. 많은 일반 기업이 보기에는 피의자가 피해자로 둔갑하는 광경이었다.

은행 구제는 '도덕적 해이' 문제에서도 자유롭지 못하다. 구제금융이 보장되면 은행들이 자신의 의무를 소홀히 할 여지가 생긴다. 문제가 발생해도 정부 지원을 받으면 되기에 위험을 감수하고 무리한 대출이나 투자를 할 수도 있다. 위험을 극복하면 더 많은 이익을 볼 것이다. 실패해서 돈을 잃더라도 고마운 납세자들이 구제해줄 것이다. 뭘 해도 이기는 게임이다. 이 '도덕적 해이'가 리먼브라더스 파산 신청을 정부에서 거절한 이유라고 보는 시각도 많다. 그렇더라도 리먼브라더스 사태가 초래한 혼돈을 보고도 은행들의 파산을 방치하자고 주장할 수 있는 용감무쌍한 정치인은 없었을 것이다. 아무리 분노가 일어도 은행공황을 보고만 있는 대안은 훨씬 더 나쁘기 때문이다.

그렇다면 아무리 죄가 있어도 은행은 어쩔 수 없이 계속 살려줘야 할까? 이 딜레마를 어느 정도 해결할 방법이 없지는 않다. 은행이 일반 예금 계좌와 위험한 투자 계좌를 분할해서 관리하도록 해야 한다. 이런 방식으로 정부는 가계 저축만 구제하고 보호하면 된다. 그렇지 않은 부문은 단칼에 끊는 것이다.

요컨대 정부의 구제금융은 일시적인 위기에서 기업이 어려움에 처한 경우에만, 다시 말해 회생 가능성이 명확할 때만 정당화될 수 있다. 가망 없는 기업과 산업에 대한 구제금융은 근본적인 문제를 해결하지 못하고 세수만 낭비할 뿐이다. 명백히 실패한 기업을 지원하기보다 실직한 노동자들이 더 생산적인 일자리로 이동할 수 있도록 돕는 정책이 훨씬 더 바람직하다.

경기 침체는 우리 삶의 어디까지 영향을 미칠까

'불황', 즉 '경기 침체'는 마이너스 경제 성장과 높은 실업률이 유지되는 기간을 말한다. 어떤 정의에 따르면 'GDP의 2분기 연속(6개월) 마이너스 성장'이다. 경기 침체는 다양한 경제적 손실을 유발한다. 이전보다 생산성이 떨어지므로 평균 소득이 감소한다. 차라리 누구나 공평하게 소득이 2퍼센트 감소한다면 그다지 문제가 되지 않을 테지만, 공교롭게도 불황은 불평등한 효과를 일으킨다.

경기 침체의 가장 큰 문제는 실업률 증가다. 수요 감소로 일부 기업은 직원을 해고하고 폐업하게 된다. 살아남은 다른 기업들도 고용을 꺼리게 된다. 실업자들은 일자리를 잃어 경제적 손실을 보게 되고 자존감도 떨어지게 된다. 깊은 불황은 곧이어 도미노 효과를 일으켜 경기 침체를 악화시키고 극복을 더 어렵게 만든다. 이를테면 대출로 주택을 소유한 사람이 일자리를 잃으면 상환이 어려워지고 집을 포기해야 할 수도 있다. 실직할까 봐 두려운 사람들은 내 집 마련 계획을 미루게 된다. 그렇게 집값은 하락한다. 2007~2009년 경기 침체기에 이와 같은 요인으로 주택 가격이 하락했다. 하락 폭이 너무 심해 구매한 집의 가치가 초기 대출 때와 비교할 수 없을 정도로 떨어졌다. 이에 집을 포기하는 사람들이 속출하면서 은행 손실이 증가했다. 은행은 대출과 투자를 줄여 대응했다.

실업률 증가와 더불어 사람들의 불안감도 커진다. 다행히 실직하지 않은 노동자들도 언제 일자리를 잃을지 모른다는 두려움에 지출을 줄이고 저축을 늘리게 된다. 경제가 안정적일 때는 저축액 증가가 여러모로 유용할 수 있지만, 불황일 때는 더 많이 저축하고 더 적게 지출

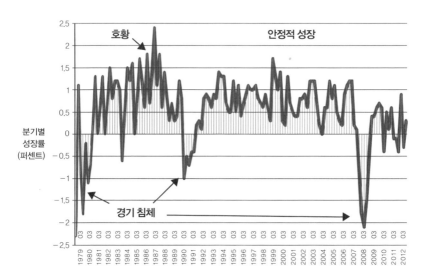

: 영국의 경제 성장(1979~2012년) :

하는 사람들의 행위가 역설적이게도 소비 수요를 크게 줄여 경기 침체를 악화시킨다. 존 메이너드 케인스의 '절약의 역설'을 떠올려보자.

일반적으로 개인들의 저축액은 경기 침체기에 증가하지만 정부 재정은 감소한다. 개인 소득이 줄어들면 정부는 낮은 소득세, 낮은 지출세, 낮은 법인세로 세수 확보에 어려움을 겪게 된다. 이와 동시에 실업 급여나 저소득층 지원 자금은 늘어난다. 세율을 변경하지 않는 한 정부 차입은 불황일 때 치솟는다. 이는 정부에 '정치적 곤경'을 안긴다. 차입금이 높아지면 공공 부문 부채가 증가하며, 정부는 차입 수준을 끌어내리기 위해 세금을 올리거나 지출을 줄여야 한다. 1931년 영국 정부는 예산 균형을 잡고자 고육책으로 세금을 인상하고 실업 급여를 삭감했는데, 결과적으로 지출 예산이 줄면서 대공황 영향을 더 악화시켰다. 2007~2009년 금융 위기 때 여러 유럽 국가가 '긴축' 압박에 시달렸다. 재정 적자를 줄이는 가장 쉬운 방법이 지출 삭감이었다. 그러나 경기 회복을 지연시킨다는 비판을 받았고 실제로도 그랬다. 경기 침체가 심화하자 세수 감소 상황도 연장됐다.

케인스주의 경제학은 정부가 불황에 대응할 때 오히려 반대로 행동해야 한다고 강조한다. 정부 부채 걱정은 제쳐두고 수요를 자극해 경제 활동을 늘리는 데 집중하라고 지적한다. 적극적으로 국채를 발행해서 차입한 돈으로 더 많이 지출하라는 것이다. 이것이 가능한 까닭은 민간 부문 저축이 증가한 만큼 미사용 자산도 늘기 때문이다. 정부는 이 미사용 자산을 어떻게든 활용해야 한다. 정부 지출 증가로 경제 회복에 성공하고 나면 자연스럽게 세수가 늘어나고 재정 적자를 줄일 기회도 생기게 된다.

그러나 '실물 경기 변동 이론(real business cycle theory)'을 지지하는 경제학자들은 다른 관점을 취한다. 이들은 케인스주의 경제학이 수요를 잘못 이해하고 있으며, 불황은 늘 변하는 생산성을 반영한 정상적인 경기 순환의 과정이라고 주장한다. 따라서 경기 침체기에도 시장을 믿고 경제가 스스로 회복하도록 내버려둬야 한다는 것이다. 정부 개입은 대부분 잘못된 결과를 초래하고, 문제를 해결하기보다 악화시킬 가능성이 크다. 불황일 때는 가치가 높은 사회 기반 시설 프로젝트를 시행하기 어렵기 때문에, 아무리 정부 지출을 늘려도 결국 돈만 낭비하고 쓸모는 없는 '하얀 코끼리(white elephant)'가 될 뿐이다.

게다가 경기 침체가 끝났을 때도 정부 지출을 줄이기 어려울 수 있다. 1930년대 대공황 동안 미국 정부는 어려운 처지에 놓인 농민을 돕고자 농업 보조금을 인상 지급했다. 그런데 경제 상황이 좋아진 이후에도 농업 보조금은 오른 채로 유지됐다. 로비 때문이었다. 심지어 계속 올랐다. 90년이 지난 최근까지 이 비용은 납세자들의 몫이었다.

케인스주의를 비판하는 경제학자들은 정부가 언제 어떻게 개입해야 하는지도 알기 어렵다고 주장한다. 공식 통계가 경기 침체를 나타낼 즈음은 개입을 시도하기에 늦은 시점이라는 얘기다. 정부 정책이 적용되기까지 시차가 있으므로, 정부 지출로 효과가 나타날 무렵이면 이미 경제가 회복해 되레 민간 부문에 해를 끼치는 '크라우딩 아웃(crowding out)'이 일어날 수 있다. '크라우딩 아웃'이란 정부가 국채를 대량 발행해 시중 자금을 흡수하면서 민간 기업의 자금 조달이 어려워지는 현상을 말한다. 정부 지출을 늘린 것이 부메랑으로 돌아와 오히려 경제 성장을 가로막는 셈이다.

이렇듯 경제를 세심하게 관리하는 일은 의심할 여지없이 어렵다. 그렇지만 오늘날 대부분 경제학자는 경기 침체기에 민간 부문 지출 감소를 막으려면 정부 차입을 늘릴 필요성이 있다는 데 동의하는 분위기다. 2009년 2월 미국 정부는 사회 기반 시설, 보건 및 교육, 실업 지원에 더 많은 지출을 포함하는 경기 부양책을 발표했다. 폴 크루그먼과 같은 일부 케인스주의 경제학자들은 고개를 끄덕이면서도, 정부가 더 많은 돈을 빌려야 했다면서 너무 소심하다고 비판했다.

2010년부터 미국 경제는 경기 부양책이나 긴축 정책이 거의 없었던 유로존보다 빠른 속도로 회복했다. 불황일 때 정부가 느끼는 '정치적 곤경'은 급격히 증가한 정부 차입을 두고 무모하다거나 지속 불가능하다는 여론이 형성될 수 있어서 생긴다. 경제학 관점은 민간 부문 저축 증가분을 고려하는 맥락에서 정부 차입을 바라보기에 낙관적일 수 있다. 하지만 정치적 관점에서 보면 기록 수준의 정부 차입에 정치적 책임이 따르는 데다, 대규모 재정 확장을 감행하는 위험 부담을 떠안아야 하므로 매우 조심스러울 수밖에 없다.

그래도 다행히 정부는 중앙은행에서 시행하는 통화 정책의 도움을 받을 수 있다. 2007~2009년 금융 위기 동안 연방준비제도는 금리를 거의 제로(0) 수준으로 인하했다. 금리가 낮으면 대출이 유리해지니 소비 지출과 투자가 촉진되리라고 전망했다. 그런데 금융 신뢰도 하락으로 기대만큼 대출이 일어나지 않았다. 그러자 연방준비제도는 경제 수요를 늘리기 위해 화폐를 추가로 대량 발행하는 이례적 조치를 취했다. 이 정책이 '양적 완화(quantitative easing)'다. 금리를 더 내릴 수 없는 상황에서 시중에 막대한 자금을 공급하는 정책이다. 양적 완화는 돈이 어떻게 풀리는지가 중요하다. 연방준비제도는 국채를 매입해 돈을 풀려고 했다. 중앙은행이 직접 국채를 사들이면 시중에 돈이 돌아 유동성이 확대되고, 중앙은행에 매각한 국채로 현금 보유액이 커진 일반 상업은행과 대형 금융기관의 대출 및 투자가 활성화되면서 국채 금리를 기준으로 형성되는 여러 시장 금리도 동반 하락할 수 있다.

모두가 경기 침체를 나쁘게 보는 것은 아니다. 때때로 경제학은 GDP를 너무 강조한다는 비판을 받는다. 소비 증가는 에너지 사용, 혼잡, 환경 오염 등으로 연결되므로, 생산성 향상이 경제와 복지에 언제나 이롭지만은 않다. 경기 침체기에는 오염 수준이 낮아지고 환경 착취가 줄어드는 효과도 있다. 우리 사회가 왜 그토록 GDP와 소득 극대화를 강조하는지에 대해 질문을 던져볼 필요가 있다. 물론 이 질문을 할 때는 신중해야 한다. 에너지 절약이나 환경 오염 감소만 내세울 수는 없다. 현대 사회는 매우 복잡하다. 경기 침체가 심각한 문제인 이유는 형편이 넉넉지 않은 사람들이 실업자가 되거나 경제적으로 고통을 받는다는 데 있다. 그렇기에 가장 이상적인 경제 정책은 급격한 경제 성장을 추구하지 않으면서 GDP 하락을 방지하고, 경기 변동 주기를 안정적으로 유지하는 것이라고 할 수 있다.

코로나19 팬데믹에서
온전히 회복할 수 있을까

코로나19 팬데믹 상황에서 확진자가 기하급수적으로 늘어났다. 추가 확산을 줄이고자 정부는 상점 방문 고객 수를 조정하고, 여행을 규제하고, 클럽이나 피트니스 센터 같은 특정 영업장을 폐쇄하는 등 경제 활동에 제한을 가했다. 이 제한은 생산량 감소와 실업률 증가라는 경제적 손실을 초래했지만, 감염률과 입원율 그리고 사망률 감소라는 보건 환경 개선과도 연결됐다.

이럴 때 정부는 국민 건강과 경제 성장 사이에서 깊은 고민에 빠진다. 코로나19 팬데믹 자체가 정부에 '정치적 곤경'이다. 제한을 가하면 보건 환경은 개선되지만, 경제 상황은 악화한다. 제한을 풀면 경제는 좋아지지만, 방역에 구멍이 뚫려 국민 건강을 소홀히 한 대가로 치르게 된다. 어떤 선택도 최선이 아니다.

그런데 경제 상황이 악화하면 장기적으로 더 많은 보건비를 초래할 수 있다. 실업률은 스트레스 및 건강 문제와도 관련이 있다. 당연한 말이지만 돈이 없으면 건강을 챙기기 어려워진다. 빈곤 계층이 확산하면 사회 전반으로 보건 문제가 심각해진다. 미국에서 건강보험 취득 자격을 상실한 노동자는 치료비를 감당할 수 없다. 더욱이 건강보험 제도를 유지하려면 세수가 필요하다. 국가의 경제력은 보건복지 역량과 떼려야 뗄 수 없는 관계에 있다.

경제 활동 제한은 성장률을 현저히 낮추고 세수 확보를 어렵게 만든다. 정부는 소득세, 지출세, 법인세가 감소한 상황에서 방역, 의료, 실업 급여, 생계 지원 등 다양한 부문에 더 많은 지출을 해야 한다. 정부의 재정 부담은 의료 지출 능력을 제한해 코로나19뿐 아니라 기존 중증 질환 치료에 필요한 의료 서비스에도 악영향을 미친다. 그래서 한편으로는 의료비 증가를 감당하기 위해서라도 경제를 개방해야 한다고 주장하는 것이다.

하지만 보건과 경제 사이의 균형은 명확하지 않다. 다시 말해 절충점을 찾기가 무척 어렵다. 비단 정부가 나서서 규제하지 않아도 코로나19 팬데믹 같은 불안정한 환경에서는 사람들 스스로 경제 활동을 줄인다. 영국의 경우 2020년 3월 정부의 폐쇄 조처가 있기 전에 이미 대규모 예약 취소 사태가 벌어진 바 있다. 바이러스 전염 양상이 대다수 사람에게 두려움을 주는 임계치를 넘어서면 사람들이 알아서 술집, 바, 클럽, 피트니스 센터 등을 방문하지 않는다. 아무런 행동 변화가 없는 사람들도 있겠지만, 대부분은 위험을 회피하고자 집에 머무는 쪽을 택한다. 따라서 경제를 되돌리려면 사람들이 정상적인 삶으로 돌아갈 수 있다는 심리적 안정감을 느끼도록 확진자 수를 줄여놓는 수밖에 없다.

2020년 초 스웨덴은 봉쇄령을 시행하지 않은 몇 안 되는 국가였다. 사회적 거리 두기를 유지하라는 권고는 있었으나, 경제 활동을 중단하라는 방역 지침은 없었다. 그러면 얼핏 '확진자는 많아졌어도 경제는 성장했겠구나' 생각할 수 있을 텐데 결과는 전혀 그렇지 않았다. 스웨덴의 코로나19로 인한 사망률은 이웃 북유럽 국가보다 3배 높았고 경제에도 뚜렷한 이익을 얻지 못했다. 2020년 2분기 스웨덴의 GDP는 8.3퍼센트 하락했는데, 이는 스페인이나 이탈리아처럼 코로나19에 큰 피해를 본 국가보다는 낮지만 철저한 방역 지침을 적용한 다른 북유럽 국가와 비교할 때 더 높은 수치였다. 경제를 염려해 보건을 포기했는데도 말이다. 이 결과는 바이러스 전파 상황 속에서 경제 중심 정책은 실효성이 없다는 사례로 널리 인용됐다.

스웨덴과 반대였던 나라도 있다. 경제는 나중으로 미루고 전염병부터 잡자는 것이었다. 바로 뉴질랜드다. 코로나19는 그 어떤 바이러스보다 전염력이 강하기에, 방치했다가 도저히 손쓸 수 없는 지경에 이르기 전에 애초부터 근절하는 게 최선이라고 판단했다. 이에 뉴질랜드는 매우 가혹한 봉쇄 정책을 시행했다. 일명 '코로나19 제로' 전략이었다. 코로나19 확진자가 '0'이 되면 봉쇄를 풀겠다고 한 뒤 4주 동안 봉쇄한 결과 정말로 확진 사례가 0이 됐다. 경제 활동도 재개됐다. 그러나 몇 달 뒤 확진자가 다시 생겼고 또다시 봉쇄령이 내려졌다. 그래도 초기에 확산세를 꺾은 덕분에 더 큰 확산을 막을 수 있었다고 평가받았다.

가능한 한 오랫동안 경제 개방 상태를 유지하려고 했던 국가들은 날마다 늘어나는 확진자 숫자 앞에서 아연실색할 수밖에 없었다. 한 국가가 보유한 의료 역량에는 한계가 있다. 확진자 수가 많아지면 많아질수록 의료 시스템이 관리할 수 있는 수준으로 낮추는 일이 더욱 어려워지는 법이다. 제한을 풀더라도 증가할 환자 수를 의료 시스템이 감당할 수 있는지 따져봐야 한다. 확진자 수가 특정 수준에 도달하면 병원에 과부하가 걸린다. 이를 고려하지 않으면 보건 위기가 발생한다. 과부하가 걸리고 나서야 제한을 거는 악순환이 반복한다. 이 시점에서는 이미 1일 확진자 수가 수만 건에 달하기에 방역 당국은 혼란의 도가니에 빠지게 된다. 영국을 예로 들면 2020년 3월에서야 제한에 들어갔는데, 상대적으로 늦은 시기였고 결국 더 빨리 대처한 다른 국가들보다 폐쇄 기간이 더 길어질 수밖에 없었다. 보건보다 경제를 우위에 둔 대가였다.

경제학에서 쓰이는 용어 가운데 '트레이드-오프(trade-off)'가 있다. 하나를 얻으려면 반드시 다른 하나를 희생해야 하는 관계를 뜻한다. 보건과 경제의 관계도 그렇다. 정확한 절충점이 어디인지는 알 수 없지만, 확실한 사실은 보건 환경 개선에 따라 경제 생산량이 감소하거나 그 반대인 트레이드-오프 관계가 생각보다 '단기적(short-term)'이라는 점이다. 달리 말해 규제와 개방 어느 것도 너무 길게 지속하면 안 된다. 코로나19 같은 전염병 상황에서는 규제를 늦추기보다 서둘러 시행하는 것이 최선이다.

반면 영국 경제학자 사이먼 렌-루이스(Simon Wren-Lewis, 1953~)는 보건과 경제 사이의 트레이드-오프 관계가 실업과 인플레이션 사이의 오래된 트레이드-오프 관계와 유사하다고 주장했다. 정부는 그때그때 단기적으로 통화 공급을 늘려서 실업률을 낮출 수 있다. 이론적으로 통화 공급은 수요를 증가시키고 실업을 감소시킨다. 하지만 인플레이션율이 높을 때는 실질 생산량에 변동이 없으므로 이런 단기 전략으로는 낮은 실업률을 유지할 수 없다. 있더라도 인위적인 숫자에 불과하다.

이렇게 실업률은 자연 상태로 돌아가고 인플레이션은 그대로다. 일시적인 실업률 감소는 신기루와 같다. '장기적(long-term)'으로 트레이드-오프 관계는 더 악화한다. 코로나19 팬데믹 상황도 이에 적용할 수 있다. 제한을 없애면 경제는 회복하지만 확진자 수는 증가한다. 보건 지출은 계속되므로 비용은 개선되지 않는다. 제한은 풀렸는데 바이러스가 기승을 부리니 머지않아 사람들 스스로 경제 활동을 줄이고 병원 과부하를 막고자 다시 방역 규제를 강화해야 한다는 여론이 형성된다. 경제는 다시 축소되고 실업률은 또 오른다. 정부의 '정치적 곤경'은 사라지지 않는다. 우리는 이미 이런 상황을 지켜봤다.

코로나19 팬데믹은 보건 환경과 경제 구조 전반에 영향을 미쳐서 단기 트레이드-오프로 끝나지 않을 것이다. 마스크 착용 생활화는 물론 진단 기술, 감염자 추적, 격리, 재택 업무, 원격 회의 등 너무 많은 변화가 일어났다. 방문 인원 및 영업시간 제한은 사회적 관계를 재설정하는 데 일조하고 구조적 실업을 유도하면서 직업 정체성을 돌아보게 했다. 지는 직업과 뜨는 직업이 구분됐고 새로운 직종이 생겨나기도 했다.

경제 활동 규제로 인한 피로도가 누적되면서 아예 모든 문을 열면 결국 사회가 집단 면역을 구축하지 않겠느냐는 주장도 힘을 얻었다. 실제로 이를 실행한 국가도 있다. 바람대로만 되면 보건 환경과 경제 회복을 모두 달성할 수 있다. 그렇지만 이 또한 상당한 비용을 발생시킨다. 바이러스 치명률이 1퍼센트라고 해도 미국 기준으로 328만 명이 사망하는 것이다. 이 비용은 모두 생존자들이 감수해야 한다. 변종이 계속해서 나타나기에 완벽한 면역을 장담할 수도 없다. 의학계에서도 대부분 회의적이다. 단기 전략과 장기 전략을 모두 마련하는 것 말고는 방법이 없다. 각국 정부는 코로나19로 그 어느 때보다도 힘든 '정치적 곤경'을 겪고 있지만, 보건과 경제의 단기적 트레이드-오프를 유념하면서 동시에 장기적 트레이드-오프를 해결할 전략을 마련해야 할 것이다.

제3장

실생활 경제 상식

스마트폰 하나 만드는 데
몇 명의 손이 필요할까
_분업

'분업(division of labor)'은 인류가 수렵 채집 사회에서 정착 생활을 하게 된 농경 사회로 전환한 이래 노동의 한 양상으로 자리 잡았다. 플라톤(Platon, 기원전 427~347)과 크세노폰(Xenophon, 기원전 434?~355?)에서 이븐 할둔에 이르기까지 오래전부터 철학자와 역사가들이 주목한 개념이다. 고대 그리스 역사가 크세노폰은 대도시의 제품과 서비스가 농촌 지역보다 품질 면에서 일반적으로 우월한 이유를 찾아냈다. 도시 노동자는 각자 전문적인 일만 했지만, 농촌 노동자는 혼자서 여러 일을 했다. 이른바 "무엇이든 다 하지만 아무것도 잘하지 못하는" 현상이 벌어지고 있었다. 도시 노동자는 한 사람의 전문가로서 한 가지 일을 훨씬 더 성공적으로 수행했다.

분업의 역사는 이처럼 길지만, 다른 차원으로 끌어올린 계기는 다름 아닌 '산업화' 과정이었다. 근대식 공장과 기계를 마련한 자본가는 노동자 한 사람 한 사람에게 특정 작업을 할당하면, 즉 분업하게 하면 생산성이 크게 향상할 수 있다는 사실을 깨달았다. 나아가 분업은 작업자가 특별한 교육 없이 자신의 역할을 빠르게 숙달할 수 있는 장점도 있었다.

분업의 효율에 관한 가장 유명한 사례는 애덤 스미스의 《국부론》에서 찾을 수 있다. 그는 핀(pin) 공장의 생산 프로세스를 유심히 관찰했다. 노동자 각자가 핀 생산 과정 일부에 특화한 전문성을 통해 전체 생산량을 대폭 늘리고 있었다. 한 작업자가 와이어를 뽑으면 다음 작업자는 와이어를 자르고, 그다음 작업자는 끄트머리를 갈아냈다. 각자가 계속해서 같은 작업만 반복했다. 애덤 스미스에게 이 광경은 가히 혁명적이었다. 과거에도 분업이 있었지만, 그때는 작업자 한 사람이 핀 하나를 온전히 만드는 식으로 이뤄졌다. 여러 사람이 모여서 각자가 핀을 만드는 방식의 분업이었다. 각각의 작업자는 핀 생산에 필요한 모든 단계를 혼자서 꾸준히 진행하면서 하루 할당량을 맞췄을 것이다. 그런데 애덤 스미스가 관찰한 이 분업으로 핀을 만들면 생산량이 기하급수적으로 증가했다. 그는 이와 같은 방식의 분업을 통해 10명의 작업자가 하루에 4만 8,000개의 핀을 만들 수 있다고 계산했다. 예전처럼 각자가 핀 완제품을 생산하는 분업으로는 도저히 불가능한 물량이었다.

핀 같은 단순한 제품도 이런데, 오늘날 첨단 기술 세계에서는 어떨까? 작업자 혼자서 스마트폰을 만든다고 상상해보자. 설계, 제작, 조립… 아마도 평생 만들지 못할 것이다. 스마트폰을 생산하는 데 필요한 복잡하고 정밀한 과정을 한 사람이 해낼 수는 없다. 셀 수 없이 많은 제조 단계를 거쳐야 비로소 완성되는 제품이기에 수천 명의 사람이 직간접적으로 참여해야 한다.

분업화 프로세스가 더욱 세분화한 또 다른 요인은 대량 소비다. 10명의 작업자가 하루에 4만 8,000개의 핀을 효율적으로 생산할 수 있더라도 그만큼의 수요가 없다면 효율성은 무의미했을 것이다. 산업화 시대 이전에는 제품 수요가 상대적으로 적었기 때문에 엄청나게 많은 양을 생산할 까닭이 없었다. 하지만 수요가 폭증하자 공급을 맞추기 위해 제품을 더 신속하고 효율적으로 대량 생산할 방법을 찾아야 했다. 분업이 최선이었다.

'규모의 경제'가 가능해진 것도 분업화 프로세스의 결과다. 분업에 의한 대량 생산은 공급 증가와 가격 하락을 통해 더 큰 수요를 이끌어 냈다. 이전에는 비싸서 엄두도 내지 못했던 제품을 누구나 살 수 있게 된 것이다. 생산량이 증가하면 평균 원가가 감소한다. 하루에 핀을 10개만 생산할 수 있다면 노동 시간당 생산 단가가 높을 수밖에 없다. 반면 하루에 생산할 수 있는 양이 4만 8,000개라면? 대폭 낮아진 생산 단가로 가격도 훨씬 저렴해진다. 노동자가 고도로 전문화하면 기업은 더 많이 생산할 수 있고, 더 많이 생산할수록 비용과 가격은 낮아지는 것이다.

그 좋은 예가 바로 자동차 대중화다. 자동차 산업 초기에는 작업자들이 팀을 이뤄서 한 대의 자동차를 만들었다. 제작에 필요한 자재를 가져와 문자 그대로 한 곳에서 한 대씩 생산했다. 그러다 보니 당시 자동차는 소수의 부유한 사람들만 살 수 있는 고가의 사치품이었다. 이때 기업가 헨리 포드(Henry Ford, 1863~1947)가 자동차 생산을 효율화할 기회를 엿봤고 대량 생산에 적합한 조립 공정을 개발했다. 한 지점에서 시작해 컨베이어 벨트를 돌면서 타이어 장착, 도색, 스티어링 휠 장착 등 특정 작업을 수행하는 노동자 사이를 이동했다. 작업자는 자동차 제작 전반을 이해할 필요가 없었고 하루 내내 리벳을 조이는 일만 하면 됐다. 이는 자동차 생산 효율성을 극적으로 높였다. 포드의 공장은 매주 몇 대가 아닌 매일 수십 대의 자동차를 생산할 수 있었다. 자동차 생산량이 크게 늘자 평균 원가도 줄었다. 이렇게 생산된 자동차가 '모델 T'였다. 세계 최초의 양산 자동차가 탄생한 것이었다. 모델 T의 가격은 평범한 노동자들도 구매할 수 있을 정도로 저렴했다. 당연히 불타나게 팔렸다. 혁명이었다. 자동차는 부유층의 전유물에서 누구나 살 수 있는 소비재로 변모했다. 분업과 이로 인한 규모의 경제는 새로운 '소비주의(consumerism)' 시대의 빗장을 열어젖혔다.

이렇게만 보면 분업이 제품의 평균 원가를 줄이고 가격을 내려 수익성을 높인다는 측면에서 긍정적인 효과만 있는 것 같지만, 비판적인 시각도 만만치 않다. 몇 가지 문제를 초래했기 때문이다. 그 첫 번째로 분업은 실력 있는 장인들이 일하던 소규모 기업의 몰락을 가져왔다. 생산, 비용, 가격 경쟁력을 잃게 된 작은 회사들이 사라지자 대량 생산이 가능한 몇몇 기업의 독과점으로 이어졌다.

분업의 두 번째 문제는 직업 만족도와 일에 대한 보람을 저하한다는 것이다. 각각의 노동자가 하루 8~10시간 동안 똑같은 작업을 반복적으로 수행하다 보면 매우 지루하다. 종일 리벳만 조이는데 무슨 재미가 있을까? 노동은 사람이 하는 일이다. 노동자들은 경제적 효율성 이전에 다양한 감정과 욕구를 가졌다. 일찍이 카를 마르크스(Karl Marx, 1818~1883)도 분업과 자본주의 기업의 본질이 소외로 이끈다고 경고했다. 실제로도 많은 수의 노동자들이 너무나도 지루한 분업 작업에 반발했다. 헨리 포드는 임금을 파격적으로 인상해 어떻게든 노동자들을 컨베이어 벨트 앞에 서게 하고자 했다. 처음에는 효과가 있었지만 그리 오래가지 못했다. 지루한 조립 공정을 견디지 못하고 많은 노동자가 그만뒀고, 그로 인해 생산량이 줄자 이번에는 회사에서 다수의 노동자를 해고해야 했다.

그렇지만 기술이 급격히 발전함에 따라 그동안 사람이 하던 지루한 반복 작업 중 많은 부분을 기계가 대체했다. 분업의 양상도 달라졌다. 기계에 맡기기 어려운 작업이나 창의성이 요구되는 일로 넘어갔다. 분업 프로세스는 좋고 나쁨이나 가치 판단이 필요한 프로젝트를 나눠서 맡는 방식으로 계속 진화하고 있다. 흥미롭고 보람된 일은 사람이 하고, 속도를 요구하는 지루한 작업은 기계가 하는 식이다. 그래서 분업에 따른 실제 업무는 기계 프로그래밍이나 인격적 상호작용에 초점을 맞출 것이다. 현재 아마존 물류나 콜센터에서 일하는 노동자들은 자신의 업무가 이와 같은 유형의 분업임을 인식하지 못할 수도 있다. 극단적으로 표현하자면 분업 없이 우리가 할 수 있는 일은 세상에 없다.

더욱이 오늘날 분업은 글로벌 경제의 밑바탕이 되고 있다. 현대의 분업 형태는 국경을 초월했고 각 나라의 경제 및 노동 상황에 맞는 분야로 세분화했다. 노동비가 낮은 국가는 노동 집약적인 일에 특화했으며, 선진국은 첨단 기술과 숙련 작업에 집중하고 있다. 예를 들면 세계적으로 유명한 은행 대다수는 인도처럼 영어에 능숙한 저임금 근로자가 많은 국가에 콜센터를 위탁해 운영한다. 글로벌 제조업 기업 일자리는 동남아시아의 신흥 개발도상국들로 이동하고 있다. 이를테면 애플의 아이폰(iPhone)의 경우 생산은 주로 아시아에서 하지만 디자인과 설계는 미국에서 한다. 글로벌 분업은 애플과 미국의 이익을 증가할 뿐 아니라, 개발도상국의 고용을 안정화하고 임금을 인상하는 데 도움이 된다.

물론 우려의 여지가 없지는 않다. 글로벌 분업 활성화로 선진국 비숙련 노동자들의 일자리가 감소한다는 문제가 있다. 제조를 담당한 신흥 경제국에 공장이 있어서 발생하는 산업 폐기물로 인한 환경 오염도 쉽게 지나칠 문제는 아니다. 글로벌 분업의 좋은 면을 계속 유지하려면 반드시 해결해야 할 과제다.

자원이 풍부한 나라가 왜 빈곤할까

_원자재

　'원자재(raw material)'는 모든 경제의 기반이다. 경제가 아무리 발전하더라도 끊임없이 다양한 원자재가 필요하다. 원자재에는 원유·천연가스·석탄·우라늄 같은 '에너지', 철·구리·니켈·금·은·알루미늄 등의 '금속', 소고기·돼지고기·닭고기 같은 '육류', 목재·설탕·커피·면화 등의 '농산물', 밀·쌀·콩·옥수수 같은 '곡물'이 있다. 너무 당연하고 단순하게 여길 수 있지만, 경제에 필수적인 것들이다.

　오래전 중상주의 경제학 이론에서는 원자재의 양과 경제적 부가 직접적인 상관관계에 있었다. 당시로서는 원자재를 더 많이 가진 나라가 부유한 국가였다. 전쟁이 일어나는 주된 요인도 원자재였다. 과거에는 원자재가 부족해지면 주저하지 않고 다른 나라를 공격해 빼앗아 왔다. 그것이 부국이 되는 가장 효과적인 방법이었다.

하지만 경제가 발달해 서로 싸우지 않고도 무역을 통해 수입할 수 있게 되면서 원자재에 관한 관심이 시들해졌다. 독일이나 일본은 상대적으로 원자재 비축량이 적은 국가이지만, 수입한 원자재로 완제품을 만들어 수출하면서 어마어마한 부가가치를 창출했고 경제 강국이 됐다. 예를 들면 완성차 한 대 가격이 3만 유로일 때, 여기에 들어간 원자재 수입 비용은 500유로밖에 되지 않는다. 나머지 차익은 기술과 디자인에서 나온 것이다.

이와는 대조적으로 원자재가 풍부해서 부유한 나라도 있다. 사우디아라비아와 아랍에미리트 같은 중동의 일부 국가가 그렇다. 그런데 아프리카 사하라 사막 이남의 나라들처럼 보유한 원자재는 많으면서 1인당 GDP와 생활 수준은 매우 낮은 국가도 있다. "풍부한 자원은 축복만큼이나 저주가 될 수 있다"는 이론에 걸맞은 나라들이다. 이 이론은 '자원의 저주(resource curse)' 또는 '네덜란드병(Dutch disease)'이라는 이름으로 알려져 있다. 1960년대 초 네덜란드는 자국 영해에서 거대한 규모의 천연가스전을 발견했다. 그러자 크게 고무된 네덜란드 정부는 천연가스를 생산하고 판매하는 데 모든 역량을 쏟았다. 마침 세계 유가가 폭등해 막대한 수입을 올릴 수 있었다. 수출액 증가, GDP 증가, 세수 증가, 통화 가치 상승… 경제가 급속히 성장했다. 액면 그대로 원자재가 많아지니 분명히 경제에 좋았다. 그러나 이야기는 여기서 끝나지 않았다.

네덜란드 경제가 원자재에 집중하자 제조업이나 서비스 같은 기존 분야의 자본과 노동이 급속히 유실됐다. 투자와 고용이 감소했고 제조업은 정체했다. 자본 및 노동 수요가 떨어지면 당연히 그 부문의 산업은 위태해진다. 아울러 원자재 수출이 가져온 통화 가치 급등은 다른 수출 기업들의 경쟁력을 갉아먹었다. 임금이 상승했고 물가가 폭등했다. 네덜란드 정부는 원자재라는 '쉬운 돈'에 집착해 경제의 다른 측면을 망각했다. 더구나 원자재는 한정된 자원이다. 고갈되면 대책이 없다. 그때 가서 다른 제조업이나 고부가가치 산업으로 전환하기란 극도로 어렵다.

'자원의 저주'와 관련한 또 다른 사례는 스페인이다. 16세기만 하더라도 세계 최고의 경제 강국이던 스페인은 불과 100년 만에 몰락의 길로 들어서고 말았다. 여기에는 여러 요인이 있는데, 한 가지는 남아메리카에서 상당한 양의 금을 획득한 것이 저주로 작용했다는 관점이다. 금이 스페인을 부유하게 만든 동시에 사치와 나태도 안겨줬다는 것이다. 스페인 정부는 그 많은 돈을 생산 시설이나 도로 건설에 쓰는 대신 전쟁을 벌이고 궁궐을 짓는 데 탕진했다. 왕실과 귀족 그리고 소수의 상인에게만 이권이 돌아갔고 일반 시민들에게는 무거운 세금이 부과됐다. 그즈음 주변 다른 국가들은 더 많은 기업과 산업이 부를 창출하도록 장려했다. 스페인이 유럽에서 상대적으로 쇠퇴한 데에는 이보다 더 복합적인 이유가 있겠지만, 자원의 저주와 상관없다고는 말할 수 없을 것이다.

오늘날에도 마찬가지다. 풍부한 자원을 가졌는데도 빈곤국에서 벗어나지 못하고 있는 일부 아프리카 국가들을 보면 무척 안타깝다. 사실 아프리카의 경우 경제 문제 이전에 지정학적 요인이 심각하고 복잡한 이해관계가 얽혀 있다. 그런데도 네덜란드병과의 유사성을 무시할 수 없다. 커피 같은 원자재 산업에만 의존하다 보니 경제의 다른 측면을 살피지 못하고 있다. 게다가 다이아몬드나 금과 같은 값비싼 원자재는 끊임없이 내전을 유발하는 동기로 작용한다. 앙골라 내전의 이면에는 다이아몬드 광산 소유권 다툼이 숨어 있는 것이다.

한편으로 원자재를 고려할 때 유념해야 할 또 다른 사안은 부의 공유 문제다. 원자재를 보유하고 있어도 해당 국가에 실익이 거의 없는 경우가 허다하다. 특히 다이아몬드나 원유 같은 원자재는 불평등의 대명사다. 전 세계 다이아몬드 광산 대부분은 강력한 독점력을 가진 드비어스 같은 기업이 갖고 있다. 유전은 대개 외국의 다국적 기업이 소유한다. 거기에서 나오는 이익을 해당 국가에 살지 않는 소수가 독식하는 구조다.

외국의 다국적 기업이 개발도상국에 유정 등을 건설하면 투자와 소비가 일어나고 일자리가 창출되므로 나쁘다고만은 할 수 없다. 그렇지만 첨단 지식과 기술이 필요한 부문은 대개 선진국의 숙련된 노동력을 끌어들이기에, 해당 국가 노동자들에게는 저임금의 비숙련 일자리 정도만 할당된다. 따라서 이익 대부분은 자신들의 출신 국가로 귀속되며, 개발도상국에는 세법과 계약에 따른 제한된 양의 법인세만 남게 된다. 이는 원자재에서 얻는 부를 소수의 경제 권력이 독점한다는 점에서 심각한 문제가 될 수 있으며, 동시에 개발도상국 경제는 원자재 채굴로 인한 갖가지 문제에 직면할 수 있다.

하지만 이런 모든 단점과 한계에도 불구하고 원자재 생산이 경제적 후생을 증가시키지 못한다고 단정할 수는 없다. 수십 년 동안 석유를 생산한 중동 국가들에서는 분명히 1인당 GDP가 크게 증가했다. 어쨌든 국가의 부가 늘면 경제 다각화를 위한 투자 자금을 조달할 수 있다. 노르웨이는 상당한 매장량의 유전을 발견하자 국부 펀드로 막대한 자금을 확보했다. 2018년 5월 기준 자산 규모가 국민 1인당 무려 19만 5,000달러에 달했다. 세계 최고의 복지 국가를 만든다는 목표 아래 국민과 원자재의 장점을 공유하고 미래의 납세자를 생각한 의식적인 결정이었다.

원자재를 이야기할 때 꼭 나오는 질문이 있다. 공급량은 누가 조절하는가? 자원이 고갈되기라도 하면 어떻게 할 것인가? 원자재 또한 자유시장의 수요 및 공급 원리를 따르는가? 물론 석유와 같은 원자재는 유한하고 재생 불가능한 천연자원이다. 그래서 현재 소비 속도를 바탕으로 고갈 시점을 예측하는 작업이 자주 이뤄지고 있다. 어떤 사람들은 석유 공급이 수요를 따라가지 못하면 글로벌 경제에 치명적인 문제가 발생한다고 주장한다.

그런데 단기적으로 그런 결과는 나오기 어렵다. 원유 매장량이 줄어드는 양상과 반비례해서 수요가 늘어나면 당연히 석유 가격은 상승할 테지만, 경제에서 이와 같은 가격 변화는 생산자와 소비자 모두에게 신호로 작용한다. 국제 유가가 오르면 기업에는 생산량을 확대할 유인이 생긴다. 1960년대 유가가 매우 저렴했을 때 대부분의 석유는 채굴비용이 상대적으로 저렴한 중동 지역에서 생산됐다. 반면 유가가 상승하자 시베리아나 알래스카처럼 접근하기 어려운 곳에서 채굴하는 게 수익성이 더 좋았다. 게다가 전 세계 석유 매장량은 과소평가된 경향이 있었다. 국제 유가의 오름세가 지속되자 그동안 통계에 잡히지 않았던 새로운 유전과 천연가스전이 모습을 드러내기도 했다. 계속해서 발견되고 있었던 것이다.

유가 상승은 소비에도 영향을 미친다. 이는 다른 대체재를 찾으려는 동기를 유발한다. 연비 좋은 자동차가 인기를 얻고, 전기 자동차가 급부상한 배경도 여기에 있다. 이 같은 전환이 단기간에 이뤄지지는 않겠으나, 가격 상승 추세가 장기화하면 그 흐름 속에서 에너지 패러다임은 고유가에 대응한 대체재로 자연스럽게 이동할 수밖에 없다. 원자재에도 경제 및 시장 논리가 그대로 적용된다. 대표적 에너지 원자재인 석유가 특히 그렇다. 경제 의존도가 가장 높은 자원이므로 앞으로도 중요한 지표 역할을 계속하게 될 것이다.

사실 에너지 원자재 문제는 화석 연료 매장량과 공급에 대한 우려보다 탄소 에너지가 초래하는 지구 오염에 초점을 맞춰야 한다. 화석 연료를 채굴하고 사용하는 과정은 수많은 환경 비용을 불러온다. 광산은 산림을 훼손하고 주변 지역을 황폐화한다. 유전은 바다를 오염하고 해양 생태계를 파괴한다. 무엇보다 큰 문제는 석탄, 석유, 천연가스와 같은 화석 연료를 태울 때 일어난다. 이것이 지구 환경 오염, 지구 온난화, 지구 기후 변화의 요인이라는 사실을 부인할 사람을 없을 것이다. 나아가 심각한 경제적·사회적·정치적 문제로 연결된다. 공급 부족이 아니라 이런 문제 때문에 탄소 에너지 원자재 소비를 제한해야 한다는 목소리가 더 높다.

경제 예측에
100퍼센트 성공률이 있을까

경제학계에서 유명한 농담이 있다. 신이 경제 예측가를 창조했는데, 그 이유는? 일기 예보를 보기 좋게 만들려고.

최근 수십 년 동안 슈퍼컴퓨터는 일기 예보의 정확성을 극적으로 향상시켰다. 하지만 슈퍼컴퓨터는 경제 예측을 더 정확히 하게 만드는 데는 실패했다. 일반적으로 말하면 아무리 뛰어난 경제학자라도 경제 변화에 확신을 갖기란 매우 어려우므로 섣부른 경제 예측을 꺼리는 편이다. 그러나 예측은 경제학의 숙명이라고 할 수 있다. 세상이 경제학에 기대하는 게 그것이기 때문이다. 경제에서 예측은 어리석은 짓이며 경제학자들의 몫이 아니라고 주장하고 싶어도 어쩔 수 없다. 경제학자의 실력은 얼마나 경제 예측을 잘하느냐에 달렸다.

경제학자들에게 경제 예측은 심하게 표현하면 자기 목을 거는 행위다. 1929년 월스트리트 대폭락 사태가 벌어지기 직전 어빙 피셔(Irving Fisher, 1867~1947)는 〈뉴욕타임스(New York Times)〉 칼럼에서 "미국 주식 시장은 영원한 고원 지대에 도달했다"고 말했다. 이보다 더 나쁠 수는 없었다. 주가는 곤두박질쳤고 그의 평판도 나락으로 떨어졌다. 이 예측 때문에 이후 부채 디플레이션 가설과 통화 정책에 관한 훌륭한 연구 성과도 주목을 받지 못했다. 대공황 내내 피셔는 계량경제학의 대가라는 과거의 평가가 무색할 만큼 철저히 무시당했다. 어빙 피셔가 사라진 자리에 존 메이너드 케인스가 등장했다. 그는 대공황에서 탈출할 방안으로 정부 지출 확대를 제안하면서 큰 주목을 받았다. 케인스는 위대한 경제학자로 기억되고 있다. 피셔 역시 훗날 재평가가 이뤄지면서 명예를 회복했다.

케인스도 경제 예측가로서의 숙명을 피할 수는 없었다. 1925년에 그는 영국이 금본위제에 복귀하는 데 비용과 관련해 몇 가지 주목할 만한 예측을 했다. 그렇지만 다른 뛰어난 통찰력에도 불구하고 예측에서는 피셔만큼 오류가 있었다. 대중의 행동을 예측해 주식 투자를 했다가 실패한 사례를 고백하기도 했다.

경제 예측이 어려운 까닭은 무엇일까? 경제학자들을 대상으로 한 어떤 설문조사에서 이듬해의 인플레이션을 어떻게 예측할지 물었는데, 그중 가장 정확한 예측은 내년 인플레이션율이 전년과 같은 비율이 될 것이라는 응답이었다. 다시 말해 내년에 발생할 일을 억지로 추측하기보다 작년과 동일한 인플레이션율을 예상하는 편이 더 정확했다.

우리는 의사의 진료를 받을 때 향후 10년 동안 내 건강이 어떻게 될지 설명해달라고 요구하지 않는다. 우리는 의사가 앞으로 내가 어떤 질병에 걸릴지 예측할 수 있다고 기대하지 않는다. 의사의 역할은 질병을 진단하고 치료법을 제안하는 일이다. 의사는 우리가 건강에 해로운 음식을 먹고 있을 때 심혈관질환 위험을 경고할 수 있지만, 잘못된 식습관을 가진 사람들도 예기치 않게 건강할 수 있다.

경제학자도 마찬가지로 그 역할이 일기 예보보다 의료에 더 가깝다고 할 수 있다. 특정 경제 행태를 보고 경기 침체 가능성을 예상할 수는 있지만, 실제로 어느 시점에 경기 침체가 일어날지 예측하기란 쉽지 않다. 경기가 침체에 빠지지 않을 수도 있다. 경제가 너무 빠르게 성장하고 경제 성장률이 평균 이상일 때 인플레이션과 경기 침체로 이어지리라는 예측은 합리적이나, 정확한 시점과 기간을 예측하는 일은 무척 까다롭다. 그러므로 경제학자가 인플레이션이 얼마나 심해지고 경제가 언제 침체에 빠질지 예측하기보다, 인플레이션 심화와 경기 침체에 대비해서 무엇을 해야 할지 정부에 조언하는 것이 더 바람직하다는 의견도 힘을 얻는다.

경제는 너무나도 변화무쌍해서 그 흐름을 예상하기가 매우 어렵다. 일례로 금리의 영향을 고려할 때 우리는 금리가 높아질수록 차입 비용이 증가하고 실소득이 감소하며 경제 성장률이 낮아진다는 사실을 이해한다. 이는 모두가 동의하는 원리다. 그러나 실제 현실 경제는 금리 같은 한 가지 요소만 분리해서 바라볼 수 없다. 수천 가지 요인이 수천 가지 방식으로 경제에 영향을 미치고 있다. 경제에 영향을 미치는 모든 요소를 통합한 경제 모델 구축은 불가능하다. 높은 금리가 경제에 미치는 영향을 알고 있으니 예측할 수 있고 실제로 들어맞는 경우도 꽤 있지만, 금리 상승과 더불어 발생한 또 다른 요인이 작용해 역효과를 가져오기도 한다. 이유를 알 수 없는 소비 신뢰로 시장이 과열할 때 높은 금리가 소비 지출을 억제하지 못하기도 하는 것이다. 이 뿐만 아니라 경제는 예상치 못한 사건에도 쉽게 영향을 받는다. 2020년 코로나19 팬데믹이 전 세계를 강타할지 아무도 몰랐기 때문에 2020년 GDP가 20퍼센트 감소하리라는 예측도 할 수 없었다. 무슨 일이 벌어질지 모르는 상황에서 갑자기 발생한 사건은 경제 예측을 절망적으로 만든다.

경제학자들이 바이러스 대유행을 미리 예상해 경제를 예측할 수 없었다는 데는 누구나 수긍하더라도, 2007~2008년 글로벌 금융 위기에 대해서는 생각이 다를지도 모르겠다. 왜 경제학자들은 이 중대한 사건을 예측하지 못했을까? 이 부분은 예측을 하지 못했다기보다는 예측이 틀렸다고 표현하는 게 맞을 것 같다. 더욱이 당시 일부 경제학자들은 금융 위기가 일어나기 몇 년 전부터 자산 시장 과열을 지적했고 금융 시장 규제 완화 행태를 비판했다. 극소수이긴 하지만 비정상적으로 고평가된 주택 시장 폭락을 경고한 경제학자들도 있었다.

문제는 절대다수가 일관되게 성장 일변도의 예측만 했다는 것이다. 미국 주택 가격에 한창 거품이 쌓이고 있던 2005년 6월에도 연방준비제도 의장 앨런 그린스펀은 "전국적으로 볼 때 주택 가격에 거품은 없다"고 일축하면서 시장을 안심시켰다.[2] 게다가 금융 시스템이 붕괴하리라고 예측한 경제학자들은 아무도 없었고, 고성장 저물가 시대가 계속된다고 전망했다. 경제 지표는 성장을 가리키고 있었다. 그러니 성장을 예측하는 게 어찌 보면 당연한 일이었다.

1970년대에서 1980년대에 세계 경제는 호황과 불황의 순환을 겪었고, 각국 정부는 낮은 인플레이션을 유지하기 위해 고군분투했다. 1990년대에 접어들고 2007년까지 글로벌 경제 주기는 이에 길들여진 것처럼 보였다. 인플레이션은 여전히 상대적으로 낮았다. 지속 가능 성장이라는 경제의 새로운 패러다임에 진입한 것 같았다.

이해하지 못하는 바는 아니지만, 이 시기 경제학자들의 실수는 경제를 기존 관점에서만 판단했다는 것이다. 이전까지 잘 알려지지 않았던 경제 분야에 숨어서 도사리고 있는 위험을 간파하지 못했다. 주택 가격이 올랐다. 은행은 낮은 이자로 주택 담보 대출 상품을 팔았다. 너도나도 대출받아 집을 샀다. 집값은 계속 올랐다. 대출금을 갚지 못해도 집으로 받으면 이득이니 은행은 급기야 신용 등급이 낮아도 대출해줬다. 서브프라임 모기지론이었다. 대출해줄 돈이 모자라자 은행은 돈 빌려주고 받은 문서를 이번에는 금융 회사에 담보로 대출을 받아서 다시 사람들에게 빌려줬다. 대출자들이 돈을 갚지 못해 생긴 부실 대출은 신용 부도 스와프로 둔갑해 전 세계로 뻗어나갔다. 신용 평가 기관은 이런 부실 대출에 AAA 등급을 부여해줬다. 보험 회사는 보증을 서줬다.

2007년 이전 출간된 경제학 교과서에는 신용 부도 스와프에 대한 언급이 나오지 않는다. 금융 시장에 없던 상품이기 때문이다. 존재하지 않았기에 이 발명품은 이전에는 경제에 영향을 끼친 적이 없었다. 하지만 2007년 이 새로운 금융 파생 상품은 주택 및 금융 시장과 경제를 분석하는 데 빼놓을 수 없는 요소가 될 터였다. 지금에 와서 보면 왜 이것이 예고됐던 재앙인지 이해하기 쉽지만 어디까지나 결과론적인 진단이다. 의사의 비유로 돌아가 결핵, 소아마비, 콜레라 백신을 접종하면 마음은 든든할 수 있어도 반드시 건강하리라는 보장은 없으며, 갑자기 출현한 완전히 새로운 바이러스에 감염될 수도 있는 것이다.

그러나 경제 예측의 모든 어려움에도 불구하고 일부 예측은 여전히 유용하다. 예컨대 자유무역 지대를 벗어나 새로운 관세를 부과해야 할 경우 경제학은 관세의 영향을 예측하는 경제 모델을 수립할 수 있다. 경제학자들마다 그 효과와 규모에 관해 다른 결론에 도달할 수 있지만, 관세가 무역량을 감소시키고 경제 성장을 저해하리라는 데는 폭넓게 동의할 것이다. 관건은 이런 예측이 얼마나 유용하느냐다. 강력한 경제 성장기에 관세가 인상된다면 관세의 부정적 영향이 거의 드러나지 않는다. 도널드 트럼프는 2017년 관세를 올렸으나 미국 경제는 별반 타격을 입지 않았다. 경제 성장률이 2.6퍼센트에서 2.3퍼센트로 낮아져도 국민 대부분은 그 차이를 느끼지 못한다. 경제가 침체에 빠지고 나면 관세 요인이 부각하겠지만, 이때도 이것 때문이라고만 주장할 수 없게 될 가능성이 크다.

농민에 직접 소득 지원이
효과적일까

　농업은 틀림없이 경제에서 가장 중요한 산업이다. 다른 많은 산업도 필요하지만, 농업은 특히 필수적이다. 식량과 직결하기 때문이다. 초기 경제는 전적으로 농업 기반이었다. 19세기 후반까지도 미국인의 80퍼센트가 농사를 지었다. 경제가 발전하고 다양화하려면 무엇보다 농업 생산성 개선이 우선이었다. 농업 생산성이 비약적으로 개선되자 예전만큼 많은 일손이 필요 없게 됐다. 이는 과거에는 불가능했던 기회를 제공했다. 농토에서 일하던 사람들이 제조 및 서비스 산업으로 진출해 새로운 일자리를 얻었다. 오늘날 대부분 선진국에서 인구의 2~3퍼센트만 농업에 종사하고 있다. 이제 우리는 모두가 나서서 농사를 지을 필요가 없다는 사실을 당연하게 여긴다. 농부를 꿈꾸며 자라는 아이들은 거의 없다.

현대의 첨단 농업 시스템은 매우 효율적이며 전례 없는 규모의 농산물을 생산할 수 있다. 그렇지만 이와 같은 커다란 개선에도 불구하고 농업 부문은 문제가 생기기 쉬운 산업이며 농민들은 종종 소외감을 느낀다. 다른 산업과 비교할 때 농업은 여전히 소득이 높지 않고 대체로 정부 보조금에 의존한다. 농업은 여러 측면에서 민감한 산업이다. 농민은 대다수 제조업체가 하지 않는 방식으로 가격 변동에 대처해야 한다. 농산물 수급은 날씨와 병충해 등 예상치 못한 요인에 따라 크게 달라진다.

농산물은 자연에서 생산되기에 기계만큼 획일적이지 않다. 물량을 정확히 계산해 생산할 수 없다. 공급 안정성에 따라 농산물 가격과 농가 소득의 큰 폭으로 변한다. 그런데 풍년이 농민들에게 마냥 좋은 것도 아니다. 소득을 감소시키기도 한다. 농산물에 대한 시장의 수요는 '가격탄력성(price elasticity)'이 매우 떨어진다. 풍년이 들어 가격이 내려가도 수요에 큰 변동이 없다. 이를테면 당근 농사가 잘돼서 가격이 20퍼센트 하락해도 수요는 아주 약간만 증가한다. 당근이 싸다고 더 많이 먹을까? 너무 가난해 당근만으로 연명하고 있던 게 아닌 한 그렇지 않을 것이다.

결국 수확량 과다로 공급이 기하급수적으로 증가하면, 판매 수량은 증가하지 않는데 가격만 내려가서 농민이 큰 손해를 볼 수 있다. 새로운 비료가 나와도 썩 반갑지 않은 이유다. 비료 회사가 생산량을 20퍼센트 증가시키는 비료 신제품을 출시하면 농민들은 서로 눈치만 보면서 고민에 빠지게 된다. 늘어난 비료 구매비만큼 소득과 연결될지는 미지수이기 때문이다. 모든 농민이 그 비료를 사용해 수확량이 20퍼센트 증가하면 가격은 하락하고 소득은 감소한다.

미들맨을 상대해야 한다는 것도 농업에서 소득 증가를 기대하기 어려운 요인이다. 농산물은 주로 대형 마트를 통해 유통 및 판매된다. 사실상 독점 시스템이다. 이들은 자신의 힘을 이용해 얼마든지 농산물 가격을 통제할 수 있다. 농가로서는 속수무책이다. 미들맨이 제시하는 가격을 수용할 수밖에 없다. 농민의 이윤을 희생시켜 대형 마트 이윤을 얼마든지 높일 수 있다.

이처럼 농업에서는 기존의 경제 논리가 먹히지 않는다. 다른 산업처럼 이윤을 높일 방법이 거의 없다. 정부 보조금이 없다면 아마도 농업 자체가 위태로워질 것이다. 다른 산업 노동자들의 소득 증가에 기댄 수요 창출도 농업과는 별로 관련이 없다. 돈을 더 많이 번다고 해서 더 많이 먹는 것은 아니기 때문이다. 소득이 20퍼센트 늘면 식량을 더 살까? 아니다. 입고 싶었던 옷을 사거나 갖고 싶었던 전자 제품을 구매할 것이다.

농업은 기술 발전과는 무관하게 다른 산업 분야와 동일한 성장을 이루지 못한다. 따로 떼어놓고 바라봐야 한다. 세심한 관리가 필요하다. 농업은 1차 산업이다. 모든 경제의 근간이다. 먹고사는 문제 그 자체다. 게다가 농산물은 글로벌 시장이다. 곡물이나 채소 가격은 국내 경제뿐 아니라 다른 국가의 수요와 공급에도 영향을 주고받는다. 그렇기에 대부분 국가에서 농업에 상당한 액수의 정부 보조금 예산을 책정하는 것이다. 하지만 농업 보조금은 지나치기 어려운 부작용을

초래하기도 했다. 정부의 농업 보조금의 원래 목적은 어려운 처지의 농업과 농민을 돕는 것이었으나, 밀턴 프리드먼이 "정부의 임시 정책만큼 영원한 것은 없다"고 냉정하게 지적한 것처럼 로비로 인해 그 의미가 퇴색했다.[3]

농업 보조금은 농산물 최저 가격 보장, 잉여 생산량 정부 수매, 중요 품목 수입 관세, 농민 직접 보조금과 같은 세부 정책을 포함했다. EU의 경우 공동 농업 정책(CAP)에 전체 예산의 70퍼센트를 지출했다. 초기 목표는 식량 공급을 보장하고, 농산물 가격을 안정화하며, 농민들에게 합리적인 소득을 제공하는 것이었다. 덩치가 그렇게 커질 이유가 없었다. EU가 농민 소득 증진 방안으로 최저 가격 책정과 잉여 생산 물량 수매를 합의하면서 문제가 커졌다. 가격과 판매가 보장되자 농민들은 화학 비료를 더 많이 사용하는 방식으로 수확량을 높이는 데 열을 올렸다. 그 결과 공급이 기대치를 한참 초과했고 EU는 예산을 더 투입해 잉여 생산 물량을 사들였다. 이런 공급 과잉은 '와인 호수(wine lake)', '우유 호수(milk lake)', '소고기 산(beef mountain)', '버터 산(butter mountain)', '곡물 산(grain mountain)' 등으로 불리며 많은 비판을 받았다. 농업 보조금이 비효율적으로 집행되면서 필요하지도 않은 농산물에 세금을 낭비한 셈이었다.

그러나 농민들이 보조금을 받는 데 익숙해지자 이를 바로잡는 것이 정치적으로 더 어려워졌다. EU가 농산물 최저 가격을 유지하고자 유로존 밖에서 들어오는 수입품에 높은 관세를 부과함에 따라 상황은 더 나빠졌다. 다른 국가들의 농업이 덩달아 혼란에 빠졌고 EU와 유로존 밖 국가들 사이의 관세 전쟁으로 이어졌다. 남아도는 농산물을 글로벌 시장에 헐값으로 유통하기도 했다. 이렇게 '덤핑(dumping)'된

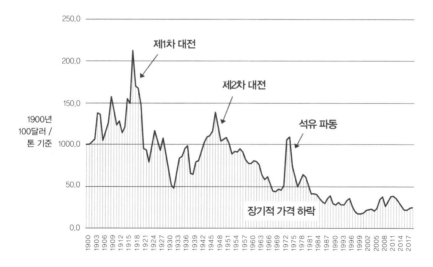

: 국제 밀 가격(1900~2019년) :

농산물은 정상적으로 생산한 다른 국가들의 농산물 가격도 떨어뜨렸다. 소비자들에게는 좋았을지 모르지만 전 세계 농민들에게는 크나큰 비극이었다.

지난 수십 년 동안 EU는 농산물 최저 가격 보장을 농민 소득 직접 지원으로 대체해 문제 많던 공동 농업 정책을 개혁하고자 노력했다. 수입 농산물에 부과한 관세도 일부 인하했다. 그래도 우선해서 보호받아야 할 산업이라는 농업 경제의 본질에는 변함이 없었고, 이는 부인할 수 없는 사실이었다.

그렇다면 농민에 대한 직접적인 소득 지원은 효과가 있을까? 유감스럽게도 그렇지 않다. 농업 보조금의 가장 큰 수혜자는 경작지를 소유한 지주다. 택지가 개발되면 토지 소유자가 이득을 보는 것과 같은 맥락이다. 어려운 농민을 돕겠다는 정책인데 오히려 부유한 지주에게 더 큰 혜택이 돌아가는 이상한 역설을 만들어낸다. 더욱이 우리는 농촌이나 농장을 생각할 때 평화롭고 낭만적인 모습을 떠올리지만, 기계화된 경작지와 가축을 밀폐된 공간에 빽빽이 가둬서 사육하는 공장식 농장은 목가적인 이미지와는 거리가 멀다.

아울러 최근 몇 년 동안 생산성 중심의 기업식 집약적 농업 환경이 초래한 환경 문제와 건강 위협에 대한 우려도 커지고 있다. 대규모 경작지와 화학 비료는 표토 손실과 토질 오염을 일으킨다. 생산량을 단기간에 극대화하기 위해 주입하는 항생제와 성장 호르몬은 가축은 물론 사람에게까지도 악영향을 끼친다. 예를 들어 대장균이 항생제에 내성을 갖게 되면서 닭 대장균증 치료가 어려워졌다. 실제로 어떤 연구에 따르면 대다수 양계장에서 사육되는 닭은 이미 항생제 내성 박테리아를 가졌다. 어떤 과학자들은 집약적 농업이 인류에게 치명적인 신종 바이러스의 온상이 될 수 있다고 경고한다. '돼지독감'이라고 불린 신종 인플루엔자 A(H1N1)만 봐도 이미 사실이다.

이는 농업이 사회의 다른 부분에 '외부 효과(external effect)'를 발생시킨다는 것을 의미한다. 외부 효과란 어떤 경제 활동이 의도치 않게 다른 경제 활동에 긍정적·부정적 영향을 미치는 현상을 말한다. 농업의 일부 외부 효과는 긍정적이다. 농업에 종사하는 농민들이 있어서 농촌이 유지되고 해당 지역이 관리된다. 하지만 집약적 농업의 화학 비료 및 항생제 의존은 여러 부정적 외부 효과를 초래한다. 비록 EU가 2013년부터 공동 농업 정책 노선을 보완해 이른바 '녹색화(greening)' 전략을 채택했지만 여전히 갈 길이 멀다. EU는 이 새로운 농업 소득 지원 정책을 소개하면서 "녹색 직불금(green direct payment)은 환경 및 기후 목표에 이바지하는 농업 방식을 채택하거나 유지하는 농민을 지원한다"고 설명했다. 그러나 이미 상업적 압력에 적응한 농민들은 생산성과 효율성을 포기하기 어렵다. 좋은 정책이 언제나 좋은 결과를 유도하는 것은 아니다.

우리는 합리적인 소비자가
될 수 있을까

정통 또는 주류 경제학인 신고전주의 경제학 이론은 '소비자는 합리적'이라는 데 핵심을 둔다. 소비자는 자신의 효용(행복)을 극대화하고 최고의 가치를 가져다주는 상품을 구매한다는 것이다. 언제나 그렇다는 것은 아니고, 몇 가지 극단적인 상황을 제외하면 일반적으로 소비자는 합리적 의사결정에 따라 경제 활동을 한다.

경제학이 제대로 정립되기 전 초기 경제학자라고 부를 수 있는 인물 가운데 몇 사람은 철학자이기도 했으며, 19세기 때는 '공리주의(utilitarianism)'가 유행했다는 사실을 언급할 필요가 있다. 영국의 제러미 벤담(Jeremy Bentham, 1741~1832)과 존 스튜어트 밀(John Stuart Mill, 1806~1873) 같은 경제학자이자 철학자(공리주의자)는 경제와 철학을 결합해 설명하기를 좋아했다. 이탈리아 경제학자 빌프레도 파레토(Vilfredo Pareto, 1848~1932)는 '호모 이코노미쿠스(homo economycus)', 즉 '경제적 인간'이라는 용어를 제시하기도 했다.

정통(주류) 경제학은 개인이 '이기적'이라는 전제에서 출발한다. 개인은 자신이 원하는 것과 자신에게 이익이 되는 것을 잘 알고 있으며 자신의 효용을 극대화하기 위한 결정을 내린다. 그리고 그 결정은 '한계 효용(marginal utility)' 개념을 토대로 이뤄진다.

이 부분에서 여러분이 머리를 긁적이며 이렇게 생각할지도 모르겠다. '한계 효용이 뭔지 모르겠는데 어떻게 한계 효용에 근거해 결정을 내릴 수 있지?' 괜찮다. 설명하겠다. 여러분이 친구 생일 파티에서 케이크를 먹는다고 가정해보자. 첫 조각을 맛있게 먹고 나니 친구가 더 먹으라고 권한다. 그래서 두 번째 조각을 먹는데, 슬슬 배도 부르고 맛도 첫 조각만큼은 아닌 것 같다. 그래도 남길 수 없어 다 먹는다. 친구가 또 먹으라고 권한다. 이제는 괜찮다며 사양한다. 효용(만족감)이 한계에 도달한 것이다.

케이크가 아무리 맛있어도 계속 먹으면 질린다. 여러분은 두 번째 케이크까지 먹었지만, 어떤 사람은 첫 조각만 먹고 포크를 내려놓을 수도 있다. 사실 여러분도 두 번째 케이크를 먹을 때 효용이 떨어졌음을 느꼈다. 친구가 권했으니까 다 먹었을 뿐이다. 그런데 세 번째 조각에서는 사양했다. 이미 배가 불렀고 너무 많이 먹으면 안 된다고 생각했기 때문이다. 한계 효용은 저마다 다르다. 식욕이 왕성한 사람이라면 한계 효용이 세 번째나 네 번째 케이크 때 왔을지도 모른다.

사람마다 한계 효용이 달라서 합리적 선택의 정도도 다르겠지만,

어쨌든 모든 사람은 자신의 한계 효용에 따라 합리적으로 소비한다는 논리다. 더욱이 대부분 사람에게는 자신이 합리적으로 행동한다고 생각하는 경향이 있다. 소득이 제한돼 있기에 자신의 형편 내에서 합리적으로 소비한다. 경제학 이론에 개인은 가격과 한계 효용을 비교해 구매 가치를 평가한다는 모델이 있다. 물론 경제학자를 포함해 누구라도 실제로 상점에서 물건을 고를 때 머릿속으로 '빵은 내게 1.5에 해당하는 한계 효용을 제공하지만 가격이 2.3이니, 한계 효용이 1.3으로 낮은 대신 가격은 1.9로 더 저렴한 감자를 살 테야' 하고 머릿속으로 계산하지는 않는다. 상품 구매를 결정할 때 자신도 모르게 그간의 경험을 바탕으로 평가해 최고의 효용을 얻는 쪽을 선택한다는 얘기다.

합리적 소비자 개념은 경제학자들이 경제 모델을 더 멋지게 만들 수 있게 해주고 수학적 계산을 쉽게 할 수 있도록 해준다. 경제학은 합리적 선택이라는 기본 가정을 기반으로 경제 모델을 구축한다. 예컨대 '효율적 시장 가설(efficient market hypothesis)' 모델에 따르면 정확한 현재 정보가 주어질 때 주식 가치는 완벽하게 주가로 반영된다. 만약 주가가 잘못 평가된다면 불합리한 정보 때문이다. 어떤 주식이 불합리한 정보로 저평가됐다면 합리적 투자자는 그 주식을 매입한다. 또 어떤 주식이 불합리한 정보로 고평가됐다면 합리적 투자자는 해당 주식을 매각할 것이다.

경제학에서 '합리적 선택 이론(rational choice theory)'은 경제의 다양한 측면을 이해하는 초석이지만, 문제는 실생활에서 때때로 소비자가 비합리적 선택을 한다는 데 있다. 경제학의 아버지로 불리는 애덤 스미스조차도《도덕감정론(Theory of Moral Sentiments)》에서 "개인은 이기심이 아닌 다른 동기를 가질 수 있다"고 언급했다.

"인간이 아무리 이기적이더라도 그 본성에는 이와 상반되는 몇 가지가 존재한다. 이 본성으로 인해 다른 이의 운명에 관심을 두게 되고, 설령 바라보는 즐거움 말고는 아무것도 얻지 못해도 다른 사람의 행복이 필요해진다. 연민(pity)이나 동정심(compassion)이 이런 종류의 본성이다. 우리가 타인의 불행을 보거나 매우 생생히 느낄 때 일어나는 감정이다."

최근에 경제학은 소비자와 개인이 최소한 고전주의 경제학 관점에서 어떻게, 왜, 언제 비합리적일 수 있는지 좀 더 깊이 있게 연구하고 있다. 합리적이지 않은 개인의 본성과 행동을 설명하고자 시도한 이 연구에 '행동 경제학(behavioural economics)'이라는 이름이 붙여졌다. 그런데 행동 경제학 이론의 상당수는 경제학이 아닌 심리학에서 나왔다. 대표적인 예로 대니얼 카너먼(Daniel Kahneman, 1934~)과 에이머스 트버스키(Amos Tversky, 1937~1996)는 심리학자이지만 인간 편견에 관한 연구로 2002년 노벨경제학상을 받았다.

두 사람은 인간이 '없는 것보다 가진 것'에 더 집착한다는 '전망 이론(prospect theory)'을 발전시켰다. 인간이 합리적이라면 100달러를 얻는 것은 100달러를 잃는 것과 똑같은 효용 변화를 이끌어내야 한다. 그렇지만 이들의 관찰 결과 그것은 사실이 아니었다. 우리는 우리가 이미 소유한 것에 더 집착한다. 여러분이 50년 동안 빈티지 와인 한

병을 보관해왔다고 생각해보자. 누군가 그 와인을 300달러에 팔라고 하면 아까워서 거절할 수 있다. 그러나 여러분에게 애초에 그 와인이 없었다면 정확히 똑같은 빈티지라도 300달러는커녕 30달러조차 내고 싶지 않을 수 있다.

합리적인 경제적 인간 '호모 이코노미쿠스' 개념 역시 소비자가 합리적이라는 가정에 의존한다. 하지만 우리는 사람이 그렇게 합리적이지는 않다는 사실을 익히 봐서 알고 있다. 우리 주변의 많은 사람이 이득을 볼 수 있다는 누군가의 근거 없는 주장에 혹해서 부동산이나 주식을 산다. 가상 화폐가 유행이라고 하니 잘 따져보지도 않고 너도나도 비트코인에 투자한다. 비합리적인 과욕의 물결에 휘말리는 것이다. 소비자는 합리적이므로 가격이 터무니없이 과평가됐다는 사실을 깨달아야 하지만 실제 현실에서는 그렇지 않은 경우가 허다하며, 복잡한 감정의 영향을 받는다.

인간은 합리적이라면서 왜 그토록 나쁜 선택을 많이 할까? 현실 세계의 많은 사람이 위험한 물질에 중독되기도 한다. 자신의 선택이 스스로 해를 끼친다는 사실을 알지만, 어떤 강박 때문인지 계속 구매하게 된다. 이와 같은 불합리한 선택이 소수에게만 해당하는 것도 아니다. 음식이든 음료든 복권이든 간에 충동구매의 기억은 누구에게나 있다. 동시에 대다수 사람이 좋지 않은 선택임을 이미 알고 있었다.

인간의 이런 약점을 이해하면 왜 대기업들이 인간 심리를 연구하고 활용하는 데 그렇게 많은 시간과 비용을 들이는지 알게 된다. 마트 계산대 옆에 놓여 있는 초콜릿도, 기막힌 타이밍에 올라오는 페이스북

(Facebook) 광고도 모두 그에 따른 결과다. 페이스북은 단 한 번도 우리에게 접속을 강요하지 않았지만, 나도 모르게 1주일에 10시간을 페이스북 담벼락 확인으로 허비한다. 우리에게는 효용 극소화지만 페이스북에는 효용 극대화다. 아닌 것 같지만, 지난 1년을 돌이켜볼 때 그게 우리가 한 일이다.

또 다른 측면으로 합리적 소비자라면 더 저렴한 제품을 구매해 효용을 극대화해야 한다. 그런데도 그렇게 행동하지 않는 경우가 많다. 비싼 가격이 우리를 유혹하는 상품도 있다. 사람들은 가격이 품질을 반영한다고 여긴다. 비싼 데는 그럴 만한 이유가 있다고 생각한다. 레스토랑에서 모두가 싼 와인만 마시지 않는다. 실제로는 품질에 별다른 차이가 없는데도 저렴한 와인이 아니라 값비싼 와인을 주문하기도 한다. 이게 합리적 선택일까?

개인의 합리성이 자기 이익을 극대화한다는 호모 이코노미쿠스의 개념도 큰 도전을 받는다. '공유지의 비극'을 극복하려는 흥미로운 시도로 유명한 엘리너 오스트롬은 사람들이 자기 이익을 한쪽으로 치우고 사회와 조화를 이루는 방식으로 행동할 수 있다는 사실을 발견했다. 이는 인간을 일컫는 더 적합한 명칭이 '호모 소시올로지쿠스 (homo sociologicus)', 즉 '사회적 인간'임을 암시한다.

우리는 자기 이익이 아닌 사회적 관계에 따라 행동한다. 문화인류학자들은 개인의 사리사욕 추구를 강조하는 현대 자본주의가 오히려 문제라고 주장해왔다. 인류 역사에서 개인의 행동은 호혜의 미덕과 사회적 기대 충족에 기반을 두고 있다. 다시 말해 우리는 우리 자신의 잣대가 아니라 가족과 사회의 잣대를 통해 자신의 삶을 바라보는 것이다. 누군가에게 도움이 필요할 때 우리가 돕는 이유는 그것이 사회에 좋은 일이기 때문이다. 호모 이코노미쿠스의 또 다른 문제점은 이 개념에 보편타당성을 부여하면 개인의 이기적 행동을 더욱 조장할 수 있다는 것이다. 한 연구는 경제학자들이 비경제학자들보다 더 이기적인 경향이 있음을 밝혀냈다.

물가가 내려가는 게
좋은 현상일까

'디플레이션(deflation)'은 전반적인 물가 수준이 장기간 하락하고 있는 상황을 말한다. 여기에서 유의할 부분은 디플레이션이 그저 더 값싼 컴퓨터나 스마트폰을 의미하는 게 아니라는 점이다. 거의 모든 상품과 서비스 가격이 하락한다는 뜻이다. 언뜻 보면 디플레이션이 좋은 것처럼 보일 수도 있다. 더 저렴한 가격을 마다할 사람이 누가 있겠는가? 그러나 경제적 관점에서 디플레이션은 심각한 경제 문제를 초래하므로 정부는 무슨 수를 써서라도 디플레이션을 피하려고 애쓴다.

의아한 생각이 드는 것도 무리는 아니다. 물가가 내려가는 게 안 좋은 현상일까? 결과적으로 그렇다. 소득은 유지되는데 가격이 하락하면 물건을 더 많이 살 수 있지만, 실제 현실에서는 디플레이션 기간이 길어지면 생산이 위축돼 소비 및 투자 감소와 실업률 증가로 이어진다.

찬찬히 생각해보자. 우선 디플레이션이 발생하는 원인을 살펴야 한다. 일반적으로 기업은 이윤을 추구해야 하기에 가격 인하를 매우 꺼린다. 어려운 상황에서만 궁여지책으로 값을 내린다. 경기 침체기에 수요가 감소하면 기업은 생존에 사활을 걸게 돼 투자를 유보하고 생산 지출을 줄인다. 생산이 줄어들면 고용이 감소하고 임금이 하락한다. 이는 다시 소비 위축으로 연결되고 상품과 서비스의 추가적인 가격 하락을 초래한다. 이런 과정이 반복하면 경제는 걷잡을 수 없는 공황에 빠진다. 이처럼 디플레이션은 수요 감소, 실업률 증가, 마이너스 경제 성장과 관련된 경우가 많다. 예를 들어 미국에서 디플레이션이 가장 극심했던 때는 대공황 시기인 1930년에서 1933년이었는데, 물가가 해마다 평균 10퍼센트씩 하락했다. 대공황은 임금 폭락과 대량 실업으로 점철된 악몽의 나날이었다.

가격 인하 압박을 받는 기업들은 줄줄이 명목 임금을 인하하거나 계획된 임금 인상을 철회했다. 가격이 낮아진 만큼 내 소득도 줄어들었기에, 낮은 물가는 사람들에게 전혀 위안이 되지 않았다. 나아가 디플레이션의 심각한 문제는 부채 상환을 더 어렵게 만든다는 것이다. 통상적으로 우리가 대출을 받으면 적정 인플레이션과 임금 인상으로 시간이 흐를수록 채무를 더 쉽게 상환할 수 있으리라고 기대한다. 하지만 디플레이션 기간에는 시중에 돈이 돌지 않으니 돈을 빌린 사람들의 실질 채무 가치도 상승한다. 이를테면 기업은 새로운 공장 설비에 투자하기 위해 돈을 빌릴 수 있다. 그런데 가격이 하락하면 이 초기 부채를 상환하기 어려워진다. 가격 하락으로 수익이 감소한 데다 수익의 더 많은 부분이 빚을 갚는 데 쓰여서 수익성은 더욱 악화하기 때문이다. 개인도 마찬가지다. 디플레이션으로 인한 임금 하락 또는 임금 정체는 부채 상환이 소득에서 차지하는 비중 증가를 의미한다.

물론 동전의 양면과도 같은 측면이 있어서 저축하는 사람들에게는 디플레이션이 유리하다. 금리가 낮아도 돈이 귀하니 화폐 구매력이 높아져 장기적으로 저축이 이익이다. 그렇지만 다른 한편으로 이는 차입과 투자가 감소하는 요인이 된다. 기업과 개인 모두 돈을 아껴야 할 강력한 명분이 생겼으므로 지출을 꺼릴 것이다. 지출을 줄이고 더 많이 저축한다는 결정 자체는 문제가 아니지만, '절약의 역설'처럼 투자와 소비를 위축시켜 경제가 더욱 침체의 늪에 빠질 수 있다.

여느 때의 소비자들이라면 가격 하락에 어떻게 반응할까? 당연히 소비가 는다는 게 직관적인 대답일 것이다. 인플레이션율이 2퍼센트인데 스마트폰 가격이 5퍼센트 싸지면 소비자들이 스마트폰 구매를 더 많이 할 것이라고 예상할 수 있다. 이런 상황은 디플레이션이 아니다. 디플레이션은 거의 모든 시장 가격이 하락하는 상황이다. 모든 상품 가격이 5퍼센트 내려가고 가격이 계속해서 더 하락할 것으로 예상되면 소비자는 다른 행동을 하게 된다. 내년에 값이 더 떨어진다는 생각에 지갑을 닫게 되는 것이다. 더구나 소득이 줄거나 제자리라면 지출에 인색해질 수밖에 없다.

2000년대 일본이 좋은 사례다. 디플레이션과 물가 하락이 장기화하자 긴축해야 한다는 소비 심리가 팽배해졌다. 사람들은 빚지는 것을 두려워했고 가격이 더 내려가리라고 생각했다. 기업들은 제품 특히 사치품 판매에 큰 어려움을 겪었다. 가격 하락이 부정적 순환을 형성했다. 가격 하락이 수요 감소를 유발하고 수요 감소는 또다시 낮은 가격으로 이어졌다. 디플레이션의 모든 악영향이 전개됐다. 낮은 물가가 실질 채무 가치를 상승시켰고 저축을 유도했으며 경제 성장의 걸림돌로 작용했다.

제2차 대전 이후 각국 정부와 중앙은행은 인플레이션을 피하거나 줄이는 데 주된 관심을 가져왔다. 일반적으로 인플레이션율이 높아지면 금리가 올라간다. 인플레이션 통제가 어렵다는 사실을 고려할 때, '그렇다면 디플레이션을 피하는 게 훨씬 쉬운 게 아닌가' 생각할 수 있다. 그러나 실제로는 디플레이션을 정책적으로 관리하기가 더욱 어렵다. 인플레이션율이 10퍼센트 증가하면 중앙은행이 금리를 인상해 통화 공급을 줄이는 방식 등으로 인플레이션을 통제할 수 있다. 하지만 인플레이션율이 마이너스이고 가격이 연간 4퍼센트 하락하면 어떻게 될까? 금리를 0퍼센트 이하, 즉 마이너스로 인하하는 일은 쉽지 않다. 왜냐하면 방금 살폈듯이 디플레이션은 긴축과 저축을 유발하기 때문이다. 물가와 임금이 4퍼센트 동반 하락하고 화폐 가치가 오르면 저축을 안 하려야 안 할 수가 없다. 반면 채무자들은 부채를 갚기 힘들어진다. 돈이 돌지 않는 것이다. 이론적으로는 중앙은행이 금리를 -6퍼센트로 인하해 지출 유인을 만들어내면 좋지만, 어디까지나 이 마이너스 금리는 예금 금리다. 그렇게 되면 사람들은 은행에 있던 돈을 모두 인출해 침대 밑에 보관하려고 할 것이다. 투자해봐야 손해이고 예금해봐야 마이너스인데 돈을 어디에 둔단 말인가.

중앙은행이 화폐를 추가 발행해 디플레이션을 잡으려고 시도할 수도 있다. 한마디로 돈을 더 찍어 뿌리는 것이다. 그래서 시중에 돈이 돌면 사람들이 쓸 테고, 결국 가격을 상승시킬 것이다. 비교적 쉬운 방안이고, 돈을 벌려는 사람들에게 인기가 있는 정책이지만, 이 또한 현실적으로 어렵다. 중앙은행은 경솔한 기관이 아니며, 돈을 마구 찍겠다는 생각은 향후 인플레이션을 염두에 두지 않는 발상이다. 디플레이션을 일으키는 원인을 조기에 차단하는 것만이 디플레이션을 막는 유일한 방법이다. 일본의 사례는 디플레이션의 악순환을 끊는 게 얼마나 어려운지 경고한다. 1998년부터 2018년까지 이른바 '잃어버린 20년' 동안 일본은 임금이 계속해서 하락했다. 일본은행(BOJ) 조사전략국장 몸마 가즈오(門間一夫)는 이렇게 말한 바 있다.

"수년 동안 인플레이션이 없자 일본인들은 원래부터 가격이 낮게 유지된다고 간주하기 시작했습니다. 일단 이런 관점이 뿌리내리면 바꾸는 것이 사실상 불가능합니다."[4]

한편으로 디플레이션이 심각한 문제인 것은 맞지만 언제나 경제적으로 피해를 주기만 하는 것도 아니다. 어떤 원인에서 발생한 디플레이션인지에 따라 크게 달라진다. 지금까지 우리가 이야기한 디플레이션은 그 원인이 수요 감소와 경기 침체였다. 그런데 디플레이션은 생산성과 효율성 증가로 발생하기도 한다. 다른 부작용 없이 가격 하락의 이점을 볼 수 있기에 디플레이션의 '좋은' 형태로 분류할 수 있다. 예컨대 기술의 비약적 발전이 이뤄지면 제품 생산 단가를 낮출 수 있어서 더 낮은 가격 책정이 가능해진다. 생산 비용이 낮아지고 노동 생산성이 높아지면 임금도 인상할 수 있다. 그러면 더 낮은 가격과 더 높은 소득이라는 두 가지 장점을 모두 누리게 된다. 이런 디플레이션에서는 개인이 마음껏 사고 싶은 상품을 구매할 수 있다.

19세기 말인 1870~1890년 미국과 영국의 주요 산업은 물가 하락과 경제 성장을 동시에 경험했다. 이 온화한 형태의 디플레이션은 기술혁명이라고도 불린 제2차 산업혁명이 낳은 생산성 향상의 결과였다. 강철을 낮은 비용으로 대량 생산할 수 있게 해준 베세머 공정(Bessemer process), 한층 개선된 증기 기관, 더 편리해진 철도, 전보와 같은 새로운 통신 장치는 생산성을 비약적으로 증가시켰고, 이에 반해 건설과 운송 및 농업 비용은 모두 하락해 투자와 지출이 성장을 촉진하면서 가격이 대폭 낮아질 수 있었다.

이런 '좋은' 디플레이션을 다시 경험하려면 이때와 유사한 혁명적 기술이 필요하다. 이론상 인터넷, 마이크로칩, AI 등이 생산성을 높일 수 있었지만, 제2차 산업혁명 때의 기술이 제공한 효과에는 미치지 못했다. 유감스럽게도 우리 시대에는 '좋은' 디플레이션을 만날 확률보다 전 세계적으로 경제 성장률이 하락하면서 '나쁜' 디플레이션을 겪게 될 가능성이 더 크다. 향후 수십 년 동안 디플레이션이 인플레이션을 앞설 전망이며, 글로벌 경제 정책의 최우선 관심사가 될 것이다.

양적 완화는
최고의 통화 정책일까

'통화 정책'은 경제에서 화폐의 수요와 공급을 통제하려는 시도다. 중앙은행이 통화량이나 금리를 조절해 수요를 관리함으로써 경제의 안정과 성장을 도모하는 정책이다. 통화 정책의 주된 목표는 적정 수준의 인플레이션과 경제 성장률을 유지하는 데 있다. 경기 변동 주기에 영향을 미치는 방법이기도 하다. 무엇보다 인플레이션을 유발하는 호황과 경기 침체 및 실업률을 높이는 불황 사이를 줄타기해야 한다.

중앙은행은 화폐의 수요와 공급을 통제하기 위해서 금리를 변경하거나 화폐 공급을 조정할 수 있다. 과거에는 정부가 통화 정책을 시행했지만, 이제는 대부분 국가에서 독립적인 중앙은행에 통화 정책 책임을 맡기고 있다. 이렇게 하는 까닭은 중앙은행이 전문 지식을 갖고 있으며, 아마도 더 큰 요인은 정치적 압력의 영향을 받지 않아서다. 단점도 있는데, 선출되지 않은 관리자가 국민이 선출한 지도자보다 경제에 더 큰 영향을 미칠 수 있다는 것이다. 그래서 때로는 국민 정서에 부합하지 않는 정책을 추진하다가 비판을 받기도 한다.

통화 정책의 주요 수단은 금리다. 금리 변경은 차입 비용과 예금 수익에 직결되므로 전체 경제 활동에 큰 영향을 미친다. 중앙은행이 인플레이션 압력을 우려하게 되면 금리를 인상할 수 있으며 이는 기업과 개인의 행동을 변화시킨다. 모기지론이나 신용 대출이 있는 가구는 더 많은 이자를 내야 하므로 다른 지출을 줄인다. 차입 비용이 높아지면 기업 관점에서 투자보다 저축이 매력적으로 보인다. 결국 금리 인상은 소비와 투자를 줄이고 성장을 늦추는 역할을 한다. 경제 성장이 둔화하면 물가도 내려간다.

경기 침체 상황에서는 반대로 한다. 금리를 인하해 소비와 투자를 장려하고 소비자와 저축자의 처분 가능한 실질 소득을 높일 수 있다. 여기에서 중앙은행이 시중의 모든 금리를 직접 설정하지는 않는다는 사실을 지적해야겠다. 은행은 대출과 예금에 이자율을 자유롭게 설정할 수 있다. 그렇지만 중앙은행은 정책 금리인 '기준 금리'만 통제한다. 말 그대로 모든 금리의 기준이 되는 금리다. 일반 상업은행이 중앙은행에서 돈을 빌릴 때 기준 금리가 적용된다. 상업은행이 중앙은행에서 단기 자금을 차입하므로 결국 중앙은행은 통화 공급에 영향력을 행사할 수 있다. 기준 금리가 인상되면, 늘 그런 것은 아니지만, 상업은행은 그 인상률을 대출과 예금에 모두 적용한다. 예를 들어 기준 금리가 5퍼센트에서 6퍼센트로 인상되면 예금 금리는 3퍼센트에서 4퍼센트로, 대출 금리는 8퍼센트에서 9퍼센트로 인상되는 것을 볼 수 있다. 상업은행은 자신들이 지급하는 이자율과 고객이 부담하는 이자율의 차이로 수익을 낸다.

이렇게 중앙은행은 금리 조절을 통해 경제를 미세하게 조정하면서 안정적이고 지속 가능한 경제 성장과 낮은 인플레이션을 유지할 수 있다. 2000년대 초반만 해도 대다수 경제평론가가 중앙은행의 통화 정책이 제대로 이뤄지고 있다고 믿었다. 앨런 그린스펀이 연방준비제도 의장 임기 동안 경제 안정을 가져온 것처럼 보였다. 인정컨대 그는 분명히 통화 정책의 대가였다. 하지만 통화 정책은 그가 아닌 누구라도 그만큼은 할 수 있다. 경기는 낮은 인플레이션을 유지하고 있었지만, 자산 가격이 상승하고 모기지 대출이 증가하면서 미국을 비롯한 글로벌 경제에 다른 문제가 발생했다. 통화 정책만으로 경제의 모든 문제를 해결할 수는 없다. 낮은 인플레이션과 높은 성장을 목표로 하면서 동시에 부동산 가격 상승까지 방지하기란 금리만 손봐서는 불가능한 일이다.

2008~2009년 신용 경색 이후 글로벌 경제가 심각한 침체에 빠지자 연방준비제도는 고민할 것도 없이 금리를 인하했다. 기준 금리가 무려 5퍼센트에서 0.5퍼센트로 떨어졌다. 사상 최저치였다. 이 최저 금리가 경제 회복의 씨앗이 되기를 희망했다. 그러나 미국은 물론 EU와 일본에서도 그 영향은 매우 미미했다. 금리만으로 경제 위기의 깊은 뿌리를 명확히 도려낼 수는 없었다. 금리가 낮아 대출 이자가 매우

저렴한데도 은행들은 자금이 부족하거나 바람직하지 않다고 판단해 대출 상품을 적극적으로 내놓지 않았다. 대부분 상업은행이 기준 금리 인하를 적용한 상품을 내놓지 않은 채 현금 보유에만 골몰하자 소비자들도 행동을 바꾸지 않았다. 가뜩이나 경기 침체기에는 위험을 지기 싫어서 금리가 낮아도 대출을 꺼리게 된다. 결과적으로 전통적인 금리 조절 방식은 비효율적이었다. 교과서 분석은 현실 경제에서 작동하지 않았다.

금리로 효과를 기대할 수 없게 되자 중앙은행은 '양적 완화'로 알려진 형태의 통화 정책을 시도했다. 화폐 찍어내기 전략 말이다. 그런데 물리적으로 돈을 인쇄하는 게 아닌 전자적 형태로 만들었다. 이른바 '중앙은행 디지털 화폐(Central Bank Digital Currency, CBDC)'였다. 우리가 인터넷이나 모바일로 돈을 송금할 때 숫자만 입력하면 입출금이 되는 것과 비슷한 맥락이라고 보면 된다. 어쨌든 중앙은행은 이렇게 발행한 돈으로 상업은행에서 국채와 같은 자산을 매입했다. 그러면서 두 가지를 노렸다. 첫째, 자산을 매입해 채권 금리를 낮추면 지출과 투자를 늘리는 데 도움이 될 것이다. 둘째, 중앙은행에 자산을 매각해 확보한 돈으로 상업은행은 기업과 개인에게 대출을 해줄 것이다.

이 노림수는 어느 정도 효과를 봤다. 많은 경제평론가가 양적 완화를 하지 않았다면 경기 침체가 더 깊어지고 실업률이 더 높아졌다고 입을 모았다. 확실히 이렇게 마련한 현금으로 은행들은 대출을 시행할 수 있었다. 그런데도 이 정책이 조건 없는 성공은 아니라는 데 이

견의 여지가 없었다. 악마는 디테일에 있는 법이다. 전체로 보면 늘어난 통화량 덕에 경기 부양 효과가 있었지만, 그 혜택은 대부분 은행과 부유층에게 돌아갔다. 통화 공급이 증가하자 주식, 채권, 부동산 등 자산 가격이 상승했지만, 그 밖의 경제 부문에는 큰 영향이 없었다. 일반 국민이 양적 완화로 이익을 본 사례도 거의 없었다. 통화 정책이 가진 태생적 한계이며, 그 효과는 매우 불평등하게 나타난다. 낮은 이자율은 대출자에게는 유리해도 저축으로 생활하는 사람들에게는 해가 될 수 있다. 양적 완화로 인한 통화 공급 증가는 자산 가격을 상승시켰고 부의 불평등을 심화했다.

양적 완화에 대한 또 한 가지 중요한 비판은 시중에 돈이 많이 풀리면 인플레이션이 발생할 수 있다는 것이다. 2010년 일부 경제학자들은 공급 과잉으로 인플레이션율이 폭등하리라고 예측했다. 다행히 풀린 돈이 주식이나 채권 그리고 은행에 들어갔기 때문에 심각한 일은 벌어지지 않았다. 경제 성장에 별다른 영향을 못 미쳤다는 것이 문제였다.

이와 같은 방식의 양적 완화에 부정적인 경제학자들은 경기 침체와 디플레이션 압력에 대응하기 위한 더 나은 통화 정책이 있다고 주장한다. 디플레이션과 실업률의 극단적 양상을 보일 때는 디지털 화폐가 아닌 진짜 현금을 뿌려야 한다는 것이다. 가장 직접적이면서도 확실한 방법이다. 중앙은행이 진짜 돈을 찍어서 국민에게 제공한다. 상업은행의 채권을 사들이는 방식으로 간접 효과를 바라는 대신 중앙은행이 직접 시중에 현금을 공급한다. 일종의 국민 지원금이다. 이 경우 소비 활동에 더 직접적인 영향을 미칠 수 있다. 저소득층까지 현금을 지출할 가능성이 높아진다. 부유한 사람들은 저축을 늘리고 자산을 모으는 경향이 있지만, 저소득층 대상의 양적 완화는 실물 경기에 체감 가능한 효과를 일으킬 수 있다. 말 그대로 허공에서 돈을 뿌리는 방식이기에 '헬리콥터 머니(helicopter money)'라는 이름이 붙었다.

듣기만 해도 기분 좋아질 수는 있겠지만, 예상하듯이 이 통화 정책은 조금 더 위험하다. 너무 많은 돈을 찍어내 풀면 인플레이션을 초래할 수 있다. 물론 물가가 하염없이 떨어지는 침체 상황에서 약간의 인플레이션이 꼭 나쁜 것은 아니다. 헬리콥터 머니가 거의 시행되지 않은 진짜 이유는 포퓰리즘이라는 비판에서 자유롭지 못하기 때문이다. 대가 없는 공짜가 있을까? 경제 활동이 아닌 억지로 만들어낸 돈을 받아도 될까? 우리에게 그럴 자격이 있을까? 그렇다고 하기에는 너무 좋게만 들린다. 더욱이 정치적으로 이용될 소지가 다분한 정책이며, 독일이나 짐바브웨 같은 나라의 초인플레이션 사례를 보면서 학습한 두려움도 있다. 두려움이 언제나 좋은 근거는 아니지만, 경제와 관련해서는 항상 세심한 관찰이 필요하다. 디플레이션이 장기화하고 성장이 멈춘 일부 국가에서 헬리콥터 머니를 실험할지도 모른다. 어떤 결과가 나올까?

사리사욕은 어디까지 허용되는가

_애덤 스미스

애덤 스미스가 경제학의 아버지로 불리는 데는 그만한 이유가 있다. 그가 산업혁명 초기인 1776년에 발표한 《국부론》이 고전주의 경제학의 기틀을 마련해 현재까지 이어지고 있기 때문이다. 《국부론》은 분업, 자유시장, 생산성, 임금 격차, 보이지 않는 손(invisible hand), 자유무역 등 경제학의 수많은 핵심 개념을 도입하고 설명하는 데 이바지했다. 지금이야 이런 개념을 당연하게 여기지만 당시로서는 경제적 사고의 혁명이었다. 애덤 스미스는 중상주의의 한계에서 벗어나 경제를 새로운 자유시장과 자유방임주의 관점에서 바라보게 해줬다.

애덤 스미스의 가장 근본적인 공헌은 자유시장과 관련이 있다. 《국부론》에서 그는 사리사욕을 추구하는 개인이 자유시장을 통해 사회의 모든 사람에게 유익한 결과를 창출하는 방식을 설명하면서 그 유명한 도살업자, 양조업자, 제빵사의 예를 들었다.

"우리가 저녁 식사를 기대할 수 있는 이유는 도살업자, 양조업자, 제빵사가 자비를 베풀기 때문이 아니라 그들이 자신의 이익을 추구한 덕분이다."[5]

애덤 스미스는 '보이지 않는 손'으로도 유명하다. 사실 그는 《국부론》에서 '보이지 않는 손'을 딱 세 번 언급하는데, 이후 그를 대변하는 용어가 됐다. 그는 보이지 않는 손을 자신의 영리를 추구하는 개인이 사회 전체에 예상치 못한 이익을 가져다주는 방식이라고 설명했다.

"보이지 않는 손에 이끌려 자신이 의도하지 않은 목적을 달성한다."[6]

이 개념은 '자유방임주의' 경제학과 '최소한의 국가 개입' 원칙의 철학적 기초가 됐다. 정부의 시장 개입을 반대하고 자유시장을 지지하는 경제학자와 정치인들이 낙수 효과 같은 자유방임주의 정책을 강조할 때 매번 인용하는 이름이 애덤 스미스다.

그러나 사리사욕이라는 경제적 동인을 역설했고 정부 개입에 회의적이었다는 사실만을 부각하기에 그의 경제 사상은 전혀 단순하지 않다. 그는 《국부론》을 쓴 경제학자이기 이전에 1759년 《도덕감정론》으로 이미 유명했던 도덕 철학자였다. 이 책에서 애덤 스미스는 개인이 자신의 사리사욕뿐 아니라 타인에 대한 동감에서 어떻게 동기를 부여받는지에 주목했다. 그에게 인간의 타인을 향한 동감과 관심은 사리사욕이라는 동기만큼이나 중요했다. 일부 경제학자들은 애덤 스미스의 이 같은 관점에서 동감과 사리사욕 사이의 갈등을 목격했다. 나아가 《국부론》에서의 사리사욕도 상황에 따라 미묘한 차이를 보인다. 그가 말한 사리사욕을 문자 그대로만 해석하는 게 조심스러운 이유다.

게다가 애덤 스미스는 경제에서 정부의 시장 개입을 회의적으로 바라봤지만 필요한 때도 있다고 말했다. 여기에는 독점권 규제가 포함된다. 애덤 스미스는 시장이 독점으로 기우는 경향이 있음을 발견했다. 그는 기업이 독점력을 얻으면 이를 이용해 더 높은 가격으로 소비자를 착취할 수 있다는 사실을 잘 알고 있었다. 이럴 때는 정부가 개입해 질서를 잡아야 한다. 애덤 스미스는 보이지 않는 손이 언제나 제대로 작동하는 것은 아니며, 자유시장보다는 자유 경쟁을 옹호한다고 말한 것이다. 강한 경쟁 압박은 기업의 사리사욕을 규제하는 데 매우 중요한 요소다.

애덤 스미스는 특유의 선견지명으로 거대 기업과 무역 조직이 강력한 카르텔을 형성하게 되는 위험성을 경고했으며, 정부가 부당한 독점권에 대항해 시장에서 경쟁이 유지되도록 어떤 역할을 해야 하는지 효과적으로 설명했다. 그는 무역 규제와 관련해 이렇게 말했다.

"나는 특정 거래 집단이 국가와 국가의 이익을 끊임없이 희생시키는 흔한 속임수는 철폐돼야 한다고 생각한다."[7]

그는 또한 정부가 공공재를 제공하고 관리하는 것을 지지했다. 아울러 개인은 세금을 통해 공공복지 지출 일부를 부담해야 한다고 제안했다.

"부자일수록 집에 더 무거운 세금을 부과한다. 이와 같은 종류의 불평등은 불합리한 것이 아니다. 부자가 그들의 수입에 비례해서, 아니면 그 이상으로 공공 지출에 이바지하는 일은 전혀 불합리하지 않다."[8]

애덤 스미스는 재산세, 토지가치세, 사치품 소비세를 옹호했다. 이는 당시로서는 상당히 급진적인 생각이었다. 하지만 그는 얼마나 많은 노동자가 생활 수준을 유지하기에 빠듯한 임금으로 빈곤과 씨름하고 있는지 너무나도 잘 알고 있었다.

애덤 스미스가 이론화한 또 다른 개념은 다름 아닌 분업이다. 분업은 앞으로도 산업 발전을 이루는 데 더욱 중요한 요소가 될 것이다. 그런데 애덤 스미스는 분업을 설명할 때 생산성 향상이라는 긍정적 효과에 놀라면서도, 지루하고 반복적인 작업이 노동자에게 미치는 부정적 영향을 우려했다. 작업자들이 타고난 지적 능력과 동감 능력을 잃을까 봐 두려워했다.

"정부가 이를 막고자 최소한의 노력이라도 기울이지 않으면, 국민 대다수인 노동자들은 필연적으로 비참한 처지에 놓이게 될 것이다."[9]

애덤 스미스는 당시 경제학이라고 불리던 중상주의에 도전했다는 점에서도 매우 중요하다. 중상주의 경제학자들은 국가의 부가 금과 은의 공급과 밀접하게 연결돼 있다고 주장했다. 그리고 영구적인 무역 흑자를 위한 관세 보호주의를 옹호했다. 그렇지만 중상주의적 관점은 제로섬 게임에 가까웠고 경제에서 아무런 부가가치를 창출하지 못했다. 부국이 되려면 다른 나라의 부를 빼앗고 경쟁국을 희생시키면서 수출을 늘려야 했다. 애덤 스미스는 국가가 부유해지는 가장 좋은 방법은 자유무역에 참여하는 것이라고 주장하면서 이를 뒤집었다. 그의 생각은 이후 자유무역 이론의 토대가 됐으며, 데이비드 리카도(David Ricardo, 1772~1823)가 '비교 우위론(theory of comparative advantage)'을 확립하는 데 크나큰 통찰을 제공했다.

이와 같이 애덤 스미스는 고전주의 경제학의 탄탄한 기초를 마련했다. 그의 발상과 개념은 놀라우리만큼 오랫동안 유효했고, 오늘날에도 수많은 경제학자가 그의 저서를 자기 견해의 지지 근거로 삼고 있다. 고전주의를 계승한 신고전주의 주류 경제학자들은 자유시장과 보이지 않는 손을 향한 애덤 스미스의 믿음을 역설한다. 비주류 경제학자들은 시장의 한계에 대한 스미스의 인식을 강조한다. 그의 저작이 250년이 지난 지금도 여전히 경제학의 교과서로서 인정받고 있다는 사실은 그의 깊은 통찰력을 보여주는 명백한 증거다.

사람들이 더 많이 일해야 경제가 성장하는가
_존 메이너드 케인스

애덤 스미스가 의심할 여지없는 경제학의 아버지라면, 존 메이너드 케인스는 20세기 경제학에 혁명을 일으키고 '거시 경제학(macroeconomics)'이라는 완전히 새로운 경제학 분야를 창시한 시대의 탕아였다. 케인스는 1919년 제1차 대전의 전후 처리를 위해 체결된 베르사유 조약(Treaty of Versailles)에 영국 대표단으로 참여했다가 사임하면서 대중의 눈에 띄었다.

당시 그는 패전국 독일에 물린 전쟁배상금이 너무 과도해 독일 경제를 파국으로 치닫게 할 것이라고 비판했다. 그렇게 독일을 거덜내면 결국 독일 혼자만 망하지 않으리라는 게 그의 생각이었다. 그의 경고는 그대로 현실이 됐다. 독일의 초인플레이션은 돈 값을 방도가 없던 독일이 화폐를 마구 찍어내면서 발생했다. 그리고 종국에는 제2차 대전 발발로 이어졌다.

이후 케인스는 모교 케임브리지대학교에 정착한 뒤 회계를 담당하면서 재정 지식을 십분 활용해 주식 투자로 자신과 대학의 부를 축적하면서 연구를 이어갔다. 1920년대 그는 영국이 추진하던 디플레이션 정책의 위험성을 지적하면서, 당시 재무부 장관이던 윈스턴 처칠(Winston Churchill, 1874~1965)이 금본위제 복귀를 결정하자 강하게 공격했다. 케인스는 제1차 대전 이후 경쟁력을 잃은 영국 경제가 과평가된 환율로 더한 어려움을 겪으리라고 예언했다. 그의 분석은 정확했고 영국은 대공황 이전까지도 높은 실업률과 디플레이션으로 몸살을 앓았다.

그런 케인스였지만 1929년 대공황을 촉발한 월스트리트 대폭락은 예측하지 못했다. 그동안 벌어놓은 자산의 상당 부분이 주식 시장 붕괴로 날아갔다. 엄밀히 말하자면 그가 투자해 막대한 손해를 본 분야는 선물 시장이었고, 대공황 기간에 일반 주식 투자로 더 많은 재산을 모으기는 했지만 말이다. 중요한 대목은 1936년 대공황의 여파가 아직 가시지 않을 때 그의 대표작이자 세상을 바꾸게 될 책《고용, 이자 및 화폐에 관한 일반 이론(The General Theory of Employment, Interest and Money)》가 탄생했다는 사실이다. 20세기 가장 중요한 경제학 저서로 불리는 이 책은 거시 경제학의 토대가 됐으며, 경제를 보는 패러다임을 바꾼 이른바 '케인스 혁명(Keynesian revolution)'을 일으켰다.

이 책은 경제학을 살렸다는 평가도 받았다. 1930년 경제가 대침체에 빠졌을 때 기존 신고전주의 경제학은 이 유례없이 나쁜 상황에 관한 통찰을 거의 제공하지 못했다. 표준 경제 분석은 시장을 그대로 놔 두면 자체적으로 정화해 맑아지리라는 것뿐이었다. 이것이 경제학계의 정통이었다. 케인스 이전까지는 정부가 개입해 경기 변동 주기에 영향을 미친다는 개념이 없었다. 케인스는 장기적으로는 실업이 해소되고 완전 고용으로 돌아간다는 정통 관점에 격분했다. 이와 관련한 그의 유명한 말이 있다.

"장기적으로 우리는 모두 죽는다. 폭풍우가 몰아칠 때 언젠가 폭풍이 걷히고 바다는 다시 잠잠해진다고만 말한다면, 경제학자들은 매우 태평하고 쓸모없는 사람들이다."[10]

그런데 때때로 "장기적으로 우리는 모두 죽는다"는 구절만 인용돼 오해를 받기도 한다. 케인스는 자본주의의 풍요를 비판한 게 아니라, 지금 당장 해결해야 할 실업 문제를 왜 넋 놓고 방관해야 하는지 그 이유를 물은 것이다.

대공황 당시 경제학의 또 다른 정통 견해는 정부가 '균형 예산'을 추구해야 한다는 것이었다. 이 접근법은 윈스턴 처칠이 1929년 예산 심의 연설에서 한 "전통적인 재무부 관점은(The orthodox Treasury view is)"이라는 발언과 맞물려 '재무부 관점'이라고도 불렸다. 1931년 케인스는 정부 부채를 줄이기 위해 필사적으로 세율을 인상하고 실업 급여를 삭감한 영국 정부의 결정을 비난했다. 그는 오히려 그 반대로 해야 한다고 주장했다. 경기 침체기에 정부 지출을 줄이면 수요가 감소해 경제가 더 악화하므로, 정부 지출을 늘려 일자리를 창출하고 소비를 촉진해야 침체에서 벗어날 수 있다고 역설했다.

케인스의 또 다른 통찰력을 엿볼 수 있는 이론은 지금까지 몇 번 언급한 '절약의 역설'이다. 그는 경기 침체기에 대다수 사람이 저축으로 불안한 미래를 대비한다는 사실을 간파했다. 이때 두 가지 효과가 나타나는데, 하나는 투자와 소비가 감소해 성장이 저하된다는 것이고, 다른 하나는 이렇게 쌓인 돈은 미사용 자산으로 남아 있게 된다는 점이었다. 그는 이 미사용 자산을 정부가 차입해 지출 확대에 활용하면 된다고 제안했다. 정부가 이 현금을 적극적으로 써서 고용을 안정시키고 경제를 활성화해야 한다는 논리였다. 지금은 이 개념이 주류 경제학 이론에 녹아들어 있지만, 1930년대만 하더라도 논란의 여지가 많았다. 미국 허버트 후버 대통령은 그를 향해 "마르크스주의자 케인스"라고 힐난했다. 정작 케인스는 마르크스주의자도, 사회주의자도 아니었다.

케인스는 알려진 것보다 삶의 폭이 더 큰 인물이었다. 그는 당대 최고의 영향력 있는 진보 지식인과 예술가들의 집단인 '블룸즈버리 그룹(Bloomsbury Group)'의 일원이었다. 자유분방한 성품과 유연한 사고방식 덕에 전통적인 고정관념과 규범에 얽매이지 않았고, 구태의연한 관습에 기꺼이 도전했다. 그는 자기 자신감도 대단했고 자기 홍보에도 능숙했다. 공공사업을 지원할 대중의 상상력을 끌어내고자 급여를 받는 조건으로 땅에 구덩이를 팠다가 다시 채우는 일을 정부에 제안했는데, 사람들이 어이없어하면서 병원을 짓는 게 더 낫지 않느냐고 반박하자 이렇게 말했다고 전해진다.

"환상적이군요. 사람들은 실직 상태에 처하지 않는 한 유용한 뭔가를 지을 수 있습니다.”

　사람들 스스로 공공 지출에 대한 아이디어를 떠올리게끔 한 것이었다. 한편으로 당시 신고전주의 경제학은 높은 임금이 높은 실업률을 초래한다고 여겼다. 따라서 임금을 하향 조정하면 더 많은 일자리가 생겨서 자연스럽게 실업 문제가 해결된다고 믿었다. 케인스는 극심한 디플레이션 기간에는 노동자들이 명목 임금 삭감을 싫어한다는 조사 결과를 근거로 이 견해를 비판했다. 임금 삭감은 노동자의 소득을 더 낮추기 때문에 소비를 더 위축시킨다. 그렇기에 임금 삭감이 아니라 경제 전반의 수요 부족 문제를 먼저 해결해야 한다고 주장했다.

　1930년대의 슬픈 역설은 케인스의 생각을 수용한 국가가 독재 정부 독일과 일본이라는 것이었다. 두 나라는 더 많은 지출로 군대를 키워 실업 문제를 해결했다. 이후 미국의 프랭클린 루스벨트(Franklin Roosevelt, 1882~1945) 대통령이 ‘뉴딜(New Deal)’ 정책으로 제한된 형태의 케인스주의를 시행해 어느 정도 성공을 거뒀지만, 완전 고용을 회복하기에는 충분치 않았고 너무 소심했다.

　존 메이너드 케인스는 1920년대와 1930년대의 경제 문제를 반복하지 않을 새로운 전후 질서를 수립하려고 애쓰다가 제2차 대전이 끝난 직후인 1946년에 사망했다. 말년에 그는 심혈관질환 등 갖가지 질병을 앓으면서도 ‘브레턴우즈 체제(Bretton Woods system)’의 기반이 된 주제를 지휘했고 미국 정부 관료들에게 깊은 인상을 남겼다. IMF와 WB(세계은행)을 창설해 이를 주축으로 하는 국제 금융 시스템을 설계한 것도 그였다.

케인즈가 경기 침체와 경기 변동을 다루는 데만 관심이 있었던 것은 아니다. 그는 잘못된 경제관을 혁파하기 위해서도 끊임없이 노력했다. 이를테면 사람들이 더 많이 일해야 경제가 성장한다는 발상을 맹비난했다. 1930년에 이미 그는 생산성을 높이면 더 적은 시간 노동으로도 같은 소득을 얻을 수 있으므로, 후손들은 주당 16시간만 일해도 경제적으로 충분히 버틸 수 있으리라고 예측했다. 이 또한 놀라운 통찰이나 현재의 관점에서 보면 그가 생산성 향상을 예측한 부분은 맞았고, 더 적게 일해도 같은 소득을 얻는다는 가정은 틀렸다.

이 모든 탁월함에도 불구하고 케인스 이론은 그의 살아생전에는 온전한 경제학으로서 정립되지 못했다. 《고용, 이자 및 화폐에 관한 일반 이론》은 매우 두껍고 어려운 책이며, 그의 경제 이론을 집대성한 인물은 미국 경제학자 폴 새뮤얼슨(Paul Samuelson, 1915~2009)이었다. 1948년 폴 새뮤얼슨은 케인스의 불황 대처 이론을 요약 정리해 《경제학: 입문자들을 위한 분석 연구(Economics: An Introductory Analysis)》에 담았다. 이 책이 역사상 가장 많이 팔린 미국 대학 경제학 교과서가 되면서 케인스 이론은 대중화했다. 이때부터 그의 생각은 케인스주의 경제학이라고 불리면서 신고전주의 경제학의 한 축이 됐다. 케인스 이전의 경제학은 주로 미시 경제학(microeconomics)과 시장 이론에 초점을 맞추고 있었다. 케인스는 경제의 더 넓은 면을 보기 위해 주제를 확장했고, 경제학이 기술적·이론적 모델뿐 아니라 현실 세계의 문제를 다루는 데도 관심을 두도록 도왔다.

세월이 흐르면서 케인스주의 경제학도 발전을 거듭했다. 이제 케인스주의는 일상적으로 사용되며, 때로는 실제로 케인스가 제시하지 않았던 개념도 케인스주의 이론으로 등장한다. 예를 들어 케인스는 높은 정부 지출이 어떤 경제 상황에서라도 유효하다고 한 적이 없다. 경기 침체일 때 필요한 정책이라고 주장했을 뿐이다. 아울러 인플레이션을 걱정할 일이 아니라고 여기지도 않았다. 사실 케인스는 인플레이션이 경제에 큰 비용을 유발하므로 피해야 한다고 봤다.

1970~1980년대 경제 상황이 호전되면서 밀턴 프리드먼과 같은 통화주의자들의 "불황은 시장 실패가 아닌 정부 실패"라는 목소리에 힘이 실리자 케인스주의는 어느 정도 유행에서 벗어났다. 그러나 2007년부터 시작된 글로벌 경기 침체가 대공황과 유사하다는 분석이 대두하면서 케인스에 관한 관심이 부활했다. 그리고 1930년대 그의 통찰은 오늘날의 경제 상황과 점점 더 관련성이 높아지고 있다.

유로존의 위기는 사라질까

_유로화

　'유로(euro)'는 EU의 27개 회원국 중 19개 나라에서 사용하는 단일 통화다. 여러 다른 국가들이 같은 통화를 사용하고, 같은 통화 정책을 채택하고, 같은 환율을 적용하기로 합의한 것이 역사상 처음이기에 매우 독특한 시스템이라고 할 수 있다. 이를 지지하는 사람들은 무역 마찰을 피할 수 있고 전환비용이 들지 않는 등 많은 이점이 있다고 하지만, 시간이 지날수록 국가가 자체적으로 금리와 환율을 설정할 능력을 상실한 데 따른 어려움을 겪고 있다. 유로화는 유기적으로 연결된 미래 경제의 본보기가 될 수도 있고, 서로 다른 국가가 동일한 통화 체계를 이용하는 게 얼마나 어려운 일인지에 대한 경고가 될 수도 있다.

　유로화의 주요 목표는 EU 단일 시장을 완성하는 것이었다. 같은 통화를 사용하면 유로존 내를 이동하면서 화폐를 환전할 필요가 없다. 그러면 거래 비용이 크게 절감된다. 유로화는 유로존 국가의 소비자가 단일 시장의 관점에서 경제를 생각하도록 장려하면서, 국경에 상관없이 자유로운 무역을 할 수 있게 해줬다. 그렇지만 여기에서 문제가 발생하는데, 유로존 전역이 똑같은 유로화를 사용하기에 상품 및 서비스 가격에 하향 압력이 작동할 수 있다. 그도 그럴 것이 벨기에의 한 기업이 높은 가격을 책정하더라도 해당 상품이 프랑스에서 더 저렴하다는 사실을 알면 얼마든지 싼 쪽 제품을 구매할 수 있기 때문이다. 결국 유로존 내 대부분 상품은 같거나 비슷한 가격대를 형성할 수밖에 없다. 단일 통화를 사용하기에 벌어지는 현상이다.

유로화의 가장 큰 장점은 고정 환율이므로 수출 기업과 수입 기업 모두 공평한 거래가 가능하다는 데 있을 것이다. 유로화 이전에는 프랑스의 프랑과 같은 통화가 평가절상하거나 평가절하할 수 있었다. 프랑의 가치가 올라가면 프랑스 수출 기업은 경쟁력을 잃었다. 유로화 체제에서는 이런 일이 일어나지 않기에 기업은 똑같은 환율을 바탕으로 무역 계획을 세울 수 있다. 게다가 고정 환율은 유로존 경제가 통화 가치를 낮추지 않고 경쟁력을 지속하기 위해 인플레이션율을 낮게 유지하는 데 유리했다. 예전 같으면 스페인 통화 페세타(peseta)의 가치가 하락하면 스페인 상품을 더 싸게 팔 수 있었을 테지만, 유로화를 채택하면서 수출 기업은 환율 상승에 의존할 수 없게 됐다. 대신 생산성과 효율성을 높이고 평균 원가를 줄이는 데 더 많은 관심을 기울였다.

2007~2008년 글로벌 금융 위기 전까지는 유로화로 인한 이점이 더 많은 듯 보였다. 유로존 내 무역, 관광, 투자가 증가하고 있었다. 유로화 도입 후 어느 정도 가격 상승이 일어났지만, 그래도 인플레이션율은 여전히 안정된 수준을 유지했다. 그러나 금융 위기 여파로 유로화는 혹독한 시험을 치러야 했다.

2009년에 EU는 정부 차입을 늘릴 수밖에 없었다. 정부 차입은 쉬운 방법이다. 시장에 돈이 돌지 않아 유동성이 부족해지면 중앙은행은 정부가 발행한 국채를 매입해 통화를 공급할 수 있다. 미국, 영국, 일본도 늘 이런 방식으로 경기를 부양시켰다. 2011년 영국의 경상수지 적자는 다른 유로존 국가보다 훨씬 높았지만, 영국은행이 통화를 공급해 부족분을 메꿔줬다. 반면 유로존의 많은 나라가 경제적 어려움에 직면했다. 이들 국가는 유로화라는 단일 통화에 묶였기 때문에 중앙은행을 이용한 통화 공급을 할 수 없었다. 처음에는 그리스에서 금리가 오르기 시작하더니 연이어 스페인, 아일랜드, 이탈리아에서도 금리가 올랐다. 유로화를 사용하면서 낮은 금리를 유지하기를 바랐지만, 이들 중 어느 나라에도 독립적인 중앙은행이 없었기에 시장은 유동성 위기에 빠졌고, 이 때문에 금리가 폭등해 정부 차입 비용이 증가했다. 이 상황은 정부에 긴축 압박을 가했다. 지출을 줄였고 세금을 올렸다. 하지만 경기 침체로 이미 고통받던 국가에서 긴축 정책은 경기 침체를 더욱 악화시켰다.

유로존 내에서 가장 큰 타격을 입은 그리스, 스페인, 아일랜드, 이탈리아는 통화 정책을 시행하지 못해 금리를 인하하거나 양적 완화를 할 수 없었다. 물론 EU에도 중앙은행이 있다. 그런데 프랑크푸르트에 있는 유럽중앙은행은 말 그대로 EU의 중앙은행이다. 유럽중앙은행이 유로존에 속한 국가 각각의 통화 정책을 추진하지는 않는다.

이들 국가는 더구나 경쟁력을 회복하기 위해 환율 하락을 기대할 수도 없었다. 유로화 환율은 유로존 내에서 똑같이 고정이다. 나라마다 사정이 아무리 달라도 똑같다. 스페인은 독일보다 인플레이션율이 높았으며, 이는 수출 경쟁력이 떨어지고 수요와 성장률이 낮아졌음을 의미했다. 유로화 환율이 독일에서는 적정 수준일지 몰라도 스페인에서는 과대평가된 것이었다. 금리도 못 내리고 돈도 풀지 못하니 방법이라고는 긴축밖에 없었다. 긴축은 디플레이션 악순환을 초래했고 매우 높은 실업률로 이어졌다.

결국 2012년 유럽중앙은행 총재 마리오 드라기는 유로화를 지키기 위해서라면 "뭐든지 하겠다"면서 위기에 빠진 국가들의 국채를 매입해 대응했다. 이로써 당장 급한 불은 끌 수 있었으나 유로존의 구조적 문제는 여전히 남아 있다. 그리스와 스페인 경제가 독일과 네덜란드처럼 번창할 수 있을까?

완벽한 비교는 아니지만, 쉬운 이해를 위해 50개 주에서 달러를 공통 통화로 사용하는 미국을 살펴보자. 이론상 미국도 각각의 주가 자체 통화를 가질 수 있지만 불필요한 거래 비용이 발생한다. 그래서 미국은 단일 통화인 달러로 단일 통화 정책과 단일 환율 체제를 시행하고 있다. 이제 이렇게 가정해보자. 중서부 지역의 주들이 경쟁력을 상실해 경기 침체에 빠진 데 반해, 동부 및 서부 해안의 주들은 빠르게 성장하고 있다. 중서부의 주 정부는 금리 인하와 환율 하락을 원하나, 중앙은행인 연방준비제도는 달러 단일 통화 체제에서 주별로 다른 통화 정책을 시행할 수 없다.

여기까지는 유로존과 같다. 그런데 미국은 EU와 다른 점이 있다. 유로존 국가에 비해 미국의 각 주는 언어, 지리, 제도 등의 측면에서 훨씬 더 통합돼 있다. 더 다른 점은 미국이 하나의 국가라는 사실이다. EU는 경제 공동체이지 정치 공동체는 아니다. 미국에서는 중서부 주민들이 실직하면 캘리포니아나 뉴욕으로 이주하기가 비교적 수월하다. 연방 정부가 나서서 침체를 겪고 있는 주에 재정 이전도 쉽게 행할 수 있다.

그러나 스페인과 독일은 다른 나라다. 스페인의 실업률이 높아졌다고 스페인 노동자가 독일로 건너가 일자리를 얻는 것은 어려운 일이다. EU도 연방 기금을 운용하고는 있지만, 침체 국가 재정 지원이 가능한 수준은 못 된다. 더욱이 미국은 달러의 '최적 통화 지역(optimal currency zone)'이다. 노동 및 자본이 각 주를 쉽게 오간다. 내수 경제가 글로벌 경제에 맞먹는다. 유로존은 그렇지 않다. 해결해야 할 것들이 너무 많다. 유로존도 마찬가지로 이론상 그리스 노동자가 네덜란드로 이주할 수 있지만, 언어와 문화 등 많은 장벽이 도사리고 있다. 유로존이 유로화의 최적 통화 지역인지 여부가 아직 불투명하다. 지난 2010~2012년 위기만을 놓고 볼 때 그리스가 자국 통화를 유지하고 있었다면 더 유연하게 대처했을 것이다. 긴축이라는 극약 처방이 아닌, 수출 경쟁력을 높이고자 환율을 평가절하하거나 경기 부양을 위해 양적 완화를 추진할 수 있었을 것이다.

유로존 위기는 유로화에 대한 어려운 시험이었으며, 남부 유럽과 북부 유럽 사이에 갈등을 초래했다. 그렇더라도 시험에서 떨어진 것은 아니다. 어떤 경제학자들은 EU가 다음번에는 이 문제를 해결할 수 있다고 긍정적으로 평가했다. 경험을 쌓았기에 유동성 및 부채 문제가 있는 국가를 더 능동적으로 지원할 수 있다. 공동 유럽 국채와 공동 예산을 더 효율적으로 운용하면서 침체 국가를 대상으로 더 많은 자원을 제공할 수도 있다.

정치적 곤경은 어쩔 수 없는 EU의 숙명이다. 재정 통합으로 유로화 문제를 극복하더라도 각국 국민의 저항에 부딪히는 일도 발생할 것이다. 독일이나 네덜란드 유권자 시각에서 자신들의 세금 일부가 남부 유럽 국가에 보조금을 지급하는 데 쓰이는 것을 못마땅하게 여길 수 있다. 브렉시트와 코로나19 팬데믹은 유로존에 새로운 긴장감을 불러일으켰다. 계속해서 유로존을 위협할 요소가 산재해 있다. 유로화가 단일 통화에 관한 흥미로운 사례임은 분명하다. 관심 있게 지켜볼 이유는 충분하다.

제4장

전쟁의
경제학

전쟁을 하면 경제가 살아날까

_무력 전쟁

전쟁이 경제에 좋다는 말을 자주 듣는다. 그야말로 진짜 '무력 전쟁' 말이다. 전쟁을 통한 경제적 이익이 너무 크기 때문에 일부 기업들은 사업에 유익하다는 명분으로 내심 전쟁을 환영한다는 주장도 제기된다. 그러나 특정 경제적 이해관계가 전쟁으로 이익을 볼 수 있는 것은 사실이지만, 전쟁은 인생 낭비는 말할 것도 없이 자원 낭비의 전형이며, 생활 수준의 심각한 하락으로 이어져 경제를 악화시킨다.

그렇다면 전쟁이 경제에 이롭다는 발상은 왜 그토록 뿌리 깊게 박혀 있을까? 1930년대 대공황은 전 세계적으로 매우 높은 실업률을 초래했다. 미국의 경우 20퍼센트 이상으로 치솟았고, 경기가 어느 정도 회복된 이후에도 완강하게 높은 수준을 유지했다.

하지만 미국이 제2차 대전에 참전하자 실업률이 급격히 낮아져 수십 년 동안 완전 고용에 근접한 수준을 유지했다. 1940년부터 미국인들은 제2차 대전, 한국 전쟁, 베트남 전쟁을 거치면서 생활 수준이 눈에 띄게 향상됐다. 다른 국가에서도 비슷한 상황이 펼쳐졌다. 제2차 대전 발발 전 재무장에 들어간 독일과 일본에서도 실업률이 빠르게 내려갔다. 이를 보면 군비 지출과 군사 규모 확대가 실업을 줄이는 효과적인 방법이 되는 것 같다.

그렇지만 전쟁이 아닌 의료, 교육, 사회 기반 시설에 투자해도 정확히 같은 효과를 볼 수 있다는 사실을 지적할 필요가 있다. 쟁점은 공공 부문 사업을 위한 정부 지출에는 이것저것 고려해야 할 요소가 많지만, 전쟁의 경우 분위기만 형성되면 정부 차입을 늘리기가 훨씬 더 쉽다는 데 있다. 전쟁은 공공 지출을 크게 늘리고 일자리를 창출한다는 정치적 정당성을 마련해준다(물론 대부분 군대와 관련된 것이다).

1930년대에 케인스는 병원, 교육, 사회 기반 시설을 확충해 완전 고용을 창출하자고 제안했지만, 제2차 대전이 시작될 때까지 그의 의견은 무시당했다. 공공 지출의 정치적 의지가 전쟁 때문이었다는 것은 무척 안타까운 일이다. 제2차 대전 후 성장한 미국 경제는 한국 전쟁과 베트남 전쟁을 통해서 더욱 성장했다. 이 기간에도 정부 지출 수준은 매우 높았는데, 동시에 완전 고용에 가까운 강력한 경제 성장을 이룩했다.

전쟁이 가져오는 또 다른 측면은 전쟁에서 이기기 위해 정부가 기술에 대규모 자원을 투입하게 되므로 기술 혁신이 이뤄진다는 것이다. 제2차 대전은 레이더, 제트 엔진, 초기 컴퓨터와 같은 기술을 발전시켰고, 이는 전쟁을 거듭할수록 가속됐다. 특정 산업은 수익성이 매우 증가했다. 제1차 대전 중 화학전에 대비한 투자로 화학 회사들이 정부로부터 막대한 보조금을 받아 화학무기를 개발했는데, 이는 화학 산업의 규모를 극적으로 성장시켰으며 전쟁이 끝난 뒤에도 계속됐다. 1940년까지만 해도 미국의 군사 규모는 그리 크지 않았지만, 제2차 대전에 참전하면서 아예 외교 정책 기조를 '민주주의의 병기창(Arsenal of democracy)'으로 내세우며 군수 산업을 강화했다. 관련 기업들에 수주가 쏟아졌고 수익이 치솟았다. 종전 후에도 군수 산업은 성장 가도를 달렸다. 제2차 대전 당시 연합군 총사령관이었던 드와이

: 주요 전쟁 비용 :

2011년 달러 환율 기준

| 미국 독립 전쟁(1775~1783) 24억 달러
| 1812년 미국–영국 전쟁(1812~1815) 16억 달러
| 멕시코–미국 전쟁(1846~1849) 24억 달러
▌미국 남북 전쟁/연합(1861~1865) 596억 달러
| 미국 남북 전쟁/연방(1861~1865) 201억 달러
▌제1차 대전(1917~1921) 3,340억 달러
▌제2차 대전(1917~1921) 4조 1,040억 달러
▌한국 전쟁(1950~1953) 3,410억 달러
▌베트남 전쟁(1965~1975) 7,380억 달러
▌걸프 전쟁(1990~1991) 1,020억 달러
▌아프가니스탄 전쟁(2001~2010) 3,210억 달러
▌이라크 전쟁(2003~2010) 7,840억 달러
▌9.11 테러 보복(2001~2010) 1조 1,470억 달러

트 아이젠하워 대통령은 임기 말인 1961년 1월 '군산 복합체(military-industrial complex)'라는 표현을 처음 쓰면서, 강력한 압력 집단이 된 이들이 행사할지 모르는 부당한 영향력을 경계해야 한다고 경고했다.

20세기 미국에 초점을 맞춘 시각에서 보면 전쟁은 분명히 경제적 이익을 가져다주는 것으로 볼 수 있다. 실업을 줄이고, 경제를 성장시키며, 일부 산업은 확실한 혜택을 얻는다. 그러나 전쟁에 대한 이 같은 관점은 다소 편향돼 있다. 가장 명백한 문제점은 20세기 미국이 치른 전쟁은 모두 자국 영토가 아닌 외국 땅에서 일어났다는 것이다. 그곳들은 전쟁으로 국토가 유린되는 고통을 겪었다. 영토 내에서 전쟁이 벌어진 국가는 제로섬 게임의 손실로 매우 큰 구조적 비용을 감내해야 한다. 제2차 대전이 끝난 뒤 전쟁 중 파괴된 주택과 기반 시설을 복구하는 데 수십억 달러가 필요했다. 언뜻 보면 경제 활동 같지만 사실상 '깨진 유리창' 오류를 반복하는 셈이다. 무너진 집과 다리를 다시 짓는 데 드는 돈은 모두 '기회비용'이다. 새 병원이나 새 학교를 세우는 등 더 생산적인 용도에 쓸 수 있었던 돈인 것이다.

전쟁은 그 본질에서 막대한 기회비용을 수반한다. 군비에 수십억 달러를 지출하는 것은 보건, 환경, 교육 등에 투자할 자금을 착복하는 것과 다름없다. 그저 눈에 보이지 않으니 손실이라는 생각을 하지 못하는 것이다. 미국이 이번 세기의 첫 10년에서 이라크 전쟁이 아니라 도로와 교통을 확충하고 개선하는 데 수천억 달러를 썼다고 상상해보자. 사회와 환경에 지속적이고 영구적인 혜택을 제공했을 것이다. 전쟁 자금을 조달코자 별도로 차입하기에 군비 추가 지출에는 아무런 문제가 없다고 말하는 사람도 있다. 그러면 그 돈은 갚지 않아도 되는 빚일까? 전쟁이 끝나면 반드시 상환해야 하는 부채다. 제2차 대전 후 영국이 갚아야 할 정부 차입금은 GDP의 200퍼센트가 넘었다. 영국은 이 전쟁 차입금 원금과 이자를 꼬박 40년에 걸쳐 갚았다. 다른 나라들의 사정도 다르지 않았다. 전쟁 부채와 상환금이 없었다면 이들은 공공 지출을 다른 분야에 투입하거나 더 낮은 세금을 책정할 수 있었을 것이다. 전쟁 비용은 전쟁 중에는 눈에 띄지 않는다. 하지만 사라지지도 않는다.

아직 끝이 아니다. 전쟁이 초래하는 인적 비용이 있다. 이것이 가장 큰 비용이다. 전쟁이 나면 수많은 사람이 죽는다. 전투에서 전사하는 군인뿐 아니라, 십자포화에 휩싸이거나 질병에 걸려 사망하는 민간인도 있다. 목숨은 건졌으나 평생 장애나 질환을 안고 살아야 하는 사람들도 생긴다. 전쟁으로 인한 사상자는 가족에게 개인적 비용을 지우는 것은 물론 사회 전체에도 커다란 경제적 비용을 부과한다. 국가가 전쟁 때문에 노동 가능 연령대 인구의 10퍼센트를 잃는다면 그만큼의 경제 생산력 감소로 직결된다. 노동은 생산의 핵심 요소다. 일할 사람이 적어지면 생산도 적어진다. 노동력만 영향을 받는 것도 아니다. 전쟁으로 사람이 죽거나 다치면 보이지 않는 잠재적 손실도 초래한다. 이 사람들이 무사했다면 앞으로 무엇을 했을까? 이들은 미래의 기업가였을 수도 있고, 기술자나 과학자, 의사나 간호사였을 수도 있다. 전쟁의 경제적 이익을 이야기하는 사람들은 단편적인 것밖에 살피지 않는다. 기껏해야 추가 지출 급증으로 인한 경기 부양 효과만 생각한다. 그것은 아주 단기적인 이익이다. 전쟁이 경제 성장에 주는 장기적인 영향은 자원 낭비, 기회비용 초래, 국토 유린, 시설 파괴, 인명 손실 등 때문에 늘 부정적이다.

전쟁으로 GDP가 증가하더라도 생활 수준 향상의 지표라고 볼 수는 없다. 전쟁에 1,000억 달러를 쓰고 피해 복구에 1,000억 달러를 쓰면 지표상으로는 GDP가 높아질 수 있지만, 이 GDP 수치와 실제 생활 수준 향상과는 아무런 관련이 없다. 숫자 놀이에 불과하다. 집을 허물고 대출받아 다시 짓는 것과 다름없다. 지출만 증가하는 경험은 고통스러울 뿐이다.

오랫동안 추적 관찰해야 드러나는 전쟁의 부작용도 있다. 다행히 살아남긴 했지만 신체적 또는 정신적 상처로 평생 고통받는 사람들은 개인이 져야 하는 경제적 부담 말고도 사회복지 비용을 증가시킨다. 노동 소외가 우울증을 야기하고 행복도를 감소시킨다. 이들 가운데 일부는 사회 취약 계층으로 전락한다. 결국 국가가 책임지고 돌봐야 한다. 그리고 전쟁 후유증은 사회 불안을 일으켜 투자 동기를 저해하고 외국인들의 직접 투자를 감소시킨다. 관광객의 발길도 끊긴다.

전쟁 중 특히 비극적인 것은 내전이다. 내전으로 혼돈에 빠진 국가는 경제가 파탄 나고 경험할 수 있는 모든 불확실성을 겪게 된다. 국제 빈민 구호 단체 이안다(IANDA)와 옥스팜(Oxfam)이 발표한 보고서에 따르면 1990년에서 2007년 사이에 아프리카에서 발생한 전쟁 비용은 3,000억 달러에 달했으며, 국가 내부에서 무력 충돌이 벌어지면 국가 경제가 약 15퍼센트 위축됐다.

요컨대 전쟁이 나라 경제에 도움이 된다는 생각은 잘못이다. 많은 연구가 제2차 대전 후 미국의 경제 성장 사례를 들어 본질을 흐리고 있다. 하나의 관점에서 하나의 장점만을 보고 일반화하는 것은 옳지 않다. 전쟁으로 경제 성장을 이룩하더라도 한쪽의 결과이지 모두의 결과는 아니다. 전쟁에 윈윈 게임은 없다. 전쟁을 벌인 국가는 높은 부채와 인플레이션으로 전쟁을 끝낸 뒤 수년 동안 경기 침체를 경험할 수 있다. 경제 수준이 상대적으로 떨어지는 국가들의 전쟁은 더욱 그렇다.

국가 간 보복 관세에 의미가 있을까

_무역 전쟁

흔히 '무역 전쟁'이라고 표현하는 국가 간 극심한 무역 마찰은 정부가 외국의 상대적으로 값싼 수입품으로부터 자국 산업을 보호하려고 할 때 발생한다. 국제적 경쟁력을 갖추지 못한 산업은 몰락 위험에 처할 수 있다. 이것이 경제에 치명적이라고 판단한 정부는 산업을 보호한다는 명분을 내세워 자국 상품보다 저렴한 외국 수입품을 제한함으로써 해당 산업이 몰락하지 않도록 조처할 수 있다.

이는 대개 '관세'를 부과하거나 더 높이는 방식으로 시행되며 때때로 정치적으로도 이용된다. 자국 산업과 노동자를 보호하고자 애쓰는 모습은 유권자로부터 큰 지지를 받는다. 거꾸로 해당 산업 쪽에서 정부에 정치적 압박을 가하기도 한다. 폐업 위기에 처한 기업과 실직 위기에 처한 노동자가 합심해 정부에 관세를 높이라고 압력을 가할

수 있다. 정부가 관세를 부과해 수입을 제한하면 기업과 노동자는 고마울 것이다. 그들은 자신이 하던 사업을 계속할 수 있다. 정부는 추가로 일부 관세 수입을 얻을 수 있다.

　여기까지만 보면 참으로 훈훈한 이야기다. 하지만 관세의 영향은 그렇게 단순하지 않다. 우선 국내 소비자들은 상품 가격이 높아지는 모습을 보게 된다. 예전처럼 미국이 중국에서 값싼 철강 제품을 수입할 때는 그 영향으로 건설에 사용되는 전반적인 제품 가격이 낮아졌다. 그런데 관세를 부과하거나 높이면 가격 하락 유인이 사라져 제품 가격이 상승한다.

　여기에서 유의할 부분은 일반 소비자 관점에서는 크게 체감되지 않을 수 있다는 사실이다. 철강은 소비자와 직접적 관련이 없는 상품이다. 가격이 오르더라도 대부분은 눈치채지 못한다. 적어도 관세 부과

덕분에 일자리를 지켰다고 느끼는 철강 회사 노동자에 비하면 그렇지 않다. 그러나 철강 가격이 오르면 그로부터 파생하는, 즉 철강이 쓰이는 모든 제품의 가격도 오르게 된다. 이를테면 자동차, 자전거, 세탁기, 냉장고, 심지어 가위와 식칼 가격도 오른다. 이는 소비자 평균 가처분 소득을 감소시키는 효과를 일으켜 다른 상품과 서비스에 대한 수요 감소로 연결된다. 비록 우리 눈에 잘 띄지는 않지만, 정부가 어떤 산업을 보호하려고 관세 정책을 취하면 다른 산업이 수요 감소로 손실을 본다는 사실을 이해하는 게 중요하다.

문제는 여기서 끝나지 않는다. 미국이 중국산 수입품에 관세를 부과하면 중국도 가만히 있지 않고 이에 보복하고자 미국산 수입품에 관세를 부과한다. 그러면 미국 기업의 제품은 중국 시장에서 얼어붙게 된다. 중국이 미국의 철강 관세에 대응해 대두나 옥수수 같은 미국 농산물에 관세를 부과한다고 생각해보자. 처음에는 미국의 철강 산업에 도움이 됐어도 중국의 보복 관세로 농업 부문에 큰 피해를 보게 된다.

경제학자들이 무역 전쟁을 부정적으로 보는 까닭은 그것이 사실상 경제에서 가장 경쟁력이 없는 부문을 억지로 유지하는 데 쓰이기 때문이다. 미국의 철강 산업이 외국의 수입품과 더이상 경쟁할 수 없는 상황인데도 무조건 보호하는 게 옳을까? 수입품에 관세를 부과해야만 살릴 수 있는 철강 산업이라면 이미 외국 기업보다 비효율적이고 경쟁 우위를 잃은 상태라고 할 수 있다. 이런 경우에는 차라리 철강 산업을 자연스럽게 도태시키고 그 노동력과 자본을 IT나 컴퓨터 같은 미국이 경쟁 우위를 갖고 있는 분야로 이동시키는 편이 더 낫다. 산업과 기업의 쇠퇴가 안타깝게 보일 수 있어도 현대 경제에서 항상 일어난 일이다. 미국에서 석탄 산업이 수백만 명의 고용 수요를 이끌 때도 있었지만, 지난 100년 동안 미국 경제는 첨단 기술 제조 및 서비스 분야의 새로운 일자리를 창출하며 발전해왔다.

관세를 이용해 경제의 장기적 변화를 막는 것은 불가피한 현실을 미룰 뿐이다. 어떤 경제학자들은 정부가 도태 산업을 보호하면 상황을 악화시키기만 한다고 주장한다. 기업이 효율성과 생산성 향상에 집중하기보다 관세의 보호를 받고자 로비에 전념하는 유인이 생기는 것이다. 경쟁 수입품 관세 부과는 너무 막강해서 해당 산업계가 그 단맛을 포기하기 어렵다. EU는 공동 농업 정책을 수립할 때 수많은 수입 농산물에 대해 관세를 인상했다. 일단 관세를 설정하고 나면 조정하기가 정치적으로 매우 곤란해지기에 유로존 식품 가격은 높은 수준을 유지했다.

무역 전쟁의 또 다른 문제는 경제에 '불확실성'을 야기한다는 데 있다. 관세가 인상되고, 없던 관세가 생기고, 보복 관세가 부과되고, 거기에 또 관세로 맞서는 과정에서, 언제든지 다른 관세가 오르거나 부과될 수 있다는 공포감이 조성된다. 관세에 대한 두려움은 기업의 수출 역량 확대 계획을 수립하기 어렵게 만든다. 무역 전쟁 중 기업들은 낮은 관세로 수출할 수 있을지 확신이 서지 않기에 투자를 줄이려고 한다. 이 같은 불확실성은 관세 자체만큼이나 해롭다.

무역 상대국이 관세를 부과하면 우리도 관세로 보복해야 할까? 중국이 EU의 컴퓨터 소프트웨어 제품에 관세를 부과하면 EU도 중국산 수입품에 관세를 물어 보복에 나서야 할까? 분명히 중국의 관세 공격은 소프트웨어 수요를 감소시키고 직원을 해고해야 하는 등 EU의 수출업체에 피해를 줄 것이다. 이에 EU는 중국산 의류 제품에 관세를 부과해 대응할 수 있고, 그러면 EU의 섬유 및 의류업계가 반길 것이다. 언뜻 생각하면 보복 관세는 당연한 것처럼 보인다. 일부 제조업체가 관세로 피해를 보면 보복 관세로 다른 제조업체를 부양할 수 있다. 관세가 부과되면 경상수지 적자가 발생하는데, 보복 관세로 방어함으로써 경상수지 균형을 유지할 수 있다.

그렇지만 경제 이론은 보복 관세를 부과하지 않는 것이 최선의 대응이라고 말한다. 관세를 부과하면 소비자의 경제적 후생 손실이 발생하기 때문이다. 상대국이 우리 수출품에 관세를 부과하더라도 전반적인 소비자 복지에 악영향을 미치지 않도록 수입품 관세를 그대로 유지해야 한다. 보복 관세로 맞대응하면 단기적으로는 국내 수출업체에 도움이 되고 정부에도 추가 수입이 생기지만, 이 두 가지 이익이 소비자 경제적 후생 손실분을 능가하지는 못한다. 무역 전쟁의 가장 큰 희생자는 가격 상승으로 피해를 보게 될 국내 소비자다. 보복 관세는 국내 경제에 해를 끼친다. 수입품 관세를 유지해 소비자들에게 가격 혜택을 누리게 하는 것이 생활 수준 보장과 수요 관리 측면에서 더 바람직한 판단이다. 경상수지 적자는 크게 걱정할 문제가 아니다. 오늘날의 경제 시스템에서 무역 적자는 다른 자본 유입을 통해 쉽게 충당할 수 있다.

보복 관세가 경제적 후생에 손실을 유발하는 과정을 경제학 교과서가 수학적으로 보여줄 수 있겠지만, 그렇게 명료하지 않은 현실적 상황은 '게임 이론(game theory)'에 비춰 설명할 수 있다. 무역에서 의사 결정은 상호 의존적으로 이뤄진다. 수출하려면 수입하는 국가가 있어야 한다. 반대도 마찬가지다. 양국이 서로와의 관계 속에서 자국 이익을 추구하며, 어느 쪽도 상대국을 마음대로 좌우할 수 없는 전략적 상황에서 무역은 이뤄진다. EU가 자유무역 방침에 따라 민간 산업에 간섭하지 않는다는 확실한 믿음이 있다면, 중국은 자국의 일부 산업을 보호하고 싶을 때 EU 수입품에 적정 수준의 관세를 부과할 수 있다. 그런데 EU가 즉각적으로 보복하리라는 것이 확실시되면, 중국은 섣부르게 관세를 부과하거나 인상하기 어려워진다. 무역 전쟁을 선포하는 것과 다름없기 때문이다. 관세 부과가 무역 전쟁으로 이어진다면, 그 관세는 실질적 가치를 상실하고 국가 간 신뢰만 허물어뜨린다. 그렇기에 무역 전쟁은 일으키지 않는 게 좋다.

통상적으로는 이렇지만 무역 전쟁을 통해 정치적 이익을 꾀한 사례도 있다. 바로 도널드 트럼프다. 그는 대통령 재임 당시 국내 산업을 보호한다는 명목으로 중국산 수입품에 고율의 관세를 부과하는 데 거침이 없었다. 중국을 상대로 무역 전쟁을 시작한 것이다. 중국은 미국산 수입 농산물에 고율의 관세를 부과해 보복했다. 미국산 대두 등에 관세가 부과되자 농민들은 수출에 어려움을 겪었고 불만이 쌓였다. 그런데도 트럼프 대통령은 중국의 보복 관세를 다른 산업 추가 관세로 재보복하면서 무역 전쟁을 1년 넘게 이어갔다.

경제적 관점에서 보면 이해할 수 없는 상황의 좋은 예다. 권력을 가진 개인의 성격이 한 국가의 중요한 경제 정책에 그대로 반영된 어처구니없는 결과였다. 트럼프의 이른바 '미국 우선(America First)' 사고방식을 지지하는 사람들은 관세로 중국을 때리겠다는 그의 발상에 열광했으나, 예상한 그림이 그려지지 않자 무역 전쟁이 생각만큼 매력적이지 않다는 사실을 깨달았다. 중국의 보복 관세도 경제적 관점에서 결코 좋은 전략이 아니었지만, 도널드 트럼프처럼 괴상하고 변덕스러운 성격에 대응하기 위한 최선의 결정이었을 수도 있다. 한편으로 중국 국민의 시각에서 보복 관세라는 중국 정부의 결정은 어쩔 수 없는 최후의 수단으로 비쳤을 수도 있다. 그렇지만 미국의 관세 공격이 일회성 전략이라고 생각했다면, 보복하지 않고 자국 농산물 시장을 안정적으로 유지할 수도 있었을 것이다. 아마도 그간 트럼프의 성격을 볼 때 절대로 일회성에 그치지 않으리라고 판단했을 것이다.

무역 전쟁의 추가적 문제점은 쉽게 확대될 수 있다는 것이다. 복수는 복수를 낳는 법이다. 미국이 관세를 부과하면 중국이 관세로 보복하고, 미국이 또 보복하면 중국이 다시 보복하는 상황이 반복되면서 결국 양쪽 모두 파국으로 치닫는 '치킨 게임(chicken game)'이 되는 것이다. 관세로 인한 무역 마찰을 장기간 지속하면 양국의 외교 불신으로 이어져 더욱 극단적인 문제를 초래할 수도 있다.

정부를 향한 관세 압박은 기업들의 폐업 위기 위험이 큰 경기 침체기에 가장 거세진다. 1930년 대공황 때 미국 허버트 후버 대통령은 국내 산업을 보살피고자 수많은 수입품에 관세를 올리는 스무트-홀리 관세법에 서명했으나 그 결과는 세계 각국의 보복 관세였다. 더욱이 관세로 수요 붕괴로 피해를 본 기업들을 구제하기에는 역부족이었고, 무역 보복과 글로벌 무역 급감으로 되레 대공황을 심각하게 악화시켰다. 사실 대공황을 극복할 최선의 대응은 관세를 낮게 유지하거나 심지어 인하하는 것이었다. 그러나 극심한 경기 침체기에 나타나는 갖가지 정치적 곤경은 관세로 일시적이나마 위기를 벗어나려는 유혹을 뿌리치기 어렵게 만든다.

농업과 중화학공업에
지원하는 것이 낭비일까

자유무역을 추구하는 국가에서 일반적으로 정부는 쇠퇴하는 산업을 보호하려고 개입하지는 않는다. 하지만 국가 차원에서 무시하기 어려운 특성을 가진 일부 산업이 있다. 예컨대 농업은 국가 기간 산업이며 경제의 근간이다. 식량을 수입에만 의존하면 전쟁이나 무역 장벽이 벌어졌을 때 국가와 경제가 커다란 위기에 빠진다. 이에 더해 국영 항공사나 기계, 철강, 조선, 자동차, 전력, 시멘트, 석유화학과 같은 중화학공업도 마찬가지로 국가 경제의 축을 이루는 기간 산업이다. 이 산업이 무너지면 국가 존속 자체가 위협받게 된다. 그러므로 이때는 정부가 적극적으로 개입해 이들 기업이 유지되도록 돕고 대규모 실업 사태를 미리 방지한다.

오스트리아 태생의 영국 경제학자로 1974년 노벨경제학상을 받은 프리드리히 하이에크는 철저한 시장주의에 근거해 국가의 경제 개입을 반대했다. 그는 부실기업에 국가가 보조금을 지급하는 것은 장기적으로 더 많은 비효율성만 조장할 뿐이라고 비판했다. 기업이 정부로부터 구제금융을 받을 수 있다는 생각에 사로잡히면 경영 혁신이 저해되고, 구조조정 및 정리해고와 같은 힘든 결정을 내리는 데 걸림돌이 될 수 있다. 더욱이 정부 보조금 확보가 해당 산업의 비효율성과 수요 붕괴라는 근본적인 문제를 해결해주지는 못한다는 것이다.

구제금융은 벌어진 상처에 석고를 바르는 것과 비슷하다. 얼마간 시간을 벌어주기는 하겠지만, 실제로 상처를 치료하지는 못한다. 오히려 정부 보조금은 기업의 비효율성을 더욱 조장할 수 있다. 기업이 위기 때마다 국가의 도움을 받아 살아난다면, 치열한 생존 전략을 세우기보다 더 많은 자금을 확보하기 위해 정부 로비에만 골몰하게 된다는 논리다. 이런 현상은 '도덕적 해이'에 해당한다. 일례로 2007~2008년 금융 위기 때처럼 정부의 구제금융은 은행에 '위험해져도 어차피 정부가 도와준다'는 생각을 심어줘서 계속 더 큰 위험을 감수하도록 부추길 수 있다. 좋은 의도에서 정부가 개입하더라도, 결과적으로는 은행의 도덕적 해이를 유발해 잘못된 의사결정을 하게 만들 수 있다는 얘기다.

정부 개입의 가장 극단적인 예는 모든 회사와 공장이 국가 소유였고 수익성과 효율성이 기업의 가치가 아니었던 구소련에서 찾을 수 있다. 정부가 제시한 산출 목표를 충족하는 한 기업은 안정적으로 사업을 유지할 수 있었다. 그렇지만 이런 체제는 기업이 비용을 절감하거나 더 나은 제품을 개발해야 할 유인을 제공하지 못해 매우 비효율적인 경제를 초래했다.

경제는 끊임없이 발전한다는 사실을 명심하는 것도 중요하다. 과거에 농업은 국가 노동력의 무려 80퍼센트를 차지했다. 그런데 2000년에 이르자 이 수치는 대다수 선진국에서 3퍼센트까지 떨어졌다. 제조업도 마찬가지로 지난 수십 년 동안 상대적으로 감소했다. 이 같은 추세는 경제가 발전함에 따라 나타나는 자연스러운 현상이다. 노동과 자본은 산업 발전 단계와 더불어 이동한다. 농업과 제조업의 쇠퇴는 IT 및 서비스 분야의 새로운 기회와 새로운 고용을 가능하게 만든다. 정부가 농업과 중화학공업 지원을 결정하고 실행할 때도 단기적 문제만 고민하지 말고 잠재적으로 펼쳐질 더 큰 그림을 고려해야 한다. 자유시장 경제학자들은 현대 자본주의의 가장 큰 장점이 스스로 끊임없이 재창조하는 능력이라고 강조한다. 시장에서 도태된 기업과 산업은 새로운 생산 영역의 노동과 자본을 성장시키는 밑거름이 될 수 있다.

쇠퇴한 산업의 노동력을 새로운 산업으로 이전할 때 단기적으로 몇 가지 어려움과 비용이 발생하지만, 장기적으로는 더 높은 생산량과 더 높은 효율성 그리고 더 높은 실질 임금이 가능해진다. 따라서 정부는 불가피하고 필연적인 경제 변화를 억지로 막고자 개입하기보다는, 실직한 노동자들의 재교육과 재훈련을 지원하는 데 지출 역량을 집중하는 것이 바람직하다. 물론 정부가 농업 및 중화학공업에 자금을 지원하면 해당 산업은 잠시나마 회생할 수 있다. 그러나 그 구제금융은 명백한 기회비용을 수반한다. 결국 다른 인구가 부담해야 할 세금이 되며, 실질 가처분 소득을 감소시켜 수익성 있는 산업의 수요를 줄이게 된다. 나아가 교육, 보건, 환경 등 사회 기반 시설 부문 예산을 삭감해야 한다. 시장에서 실패한 산업 부문에 정부가 개입하지 않았더라면 모두 국가 경제에 이로웠을 것들이다. 정부의 구제금융은 경제에 이렇다 할 장기적 혜택을 제공하지 않는다.

농업 및 중화학공업 분야 부실기업 지원은 한 번으로 끝나는 게 아니라는 점도 유념할 필요가 있다. 달리 말해 정부는 무한 지원의 굴레에 갇히게 된다. 정부 보조금이 농민들의 생존에 도움은 되겠지만, 과잉 생산이나 가격 경쟁력 상실과 같은 장기적 문제를 해결해주지는 못한다. 산업 구조상 답이 나오지 않는 문제 앞에서 정부는 큰 고민에 빠진다. 이미 수십 년 동안 보조금을 지급해왔는데, 똑같은 상황이 반복되리라는 사실을 알면서도 계속 지원해야 할지 아니면 이제라도 그만두고 농장을 망하게 놔둘지 결정해야 한다.

그렇지만 정부 지원을 중단하는 데 따른 정치적 책임이 너무 크다. 농민들을 사지로 몰았다는 엄청난 비난의 화살을 받게 된다. 실제로 그동안 여러 나라에서 이 같은 상황이 거듭돼왔다. 농업 보조금 문제는 정치적으로 복잡하게 얽혀 있어서 해결하기가 무척 어렵다. 정치적 로비 세력 또한 매우 막강하다. 2019년 기준 미국의 농업 종사자는 모두 220억 달러의 정부 보조금을 받았으며, 그 가운데 수천 명은 각각 10만 달러 이상을 챙겨갔다. 1920년대 처음으로 농업 부문 정부 보조금 정책이 시행된 이래 수차례 종료 논의가 있었으나, 보조금 중단은 사실상 불가능했다.

쇠퇴하는 산업에 대한 정부 개입은 통상적으로 경제적 후생을 개선하지 못한다. 새롭게 떠오르는 유망 산업을 등한시한 채 기존 산업을 챙기는 것도 마찬가지다. 원칙적으로 정부 개입은 경제에 부정적인 영향을 미친다. 하지만 그렇다고 정부가 언제까지나 방관자로서 가만히 있어야만 하는 것은 아니다. 예외적인 상황이 있다. 정부 개입이 전반적인 경제적 후생을 개선할 수 있고 꼭 그렇게 해야 할 때가 있다. 예를 들면 더는 수익성을 기대할 수 없는 도태 산업이 아니라, 극심한 경기 침체 상황에서 생존하고자 몸부림치는 기업이 그렇다. 불가항력에 기인한 현실 앞에서 어쩔 수 없이 어려워진 기업들이다. 코로나19 팬데믹이 좋은 예다. 이전까지는 아무런 문제가 없었는데 갑자기 전 세계적 유행병으로 수요가 급감해 곤경을 겪었다. 대표적으로 국영 항공사는 국경 봉쇄 및 입국 제한 등 심각한 타격을 받아 폐업 위기에 놓였다.

코로나19로 인한 경제 활동 마비가 일시적인 것으로 판명된다면, 이 어려웠던 기간 동안 정부가 나서서 관련 산업을 지원했던 정책적 판단은 정부 개입의 순기능에 대한 매우 강력한 사례로 남을 것이다. 코로나19 팬데믹은 종식되고 경제는 활기를 되찾는다. 정부 지원을 받은 모든 산업도 제자리에 선다. 그렇지 않으면 수많은 숙련 노동자들과 해당 산업의 기존 기반 구조를 잃게 된다. 정부 보조금은 응급 처방이지 영구적 치료책이 될 수 없다. 정부 개입은 일시적 위기에서 적시에 이뤄져 유효 기간 내에 효과를 끌어내야만 정당성을 확보할 수 있다.

그러나 코로나19 팬데믹은 종료 시점이 불확실하기에 정부는 어려운 딜레마에 빠진다. 코로나19 사태가 언제 끝날지 알 수 있다면 정부는 비교적 간단히 지원 대상과 규모 등을 선택할 수 있다. 항공업, 관광업, 운송업, 요식업 등 현재 가장 어려운 처지에 있는 산업을 지원하는 게 맞다. 그런데 코로나19 팬데믹이 끝나지 않으면 경제 구조자체가 영구적으로 바뀔 수 있다. 사회적 거리 두기가 일상인 경제에서 관광업이나 요식업은 일시적 위기가 아닌 쇠퇴한 산업이 된다. 이때의 정부 개입은 생존 불가능한 산업과 일자리를 보호하는 데 예산을 낭비하는 셈이 된다. 코로나19와 영원히 함께 살아가는 세상에서는 정부가 한정된 예산 목표를 다른 산업으로 돌려야 한다. 그러면서 국민의 경제적 후생을 돌봐야 한다. 새로운 산업 교육, 인재 육성, 실업 급여 정비, 재취업 훈련 등에 집중하고 최대한 빠르게 패러다임 변화를 맞이해야 한다. 코로나19 이전을 염두에 둔 산업 지원은 국가 경쟁력을 악화시키는 자원 낭비일 뿐이다.

돈을 많이 벌면
삶이 더 나아질까

1972년, 부탄의 지그메 싱기에 왕추크(Jigme Singye Wangchuck, 1955~) 국왕은 자국의 경제 성장 목표를 GDP(국내총생산)가 아닌 GNH, 즉 '국민총행복(Gross National Happiness)'에 두고 추진해나가겠다고 선언했다. GDP는 국가의 물질적 성장만을 평가하는 단순한 척도지만, GNH는 국민의 생활 수준을 결정하는 건강, 환경, 일과 삶의 균형 등 여러 요소를 종합해 측정하는 방식이었다.

지그메 싱기에 왕추크 국왕은 사람의 생활 수준은 단순히 얼마나 많은 돈을 가졌느냐가 아니라 더 많은 요인에 달려 있다고 말했다. 당시 어떤 경제학자들은 부탄 국왕이 제시한 국정 목표를 흥미롭고 참신한 발상이라고 생각하면서도, 서구 경제가 너무 진지하게 받아들여야 할 이야기는 아니라고 여겼다. 그렇지만 지난 수십 년 동안 경제학을 비롯한 여러 학문 분야에서 소득 증가가 과연 우리 삶의 질을 높이는지 거듭된 의문을 제기하자 '행복 경제학(happiness economics)'이 점점 자리를 잡게 됐다.

일반적으로 경제학은 소득 증가가 효용(행복) 증가로 이어진다고 가정해왔다. 우리가 더 많은 상품과 서비스를 구매할 수 있다면 전반적인 삶의 만족도가 높아진다는 단순한 발상이었다. 대다수 사람이 이에 공감할 것이다. 돈을 많이 벌면 실제로 생활 수준이 높아진다. 하루 2달러로 살아가던 사람(전 세계 7억 명 이상이 실제로 그렇다)이 돈을 더 벌면 더 맛있는 음식을 먹을 수 있고, 더 좋은 집에 살 수 있으며, 몸이 아플 때 병원에서 의사에게 진료를 받을 수 있다. 이 모든 재화와 서비스는 더 나은 생활 수준과 더 높은 삶의 질로 이어진다. 생계를 유지하는 것조차 버거운 사람들에게 소득 증가는 분명히 기쁘고 환영할 만한 일이다.

하지만 돈을 많이 벌면 정말로 우리 삶이 더 나아질까? 단순히 생각할 때 하루 소득이 2달러에서 4달러로 두 배가 되면, 생활 수준이 두 배까지는 아니더라도 상당히 올랐다고 볼 수 있을 것이다. 그러면 하루 소득이 50만 달러에서 100만 달러로 똑같이 두 배 오르면 어떻게 될까? 행복 경제학을 연구하고 있는 스위스 경제학자 브루노 프레이(Bruno Frey, 1941~)는 우리가 급여 인상 같은 금전적 혜택은 과대평가하는 반면, 우정이나 사교 같은 비금전적 혜택은 과소평가하는 경향이 있다고 지적했다.

여기에서 먼저 염두에 둬야 할 것은 '재화(부)의 한계 효용 체감'이라는 개념이다. 우리에게 돈이 궁할 때 1,000달러가 생기면 생활 수준이 크게 달라질 것이다. 1,000달러로 생활에 필수적인 식료품을 사고 집세를 낼 수 있다. 그런데 백만장자에게 1,000달러는 생활 수준을 높이는 데 별다른 영향을 미치지 못한다. 백만장자는 이미 생활에 필요한 모든 것들을 갖고 있다. 물론 백만장자도 1,000달러가 생겼을 때 필요 없다면서 버리지는 않을 것이다. 그 돈으로 자신의 두 번째 또는 세 번째 차를 손볼 수도 있고, 그림을 구매할 수도 있고, 아니면 그냥 은행에 예금할 수도 있다. 이들에게도 돈은 좋은 것이지만, 그것으로 얻는 행복은 가난한 사람들보다는 훨씬 적다.

갤럽(Gallup)이 전 세계 164개 나라 170만 명을 대상으로 설문 조사한 자료를 분석한 2018년 퍼듀대학교 심리학과 연구에 따르면 '정서적 웰빙(emotional well-being)'을 유지할 수 있는 최적의 소득은 연간 6만~7만 5,000달러다. 이 구간에서는 생활 수준과 삶의 질이 눈에 띄게 향상했다. 그러나 연소득이 7만 달러를 넘어서면서부터는 큰 변화가 없다가, 7만 5,000달러를 초과하자 삶의 만족도가 오히려 떨어졌다. 소득이 기본 욕구를 충족시킨 뒤에는 더 많은 돈을 모으려는 욕망이나 다른 사람들과의 비교에 집착하게 됨으로써 삶의 질을 해치는 것이다. 높은 급여를 받으려면 책임과 압박감에 스트레스를 많이 받는 일을 해야 할 수 있다. 고소득을 얻기 위해 마음의 평안과 여가 활동을 포기해야 할 수도 있으며, 돈을 좇다가 인간관계에서 갈등이 발생할 수도 있다. 물론 저임금 일자리에서도 스트레스를 받겠지만, 이들은 더 높은 자리를 차지하고자 전전긍긍하고, 윗사람에게 좋은 인

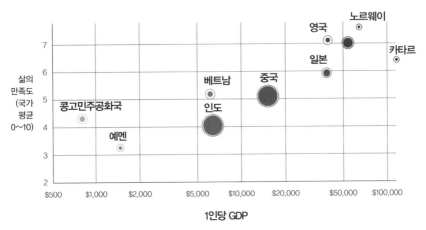

: 국가별 GDP 대비 삶의 만족도 :

*삶의 만족도 조사 응답자의 자기보고 결과 국가 평균(2017년 기준, 단위 0~10)

상을 주기 위해 아부하거나, 깨어 있는 모든 순간을 사업 걱정하는 데 쓴다.

극단적인 경우는 운이 좋아 갑자기 거액을 얻게 될 때다. 부모로부터 재산을 상속받거나 복권에 당첨될 수도 있다. 두 경우 모두 나름의 함정이 있다. 복권에 당첨되고서 부자가 됐는데, 결국 그 돈 때문에 가족과 친구 사이가 엉망이 되어 불행한 삶을 살게 된 이들의 이야기를 쉽게 접할 수 있다. 이론적으로는 횡재해서 많은 부를 얻게 되면 사치스러운 삶을 살 수 있고 일할 필요도 없다. 그렇지만 어떤 사람들에게는 그 행운이 예상치 못한 도전이 될 수 있다. 목적이 뚜렷하지 않은 상황에서 부유해지면 자신도 모르게 게을러지고 태만해져서 삶의 의미를 잃을 수 있다. 생계와 보람을 위해 일할 때는 돈이 삶의 목적과 만족감을 줬지만, 서른 살에 일할 필요가 없게 되면 앞으로의 인생이 지루하고 무기력해질 수 있다.

돈을 모으는 행위 자체도 문제를 일으킬 수 있다. 재산이 많아진다는 것은 그만큼 잃을 게 많아진다는 의미다. 돈을 지키고자 보안에 신경 써야 하고, 저축이나 투자 방법에 대해서도 고심하게 된다. 돈이 삶을 잠식함에 따라 돈을 벌면 벌수록 나보다 더 많이 가진 사람과 비교하게 되고, 전에 없던 질투심이 욕망을 지배한다. 부를 추구하는 것이 상품과 서비스 구매가 아닌 그 자체로 삶의 목적이 된다. 다른 이들보다 더 부자가 되는 것 말고는 인생에 동기부여가 되지 않는다. 아무리 돈이 많아져도 다른 사람들이 나보다 더 부자라는 생각에 행복하지 않다.

그래서 일찍이 어떤 경제학자들은 돈의 중요성을 재고해야 할 필요가 있다고 제안했다. 헝가리 태생의 미국 경제학자 티보르 스키토프스키(Tibor Scitovsky, 1910~2002)는 1976년 《기쁨 없는 경제(Joyless Economy)》에서 "돈과 행복은 상관없다"고 결론 내리며 소득이 높고 소비가 많을수록 복지가 향상된다는 표준 경제 개념을 비판했다. 그는 돈이 많으면 최신 전자 제품이나 고급 자동차를 사는 것 같은 일시적 쾌락은 얻을 수 있지만, 진정한 삶의 질 향상은 근면, 혁신, 끈기가 필요한 스포츠나 음악 또는 명상과 같은 기술, 활동, 취미를 추구하면서 얻게 된다고 지적했다. 돈이 아니라는 것이다.

독일 경제학자 에른스트 슈마허(Ernst Schumacher, 1911~1977)의 이른바 '붓다의 경제학(Buddhist economics)'이 개인의 부보다 삶의 환경과 다른 사람들과의 관계를 우선시해야 한다고 주장한 것과 같은 맥락이다. 에른스트 슈마허는 돈이 많아지면 삶이 복잡해지고 행복하기 위해 필요한 것들이 늘어나지만, 동시에 우리를 단순하고 행복한 생활 방식에서 멀어지게 한다고 주장했다. 더 많은 돈이 더 많은 필요와 더 많은 압박으로 이어진다는 얘기다.

"필요가 많아질 때마다 통제할 수 없는 외부 압박도 많아진다. 이는 실존적 공포감을 증폭시킨다."[11]

실제로 지난 50년 동안 소득이 증가하면서 문제가 발생하기도 했다. 과학자들은 '풍요의 질병(diseases of affluence)'을 경고한다. 더 많은 부가 더 오랫동안 앉아 있는 생활 방식, 더 건강에 해로운 식단, 더 오염된 세계를 초래했다는 것이다. 풍요로움이 비만, 당뇨, 고혈압, 심장병, 암과 같은 심각한 질병은 물론 공해와 오염을 유발해 도시의 삶을 행복하지 않게 만들었다. 소득이 높으면 무조건 생활 수준이 떨어진다는 뜻은 아니다. 수많은 사람에게 지난 수십 년 동안의 소득 증가가 삶의 만족도를 높이지 못했다는 의미다. 따라서 경제학은 소득 극대화만 강조하지 말고 행복을 우선시하는 경제 정책을 제안해야 한다.

자유무역이 국가를
얼마나 번영시킬까

아마도 대다수 경제학자가 동의하는 몇 안 되는 것 중 하나가 자유무역의 이점일 것이다. 경제에서 자유무역은 더 낮은 가격, 더 열띤 경쟁, 규모의 경제 및 수출 산업에 대한 더 큰 기회로 이어진다. 그런데 이처럼 자유무역의 이점에는 동의하면서도 일부 경제학자는 나라가 더 부유해지려면, 달리 말해 국가가 개발도상국에서 선진국으로 발전하려면 관세를 활용해야 한다고 말한다.

이 지적은 자유무역의 광범위한 혜택을 고려할 때 의아하게 들릴 수 있다. 하지만 영국에서 활동하고 있는 한국 경제학자 장하준(1963~)과 같은 경제학자들은, 오늘날 자유무역의 미덕을 칭송하는 선진국들이 정작 자국 경제가 성장하고 발전할 때는 관세에 의존했다고 꼬집는다. 그의 말은 사실이다. 자유무역 국가를 대표하는 미국이나 영국 같은 나라들도 실제로 상당한 수준의 '보호무역주의 (protectionism)'를 이용했다.

영국은 18세기 초부터 19세기 중반까지, 미국은 19세기 중반부터 제2차 대전 때까지 보호무역주의를 채택했다. 이보다 최근 사례는 급속도로 경제가 성장할 때 개발 산업에 대해 관세 보호를 적용한 한국, 중국, 일본, 대만을 들 수 있다. 독일 경제학자 프리드리히 리스트 (Friedrich List, 1789~1846)는 선진국들이 보호무역주의로 이익을 봐놓고 후발주자들에게 자유무역을 강요하는 모습을 '사다리를 걷어차기 (kicking away the ladder)'에 비유했다. 자신들이 이용한 사다리(보호무역)를 걷어차서 올라오지 못하게 하는 셈이다. 그렇기에 위선적이라는 비판도 충분히 합리적이다.

자유무역의 이점에 관한 단적인 사례는 '비교 우위론'을 확립한 데이비드 리카도에게서 찾을 수 있다. 리카도에 따르면 국가는 상대적으로 '가장 좋은' 상품, 즉 '가장 낮은 기회비용'이 드는 상품을 생산해야 한다. 이를테면 포르투갈은 상대적으로 와인을 가장 잘 만들고 영국은 직물 생산에 능하다고 했을 때, 포르투갈은 와인 생산에 집중하고 직물은 영국이 맡는 것이다. 비록 포르투갈이 와인과 직물을 모두 만들 수 있더라도, 영국의 직물보다 더 낮은 기회비용으로 와인을 생산할 수 있기 때문이다. 리카도는 이런 방식으로 양국이 가장 잘하는 분야를 전문으로 생산한 다음 서로 거래함으로써 이익을 극대화할 수 있다고 강조했다.

그러나 영국 경제학자 조앤 로빈슨(Joan Robinson, 1903~1983)은 현실 세계가 경제학 교과서에 나오는 리카도의 예시와 명확히 들어맞지는 않는다고 주장했다. 그러면서 비교 우위론은 일부 국가의 산업을 고착화할 수 있다고 경계했다. 리카도의 관점에서 포르투갈 경제는 포도 재배와 와인 생산에 기반을 둘 수 있다. 반면 영국은 직물을 중심으로 한 제조업 기반을 마련해 경제를 성장시킬 수 있는 더 큰 잠재력을 갖는다. 이를 현대에 적용해보면 문제점이 더욱 확연해진다. 아프리카 국가들은 오늘날에도 비교 우위가 과일이나 커피 재배, 금속 채굴과 같은 1차 산업에 머물러 있다.

비교 우위론을 따르면 아프리카 국가들에는 이 1차 산업이 가장 기회비용이 적게 드는 최적의 분야이며, 다른 선진국들은 제조업과 서비스를 특화하면 된다. 그렇다면 이 대목에서 다음과 같은 질문을 던질 수 있다. 농업이나 광산업 같은 1차 산업에 집중하는 것이 장기적으로 아프리카에 도움이 될까? 국가의 경제가 1차 산업에만 특화한다면 여러 가지 문제에 직면할 수 있다. 우선 농산물 가격이 하락하면 소득이 감소한다. 그리고 1차 산업 경제에서는 성장 범위가 매우 제한적이다. 무역 상대국들의 소득이 아무리 증가해도 농산물 수요는 크게 높아지지 않는다. 컴퓨터나 스마트폰 같은 첨단 기술 제품 수요가 훨씬 더 많다. 1차 산업에 기반을 둔 경제에서는 교육 및 노동 생산성을 높일 유인이 낮으므로 경제 성장 속도가 느릴 수밖에 없다. 결국 자유무역의 이점은 나라마다 동등하지 않다. 첨단 고부가가치 산업에서 비교 우위를 갖는 선진국들이 훨씬 더 큰 혜택을 보는 것이다.

10달러 지폐 초상화의 주인공인 미국 초대 재무부 장관 알렉산더

해밀턴(Alexander Hamilton, 1757~1804)은 1791년 '유치 산업 보호론 (infant industry argument)'을 무역의 기조로 삼았다. 아직 성장하지 못한 어린아이와 같은 산업은 보호해야 한다는 논리였다. 당시 미국의 제조업은 초기 단계에 있었고 장차 유럽의 강력한 기업들과 경쟁할 터였다. 해밀턴은 이 유치 산업을 보호하고 발판을 마련해주고자 수입품 관세 부과, 보조금 지급, 기반 시설 확충, 특허법 제정 등을 제안했다. 이들 기업이 성장하면 국가는 규모의 경제를 더 많이 누리고 국제적 경쟁력을 갖추게 될 것이다. 그 시점이 되면 자연스럽게 관세 보호가 필요 없어진다. 이미 강해졌기 때문이다.

따라서 보호무역은 경제 성장을 도모하는 국가에 꼭 필요한 정책이다. 관세 보호가 없으면 새로운 산업을 시작조차 하지 못할 수 있으며, 경제는 1차 산업 기반의 저성장 굴레에 갇히게 될 것이다. 유치 산업 보호는 기존의 잘나가는 산업에 대한 관세 보호가 아니라, 성장과 다각화를 시도하는 특정 산업에 적용된다는 점을 주목할 필요가 있다.

오늘날의 유치 산업 보호론은 주로 1차 산업에 기반을 둔, 최근 수십 년 동안 계속해서 낮은 경제 성장률에 머문 가난한 나라들과 관련이 있다. 이들이 단기적 비교 우위보다 경제 다각화와 새로운 제조업 개발에 힘쓸 수 있도록 관심을 가져야 한다. 18세기 미국이 그랬던 것처럼 이들 국가도 그런 산업을 육성하려면 관세 보호가 필요하다. 자유무역만 강요한다면 성장의 기회를 박탈하는 것이나 다름없다.

한편으로 어떤 경제학자들은 미국과 영국의 경제 발전이 보호무역 덕분이라는 주장은 너무 편협한 생각이라고 비판한다. 미국의 경제 성장은 높은 지식과 기술 수준, 과감한 투자, 서비스 분야 생산성 향상 등이 더 큰 요인으로 작용했다는 것이다. 잘못된 지적은 아니다. 보호무역 외에 이와 같은 요소가 미국 경제의 급성장을 이끈 게 사실이다. 더욱이 관세 보호가 무조건 효과를 발휘하는 것도 아니다. 일례로 1960년대 일부 아프리카 국가는 정부 개입과 관세 보호를 통해 제조업을 발전시키려고 시도했다. 그렇지만 충분한 기술과 기반 시설이 없어서 성공하지 못했다.

자유무역의 혜택으로 성장한 국가도 많다. 2000년대 세계화와 자유무역의 바람을 타고 전 세계적으로 평균 관세 장벽이 낮아졌는데, 이때 브라질, 러시아, 인도, 중국과 같은 이른바 BRIC 국가들이 강력한 경제 성장을 이뤘다. 이처럼 자유무역이 국가의 경제 발전을 돕는 신용 보증서 역할을 할 수 있지만, 그렇더라도 자유무역만이 경제 성장의 진리라고 믿어서는 곤란하다. 한 국가가 경제를 다각화할 수 있는 수준에 이르면 시의적절한 관세 정책을 통해 성장을 도모할 수 있다.

● 제5장 ●

환경의
역습

자연을 사용하는 데 드는
정확한 비용은 얼마일까

주류 경제학은 경제에서 자연의 역할을 자원으로만 보고 과소평가해왔다. 경제학자들은 경제 모델을 만들 때 자연 생태나 환경 문제와 같은 요소는 배제하고 인간 개인의 효용 극대화에만 집중한다. 경제학의 바탕을 이루는 자유시장 모델은 우리에게 재화(자원)와 서비스를 소비함으로써 효용을 극대화할 수 있는 자유를 부여했지만, 그 자유가 방종이 될 수 있다는 사실은 미처 제시하지 못했다.

지난 반세기 동안 우리는 생산 및 소비 증가가 자연 환경에 악영향을 미쳐 생물 다양성과 서식지를 손상하고, 토지와 해양을 황폐화하고, 지구 온난화와 기후 변화를 초래했다는 사실을 점차 인식하게 됐다. 비록 자연 환경의 본질적 가치에 관해서는 깊이 알지 못해도, 이제 환경 파괴가 삶의 질에 매우 부정적인 영향을 가져오리라는 것은 깨달았다.

경제학에서 또 하나의 중요한 개념은 '외부 효과'다. 외부 효과는 한마디로 제3자에 미치는 영향이다. 석탄을 태우면 난방이나 에너지 같은 이익이 생기지만, 동시에 공해가 발생하고 대기가 오염된다. 공해와 대기 오염이라는 외부 효과는 다른 사람들과 자연에 부정적 영향을 미칠 것이다. 산업혁명 이전까지는 화석 연료를 태워서 발생하는 외부 효과가 무시할 수 있는 수준이었다. 기껏해야 가정에서 취사나 난방에 쓰는 정도가 고작이라 눈에 띄는 역효과가 없었다. 하지만 산업화가 진행되면서 수많은 공장이 가동되자 대기 오염과 같은 외부 효과가 중요해졌다. 특히 인구 밀도가 높은 대도시에서는 더욱 심각해졌다.

생산이나 소비에서 외부 효과가 발생하더라도 자유시장 시스템은 오직 개인의 효용 극대화를 위해서만 작동했다. 석탄 생산량이 초과해 가격이 낮아지면 과소비가 일어났다. 저렴해진 석탄을 더 태워 더 따뜻하게 보낼 수 있으니 좋을 뿐이었다. 도시에 사는 모든 사람이 난로에 석탄을 넣을 때 외부 효과는 일반적으로 고려하지 않았다. 석탄을 더 태워 추운 겨울을 더 따뜻하게 보낸다는 결정은 합리적이지만, 그 결과 외부 효과인 대기 오염이 초래됐다.

1950년대에 이르러서야 미국과 영국은 비로소 가정 내 석탄 사용을 금지했다. 영국의 경우 1952년 그레이트 스모그(Great Smog)로 불린 환경 재난을 겪은 뒤에 그랬다. 극도로 춥고 바람이 없는 날씨가 한동안 계속되자 코앞도 보이지 않을 정도로 매연이 가득해졌다. 원인은 다름 아닌 가정과 공장에서 배출된 석탄 연기였다. 이 그레이트 스모그로 최소 4,000명이 사망했다. 상황이 걷잡을 수 없이 심각해지자 영국 정부는 1956년 '청정대기법(Clean Air Act)'를 발효해 석탄 사용을 전면 금지하고 석유 및 천연가스 사용을 지원했다. 이미 그 실상을 몸소 체험했기에 사람들은 순순히 정부의 조처를 받아들였다.

이렇게 외부 효과가 눈에 보일 정도로 극명할 때는 생각과 행동을 바꿔야 한다는 데 쉽게 동의할 수 있다. 그러나 그 영향력이 가시거리를 벗어나면 금세 잊고 만다. 그도 그럴 것이 현대의 대도시에서 취사와 난방 연료로 석탄을 태우는 가정은 없다고 봐도 무방하다. 집집이 도시가스가 연결돼 있고 그마저도 전기로 바뀌는 추세다. 가정에서 전기를 이용할 때 공기가 오염되는 일은 없을 것이다. 하지만 그 전기는 무엇으로 만들어질까? 아직도 화력 발전 비중이 높다. 석탄 같은 화석 연료를 태워 전기를 만든다는 뜻이다. 화석 연료를 이용해 전기를 생산하면 방금까지 살핀 외부 효과가 똑같이 발생한다. 다만 발전소가 저 멀리 있어서 우리 눈에 보이지 않을 뿐이다. 눈에서 멀어지면 마음에서도 멀어지는 법이다. 이 외부 효과는 치명적인 대기 오염과 지구 온난화를 유발하지만, 우리 개인과의 연관성은 그리 명확하지 않아서 자꾸 잊힌다.

정부 차원에서 대도시 미세 먼지 등 심각한 외부 효과에 대응하기 위해 갖가지 정책을 추진할 수 있다. 이미 시행 중인 국가도 꽤 있다. 자동차 운전이 환경에 공해나 교통 혼잡 등 외부 효과를 유발해 사회적 비용을 초래하므로 세금을 부과할 수 있다. 이 세금이 부담스럽다면 대중교통을 이용함으로써 외부 효과를 줄이는 데 기여할 수 있다. 만약 외부 효과를 구체적으로 상세하게 측정할 수 있다면, 그와 관련한 사회적 비용을 모든 사람 모든 국가가 분담하게 하는 것도 정책적으로 가능할 것이다.

그런데 외부 효과에 대한 정확한 비용을 산정하기가 어렵다는 게 문제다. 예컨대 탄소 배출량 증가가 지구 온난화를 유발한다고 했을 때. 그렇다면 지구를 2도, 3도, 4도 가열하는 데 드는 비용은 얼마일까? 더 늦기 전에 지구 환경 변화를 막을 수 있는, 전 세계 모든 국가가 동의할 수 있는 비용 산정법이 나올 수 있을까? 화재로 발생한 매연 정도는 계산할 수 있을지도 모르겠다. 하지만 지구 온난화 비용은 계산도 어려울뿐더러, 지구 온난화가 가져온 비극에 추가적 책임을 물어야 할 국가들을 추려내는 것부터가 난관이다. 우리는 단순히 지구 온난화가 여러 문제를 일으킨다고만 알고 있지만, 지구 온난화에 따른 해수면 상승으로 영토가 잠겨 사라질 위기에 처한 일부 섬나라에는 이미 실존적 문제다.

외부 효과의 비용에 가치를 부여하는 일은 경제학자들의 몫이라 할 수 있다. 그래서 이 작업을 수행하기 위한 모델을 수립하면서 오염을 정화하는 데 드는 금전적 비용(monetary cost), 기대 수명 단축으로 상실하는 기회비용의 금전적 비용 등을 추정한다. 말 그대로 '금전적 비용'이다. 다른 요소가 수없이 작용하더라도 경제학의 모델에서는 추정 가능한 금액만 고려한다. 달리 표현하면 돈으로 환산할 수 있는 가치만 모델에 적용한다. 게다가 여기에도 자연은 빠져 있다. 인간과 관련한 비용만 다룬다. 이해하지 못하는 바는 아니지만, 이렇게 해서는 외부 효과에 따른 비용 가치를 제대로 산출할 수 없다. 인간에게 금전적 가치는 없더라도 생물 다양성과 생태계를 보호하는 본질적이고 도덕적인 가치가 있는 것이다.

예를 들어보자. 아마존 열대 우림을 벌목해 경작지로 만들면 인간에게 분명한 경제적 이득이 생긴다. 그곳에 콩을 심고 소를 키우면 많은 식량을 확보할 수 있고, 가난한 국가의 굶주린 아이들을 도울 수도 있을 것이다. 그렇지만 동시에 결코 대체할 수 없는 자연 생태계를 파괴하는 셈이 된다. 일부 동물 및 식물 종은 멸종할 수도 있다. 경제적 관점에서만 보면 이 결정은 이익과 손해로 정확히 계산할 수 있다. 식량 확보는 금전적 이익으로 환산되고, 생물 다양성 파괴는 미래에 귀한 약이 될 수도 있던 동식물을 상실한 데 따른 금전적 손해로 환산될 것이다. 열대 우림이 사라지면 지구의 이산화탄소 흡수 능력이 줄어들어 더 큰 오염과 지구 온난화를 초래하는 외부 효과도 발생한다. 도대체 어디까지 금전적 손익으로 계산할 수 있을까? 지구 환경을 보존해야 하는 비경제적 가치 또한 반드시 통합해야 한다.

주류 경제학을 향한 또 다른 비판은 소비주의를 미묘하게 조장한다는 것이다. 대표적인 경제 성장 측정 지표인 GDP, 즉 국내총생산은 한 나라가 1년 동안 생산 및 소비한 총합을 말한다. 쓸 수 있다는 것은 그만큼 가졌음을 의미하기에 생산과 소비를 모두 생산으로 본다. 1930년대 대공황 시기 효용(행복)은 경제 성장(소득 증가)과 비례한다는 발상에서 출발해 지금도 사용하는 경제 지표다.

GDP 산출 방법을 간단히 설명하면 '소비액 + 투자액 + 정부 지출액 + (수출액 – 수입액)'이다. GDP의 맹점은 반영되지 않는 요소에 있다. 예를 들어 식당에서 돈을 내고 먹은 음식은 GDP에 속하지만, 집에서 직접 요리한 음식은 GDP를 증가시키지 못한다. 청결한 환경에서 느끼는 쾌적함은 GDP에 포함되지 않는 대신, 오염을 정화하기 위해 들어간 비용은 GDP에 들어간다. 깨끗한 공기, 싱그러운 자연, 평화로운 일상, 안전한 사회 같은 요소는 GDP에 반영되지 않기에 효용(행복) 증가에 이바지하지 못한다. 금전적 비용으로 환산하기 어렵다는 게 이유다. 다시 말해 돈으로 바꿀 수 있는 소비(생산)만 GDP에 적용된다.

이렇게만 봐도 GDP에는 문제가 있어 보인다. 삶의 질은 돈으로만 평가할 수 없다. 게다가 인간은 자연 없이는 존재하지 못한다. 지금까지 경제학은 생산과 소비에만 초점을 맞췄다. 이제 자연 환경과 조화를 이루는 삶을 반영한 새로운 경제 지표를 마련할 때다. GDP에만 집착하면 경제에서 중요한 다른 요소들을 놓치게 된다. 소비에 덜 의존하는 비금전적인 목표를 더 가치 있게 여기지 못할 까닭은 없다.

아직 비관하기에는 이르다는 의견도 있다. 일부 경제학자들은 아직 희망이 있다고 이야기한다. 인간이 초래한 환경 비용은 산업화 초기 단계에 최악이었으나, 경제와 산업이 혁신을 거듭함에 따라 자연 환경을 돌보는 데 더 높은 역량과 더 많은 자원 그리고 더 큰 의지를 확보할 수 있었다고 강조한다. 실제로 최근 수십 년 동안 유럽에서 탄소 배출량이 감소했다. 소득이 증가하면서 생활에 여유가 생기자 사람들은 삶의 가치와 자연 환경의 소중함에 눈길을 돌릴 수 있게 됐다. 가난해서 먹고살기 힘들 때는 오직 어떻게 하면 돈을 벌 수 있을까 하는 생각만 했지만, 일정 수준 이상의 소득 규모에 도달하고 나니 그동안 보이지 않았던 것들이 보이면서 환경을 돌보는 일에 관심을 갖게 된 것이다.

낙관적 기대를 할 수 있는 또 다른 이유로 기술의 급격한 발전과 더불어 대체 에너지 개발도 눈에 띄게 성장했다는 점을 들 수 있다. 화석 연료와 원자력을 대체할 수 있는 태양열, 태양광, 풍력, 수력, 조력, 바이오매스(biomass)와 같은 '재생 가능 에너지(renewable energy, 재생 에너지)' 생산이 더 효율적이고 저렴해졌다. 화석 연료를 태우는 것보다 재생 에너지로 전력을 생산하는 것이 더 싸졌다는 얘기다. 이를 근거로 역시 시장은 스스로 해결책을 찾는다고 주장할 수도 있을 것이다. 어쨌든 화석 연료는 유한한 자원이라 생산 비용이 점점 더 많이 드는 데다 인간과 자연에 해로운 공해를 유발하므로, 경제적이고 무공해인 재생 에너지가 매력적인 것은 틀림없는 사실이다. 시장의 자연스러운 흐름이 환경 문제 해결 방법을 스스로 찾아냈다는 논리도 반박할 까닭이 없다.

그러나 가장 열렬한 자유시장 옹호 경제학자들조차도 시장에 한계가 없다고 우기지는 않는다. 시장 논리가 자연을 향했다고 해서 경제가 자연의 목소리에 귀를 기울인 결과라고 말할 수는 없으며, 이를 빌미로 계속해서 시장의 흐름에만 의존해서는 안 된다. 여전히 많은 환경 운동가들은 경제학이 방사선, 수질 오염, 대기 오염, 토양 손상 등이 초래한 기회비용을 상당히 과소평가했다고 비판한다. 우리 세대에서 바로잡지 않으면 미래 세대는 이 시대를 '환경 보호 기회를 저버린 시대', '성장을 위해 미래를 걸고 도박한 시대'였다고 혹독히 평가할 것이다.

공공재를 어디까지 공유할 수 있을까

_공유 자원

경제학 교과서를 펼치면 보통은 첫 번째 장에서 '사유재(private goods)', 즉 개인이 구매해 소유할 수 있는 재화를 설명한다. 사유재는 시장을 통해 공급되며 '배제성(excludability)'과 '경합성(rivalry)'을 모두 갖춘 재화다. 개인이 혼자서 소유하고(배제성), 여러 사람이 동시에 소유할 수 없다(경합성). 그래서 희소성을 갖게 되며 수요와 공급이 따른 가격이 형성된다. 우리가 100달러로 살 수 있는 사과나 배, 기업에서 가격을 붙여 판매하는 상품이나 서비스가 바로 사유재다.

그런데 모두가 이용하면서 아무도 소유하지 않는 재화는 경제학에서 어떻게 다룰까? 우리가 모두 공유하는 재화 말이다. 대표적으로는 생존에 필수적인 물과 공기를 들 수 있다. 대다수 사람이 물 마시고 숨 쉬는 것을 당연하다고 여기지만 이는 엄연히 재화다. 이를 사유재와 구분해 '공공재(public goods)'라고 부른다.

　누군가가 내 집 앞에 쓰레기를 버리면 경고 문구를 붙이거나 경찰에 신고할 수 있다. 내 집은 사유재이기 때문이다. 그렇다면 누군가가 공기를 오염시키는 상황에서는 어떻게 해야 할까? 모두가 공유하는 자원이지만, 그렇다고 주인이 있는 것도 아니라서 무척 모호할 것이다. 그러나 공기는 판매하는 곳도 없고 병에 담아 팔 수도 없지만, 모두에게 영향을 미치는 중요한 자원이다. 대기 오염이 심각해지면 천식 환자에게 치명적인 건강 문제가 일어날 수 있다. 미국에서만 연간 약 20만 명이 대기 오염으로 사망한다. 공기는 무엇보다도 먼저 관리해야 할 '공유 자원(shared resource)'이다.

　경제학에서 깨끗한 공기는 공공재로 분류할 수 있다. 공공재는 사유재와는 반대로 '비배제성(non-excludability)'과 '비경합성(non-rivalry)'이라는 특성을 가졌다. 도시의 공기를 정화하면 모든 시민이 혜택을 보며(비배제성), 깨끗한 공기를 서로 마시겠다고 경쟁하지 않아도 된다(비경합성). 자동차 같은 사유재라면 내가 사서 소유한 차를 다른 사람이 내 허락 없이 마음대로 사용할 수 없다.

　그렇지만 공공재가 가진 이런 특성 탓에 자유시장에서처럼 최적의 결과를 기대하기는 어렵다. 예컨대 "깨끗한 공기, 모두가 만들어가요" 캠페인에 동참한 많은 시민이 자동차를 운전하지 않고 걷거나 대중교통을 이용해서 대기 오염이 크게 개선됐다고 가정해보자. 성숙한 시민의식 덕에 삶의 질 향상과 기대 수명 연장이라는 혜택을 누릴 수 있게 됐다. 하지만 문제는 이럴 때 꼭 '무임승차자'가 생긴다는 데 있다. 자기는 아무런 기여도 안 하고서 다른 사람들의 노력에 편승해 혜택만을 누리려는 얌체 말이다. 이들은 차 문을 활짝 열고 맑은 공기를 맡으며 뻥 뚫린 도로를 질주한다. 공유 자원의 영향은 무시하면서 자신의 효용은 극대화하려는 이기심 때문에 발생하는 현상이다. 공공재의 비배제성과 비경합성 특성에 기인한 무임승차자 문제는 경제학에서 풀기 어려운 과제다.

공기와 같은 자연적 공공재와 달리 사회 모든 구성원의 복지와 편의를 위한 인공적 공공재도 있다. 경제학의 공공재는 주로 이를 일컫는 용어다. 이를테면 하천이나 해안의 범람을 막기 위한 제방을 들 수 있다. 지역 주민들이 각각 일정 비용을 분담해 제방을 만들면 홍수나 해수면 상승에 의한 피해를 줄일 수 있다. 이 공공재로 해당 지역 모든 사람이 혜택을 보는 것이다. 이 혜택은 끝까지 비용 분담을 거부한 무임승차자에게도 고스란히 전달된다. 정당한 대가 없이 공공 이익만 취하려는 무임승차자가 많아지면 공익 시설 구축은 사실상 불가능해진다.

이와 같은 문제 때문에 공공재는 일반 영리 기업이 추진하기 어렵다. 결국 정부 개입으로 이뤄질 수밖에 없다. 정부는 세금을 부과해 거둔 세수를 통해 공공 지출 예산을 확보함으로써 모든 시민이 공공재 비용을 부담하도록 강요할 수 있다. 이렇게 하면 무임승차 없는 공익이 실현된다. 마찬가지로 대기 오염 문제도 캠페인이나 시민의 자발적 참여에 의존할 것 없이 정부 법안 발의로 입법화해 해결할 수 있다. 다만 자연 환경을 보호하고 개선하는 정책은 다른 경제 정책과 다르게 그 결과가 단기간에 드러나지 않으며, 눈에 띄는 정치적 효과 또한 기대하기 어렵다. 대기 중 오염 물질은 눈에 보이지 않으며, 사망자가 발생해도 대기 오염이 직접적 사인이 아닌 경우가 많다. 예를 들어 대기 오염은 폐, 뇌, 신장, 심장, 혈관 등 거의 모든 신체 기관에 질병을 유발하지만, 병원에서는 염증, 경색, 종양이 직접적 원인이라고 진단하지 대기 오염을 말하지는 않는다.

공유 자원을 생각할 때 고려해야 할 부분은 깨끗한 공기와 맑은 물을 '누구'와 '공유'하느냐는 것이다. 대기 및 수질 오염은 이제 한 국가의 문제가 아니라 전 세계적 문제다. 공기와 물은 한곳에 머물러 있지 않다. 유럽과 아시아의 대기는 지구상의 모든 국가에 영향을 미친다. 그렇기에 대기 오염을 국내 문제로 국한해 해결하려고 하면 안 된다. 글로벌 협력이 필요하다. 나아가 이 문제를 현재 세대뿐 아니라 미래 세대와도 공유해야 한다. 지금 우리가 내리는 결정은 미래를 살아갈 사람들에게 영향을 미친다. 모르긴 몰라도 우리보다 훨씬 더 큰 영향을 받을 것이다. 그러므로 공유재와 관련한 최선의 결정을 내리려면 모든 이해 당사자를 헤아리는 능력과 의지가 필요하다.

공유 자원 문제는 기존 경제학 모델이 '개인 효용 극대화', '사유재', '사적 결정' 개념을 토대로 한다는 점에서 경제학에 새로운 도전 과제를 제시한다. 미래 세대를 통합하고 자연 환경에 잠재적으로 해를 끼칠 수 있는 위험을 제거하는 과제는 이제 과거와 다른 관점에서 살펴야 한다. 여기에는 성장 중심의 경제관을 과감히 치워 버리는 결단도 포함된다. 공기와 물 같은 공유 자원의 중요성을 깨달아 더 큰 비중을 두기로 했다면, 경제학의 목표는 성장의 극대화가 아니라 지속 가능한 공유 자원 유지를 최우선으로 삼아야 한다. 아울러 부의 공평한 분배도 이뤄져야 한다. 거대 다국적 기업은 광활한 토지를 소유해 고용을 창출하고 사업을 영위하므로, 이미 공유 자원에 엄청난 영향력을 행사할 수준에 이르렀다. 중요한 결정이 그들에게 좌우되면 공공의 이익보다 자신의 이익을 우선시할 가능성이 크다.

공유 자원 관리를 정부 개입에만 의존하는 것도 큰 틀에서 보면 바람직한 해결책이 아니다. 합리적 선택 이론의 경제 모델은 '무임승차자' 문제를 끊임없이 지적해왔다. 무임승차가 계속해서 발생하는 한 공유 자원을 보호하려는 노력은 실패를 거듭할 수밖에 없다. 그래도 희망적일 수 있는 까닭은 인간이 단순히 금전적이고 이기적인 목적만으로 동기를 부여받는 존재가 아니라는 데 있다. 분명히 인간은 사회적 압력, 이타주의, 사회에 이바지하려는 욕구에 의해서도 움직이는 존재다. 인간이 가진 더 나은 본성과 좋은 환경을 향한 열망에 호소함으로써 각국 정부와 개인이 힘을 합쳐 인류의 공유 자원을 관리할 수 있다.

많은 인류학자와 사회학자도 지역 공동체가 강력한 사회적 유대를 통해 사람들이 지속 가능한 방식으로 행동하도록 이끌 수 있기에 공유 자원을 효과적으로 관리할 수 있다고 주장한다. 이와 같은 태도와 행동 변화는 경제학의 영역을 벗어나 철학(윤리학)에 속하는 것처럼 보일 수 있지만, 경제학은 여전히 중요한 소임을 수행할 수 있다. 행동 경제학은 우리가 다른 사람들의 행동에 쉽게 영향받는다는 사실을 증명했다. 예를 들어 매주 재활용을 수거하는 시스템이 생기면 다른 이웃과 함께 재활용 분리수거에 참여해야 한다는 사회적 압력을 받게 된다. 마찬가지로 세금 또는 광고 캠페인을 통해 반복적으로 자동차가 유발하는 대기 오염 실태를 보여주면, 내연기관 차를 타는 것이 시대에 뒤떨어진다는 인상을 심어줄 수 있다. 그러면 언제부턴가 도로 대부분을 저공해 하이브리드 차량이나 전기차가 차지하고 있을지도 모른다.

항공 여행을 멈추게 하는 것이 이득일까

항공기는 자동차와 비교할 수 없을 정도로 높은 수준의 탄소를 배출하고 대기 오염을 유발한다. 런던에서 뉴욕까지 비행할 때 986킬로그램의 이산화탄소를 배출한다. 전 세계에서 1인당 연평균 이산화탄소 배출량이 986킬로그램 미만인 나라는 56개국이다. 이는 항공기가 한 번의 장거리 비행으로 배출하는 이산화탄소가 사람이 1년 동안 배출하는 양보다 더 많다는 뜻이다. 항공업계는 항공기의 이산화탄소 배출량은 전 세계 총배출량의 2퍼센트에 불과하다며 억울해한다.

하지만 지구 대기에 해를 끼치는 항공기 배출 가스를 전부 계산하면 그 수치가 2~2.5배 더 높아진다. 항공기가 이산화탄소뿐 아니라 오존층을 파괴하는 아산화질소도 배출하기 때문이다. 이에 더해 항공기는 그을음과 수증기도 방출하는데, 대류권 꼭대기에서 밤에 열

을 다시 지표로 반사하는 권운(Cirrus) 생성의 원인으로 추정되고 있다. 항공기가 비행할 때 내뿜는 다양한 온실가스 외에도 항공기 제작, 정비, 공항의 교통 혼잡 등으로 인한 이산화탄소 배출도 있다. 이를 종합해볼 때 항공 산업의 탄소 배출량은 항공업계가 말하는 2퍼센트보다 크다고 할 수 있다. 더구나 이 수치가 전 세계 평균이라고 하지만, 대부분의 항공편은 선진국에 몰려 있다. EU 국가의 항공편만 따져도 전 세계 배출량의 3.8퍼센트를 차지한다.

코로나19 사태 이전의 전망으로는 항공 여행 수요가 2050년까지 무려 300퍼센트 증가하리라고 예상됐다. 자동차와 달리 항공기는 재생 에너지나 하이브리드(hybrid) 전기 엔진 기술을 적용하기가 매우 어렵다. 배터리 구동으로는 9시간 비행은 고사하고 항공기를 활주로에서 띄우지도 못한다. 이처럼 친환경 항공기 엔진 개발은 아직 요원한 일이기에, 기존 방식의 항공 여행이 지구 대기에 미칠 영향은 앞으로 더 커질 것이다. 이산화탄소 배출과 대기 오염을 줄이고 지구 온난화를 막으려면 항공 산업을 이대로 방치해서는 안 된다. 그렇다면 무엇을 얼마나 바꿔야 할까?

항공 여행이 대기 오염에 큰 영향을 미친다는 사실을 알았으니, 이제부터라도 국내에서만 휴가를 보내고 비행기 타야겠다는 생각은 버려야 할까? 이에 경제학자는 아마도 경제적 효율성 개념을 끄집어내고 최종 가격에 항공기 운항과 관련한 모든 외부 비용을 포함해서 의견을 개진하려고 할 것이다. 항공기가 공해를 유발하고 다량의 이산화탄소를 배출한다는 명목의 '비행 금지'가 가장 효율적인 대기질 수준 '오염 제로(0)'을 의미하지는 않는다고 말이다. 그렇더라도 경제 논리로 움직이는 시장에만 맡겨둘 수는 없지만 조정은 가능할 것이다. 일부 항공편은 다른 항공편보다 공공 이익에 더 기여할 수 있으며, 양국의 이익을 위해 어떤 사업가가 다른 나라로 반드시 출장을 떠나야 할 수도 있다. 자선 단체 일원이 구호품 지원을 목적으로 항공편을 이용하는 것도 제한할 수 없을 것이다. 하지만 쇼핑처럼 공공 이익과 무관한 여행은 항공 운항 스케줄을 단축하고 국내에서의 쇼핑을 권장할 수 있을 것이다.

'탄소세(carbon tax)' 부과도 한 가지 방법이다. 화석 연료 사용에 따른 이산화탄소 배출량에 비례한 환경 비용을 경유, 휘발유, 항공유 등에 세금으로 부과한다. 이를테면 런던발 뉴욕행 항공기의 1회 운항당 환경 비용이 200달러라면 그 액수만큼 탄소세를 부과하는 것이다. 화석 연료에 탄소세를 적용하면 항공권 가격도 크게 오르므로, 사람들은 꼭 해야 할 여행이 아니라면 항공기 탑승을 꺼리게 될 것이다. 이런 분위기가 국내 여행을 장려하는 캠페인과 어우러지면 자연스럽게 가까운 곳에서 휴가를 보내려는 사고방식으로 연결될 것이다.

무리한 주장을 한다고 생각할지 모르겠다. 물론 비판의 목소리도 있다. 항공 여행의 탄소세 적용은 불공평한 처사이며, 형편이 좋지 않은 사람들에게 피해를 준다는 것이다. 그렇지만 항공 여행을 자주 하는 사람은 대개 고소득자들이다. 일반적인 사람들은 항공편에 연간 2,000달러를 지출하지 않는다. 그래서 항공 여행에 대한 탄소세 부과는 고소득자들을 공유 자원 관리에 이바지하도록 유도하는 꽤 적극적이고 진보적인 정책이 될 수 있다. 일반인들에게 큰 부담이 되지 않게끔 좀 더 세부적인 조항을 설정할 수도 있다. 비행 횟수에 따라 증가하는 세금도 생각해볼 수 있다. 상용 고객의 항공권 요금은 인상되지만, 1년에 한 번 이용하는 고객에게는 적용하지 않는 식이다. 항공사들도 충분히 감내할 수 있는 정책이다. 대부분 국영 기업인 항공사가 정부 보조금을 받는다는 점도 염두에 둘 필요가 있다.

정부는 탄소세로 확보한 세수를 다른 세금 인하나 공공 부문에 사용할 수 있다. 항공 여행 탄소세 부과를 '항공세(airline tax)'라고 부르기로 하자. 공유 자원 관리 측면에서 녹색 기술, 녹색 교통, 녹색 환경을 조성하는 계획에 투자할 수 있다는 얘기다. 따라서 항공세는 항공편을 이용하지 않거나 가끔 이용하는 사람들에게 혜택으로 돌아간다. 항공세의 장점은 강요가 아닌 사람들 스스로 선택한다는 데 있다. 비행을 금지하거나 횟수를 제한하는 게 아니므로, 더 많은 돈을 낼 의향이 있는 사람이라면 얼마든지 항공편을 이용할 수 있다. 동시에 본래의 목적, 즉 장기적으로 항공 여행에 대한 인식을 변화시켜 꼭 필요하지 않으면 항공기 이용을 피하도록 할 수 있다.

한편으로 항공세는 항공편의 '탄소 발자국(carbon footprint)'에 따라 달라진다. 당연히 탄소 발자국이 적은 항공편보다 탄소 발자국으로 붐비는 항공편이 더 많은 항공세를 내게 된다. 일등석이 항공세가 가장 높으리라는 것은 두말할 필요도 없다. 일등석은 항공기에서 다른 좌석보다 더 넓은 공간을 차지하기 때문에 결과적으로 더 많은 이산화탄소 배출을 유발한다. 항공세는 비행 시간에 따라서도 달라진다. 장거리 비행에는 단거리 비행보다 더 높은 항공세가 부과된다. 더 오랫동안 비행해 더 큰 환경 비용을 초래한 탑승객들은 그에 합당한 요금을 내야 한다.

항공세의 본질과 직결된 가장 큰 이점은 항공 산업이 탄소 배출량을 최소화해야 할 유인을 제공한다는 것이다. 한 조사에 따르면 항공기 이산화탄소 배출량의 약 10퍼센트는 비효율적인 관행에서 비롯된 것으로 나타났다. 이를테면 공항 활주로를 불필요하게 오래 돌거나, 항공유가 상대적으로 저렴한 국가를 경유할 때 연료를 가득 채움으로써 초과 중량으로 배기가스가 과다 배출되는 등 문제가 되는 관행이 있었다. 항공세가 이를 억제하는 효과로도 작용할 것이다. 장기적으로 탄소세로 인해 매우 높아진 화석 연료 가격은 대체 에너지 개발에 총력을 가하게 만들 것이다.

탄소세를 항공편에 부과하는 방식의 항공세는 국제민간항공기구 (ICAO)가 채택한 개념이다. 국제민간항공기구는 전 세계 민간항공의 건전한 발전을 도모하기 위해 1947년 발족한 UN(국제연합) 산하의 국제기구다. 지구 온난화를 초래하고 가중하는 온실가스를 배출할 수 있는 권리인 이른바 '탄소 배출권(certified emission reduction)'을 항공사가 구매해 당당히 사용하겠다는 것이 주된 채택 이유였다. 그러면 그 자금은 '탄소 상쇄(carbon offset)', 즉 배출한 이산화탄소의 양만큼 산림 조성, 재생 에너지 시설, 온실가스 감축 시설 등에 쓰일 수 있다. 이렇게 이산화탄소 배출량을 그대로 다시 흡수하는 시설을 전 세계적으로 구축해 이산화탄소의 실질 배출량을 제로(0)로 만들겠다는 개념이 '탄소 중립(carbon neutral)'이다. 많은 항공사가 탄소 중립을 지키면서 사업을 영위해나갈 수 있다는 명분 아래 자발적으로 서명했다. 그러나 여러 환경 단체들은 여전히 '탄소 상쇄'에 회의적이다. 과연 이 프로젝트가 온실가스 배출을 정말로 상쇄할 수 있는지 그 여부를 알기 어렵다고 주장한다.

방금 언급했듯이 탄소 배출권은 거래가 가능하다. 명목상으로는 탄소를 거래할 수 있는 권리이나, 돈을 내고 사는 것이기에 '탄소세'라고 불리는 것이다. 탄소 배출권 거래는 이미 시행되고 있다. EU의 경우 유로존에서 운항하는 모든 항공사가 배출량을 모니터링해 보고하며, 허용량을 탄소 배출권 구매를 통해 사용한다. 거래제를 도입한 까닭은, 시간이 지나면서 탄소 배출권 거래가 꾸준히 감소하면 온실가스 배출량이 실제로 줄어들 테고, 행여 탄소 배출권 구매가 늘어서 온실가스가 증가하더라도 그렇게 확보한 탄소세 수입으로 환경 비용을 충당할 수 있기 때문이다. 두 마리 토끼를 잡으려는 노림수다.

배출할 수 있는 이산화탄소에도 할당량이 있다. 할당 총량은 2021년부터 감소하기 시작해 2068년에는 아예 설정하지 않는다. 달리 말해 EU는 2068년까지 유로존 상공 운항을 '탈탄소화(decarbonize)'할 계획이다. 항공 여행이 초래하는 대기 오염을 줄이기 위한 가장 야심찬 계획이 아닐 수 없다.

비만에도 세금을 붙여야 할까
_비만세

일명 '비만세(fat tax)'는 비만을 유발하고 건강에 해를 끼치는 식품에 부과하는 세금을 말한다. 예를 들어 설탕을 함유한 음료나 지방, 설탕, 소금 함량이 높은 과자류에 세금을 부과하는 식이다. 비만세는 건강한 식습관을 장려하고 비만율과 질병률 감소를 목표로 하는 정책이다. 지난 20년 동안 비만 인구가 급격히 증가했다. 미국의 경우 2000년에 30퍼센트였던 비만율이 2018년에는 42퍼센트로 높아졌다. 비만은 온갖 질병의 원인으로 기대 수명을 단축할 뿐 아니라 사회적 비용을 유발한다. 2006년 기준 미국에서 비만으로 인해 발생한 의료비 지출은 약 1,470억 달러다. 이를 비만 인구 1인당 평균 추가 지출액으로 환산하면 1,429달러다.

'비만세'라는 명칭이 징벌적이고 치욕스럽게 들린다는 반응도 많다.

그래서 어떤 이들은 '설탕세(sugar tax)'나 '건강식사세(healthy eating tax)'로 부르자고 제안한다. 그리고 비만 인구에서 저소득층이 가장 높은 비중을 차지하고 있기에 불공정하다는 비판의 목소리도 있다. 인간의 자유롭게 먹고 마실 권리를 침해하는 정책이라고 주장하는 사람들도 있다. 그렇지만 경제적 관점에서 볼 때 비만세는 사람들을 부끄럽게 하거나 무엇을 먹으라고 강요하는 것이 아니라, 비만을 줄여 더 건강하게 오래 살아야겠다는 사회 분위기를 형성하기 위한 경제적 유인을 창출하는 데 있다.

비만세를 도입하는 가장 큰 이유는 비만을 초래해 건강에 해로운 식품을 먹으면 부정적인 '외부 효과'가 나타나기 때문이다. 비만과 당뇨의 원인인 가당 음료는 결국 사회 전체가 감수해야 할 더 높은 의료비로 이어진다. 납세자들의 자금으로 국민 보건 서비스(National Health Service)를 운용하는 영국과 같은 국가에서 더욱 그렇다. 의료비만 문제가 아니다. 비만과 질병은 다른 경제적 손실도 유발한다. 국민의 건강이 좋지 않으면, 특히 노동 가능 연령대가 건강하지 않으면 국가 전체의 생산성 저하로 연결된다.

건강세는 간접세로 시행된다. 소비자는 그저 가격표에 쓰인 대로 돈을 내고 건강에 해로운 식품을 먹지만, 이미 건강세를 포함한 가격이다. 장기적으로 발생할 경제적 비용은 이렇게 상품 가격에 효과적으로 숨겨진다. 설탕이 든 음료를 하나씩 사서 마실 때마다, 짜고 기름진 식품을 먹을 때마다 건강세를 내게 되는 셈이다. 이런 식품을 구매한 사람은 건강세 납세자다. 건강에 문제를 일으키는 식품 때문에 생기는 경제적 비용을 해당 식품을 구매하는 사람들에게 부담케 하는 방식이다. 아직 시행하지 않고 있는 국가라면 간접세 형식의 비만세 도입을 적극적으로 검토할 필요가 있다. 건강에 해로운 식품들의 시장 가격은 현재 건강 문제로 인해 투입되고 있는 사회적 비용에 비춰볼 때 훨씬 낮게 형성돼 있다. 몸에 나쁜 식품은 대부분 싸다. 건강보험 등 사회적 비용을 납세자가 직접적으로 부담하고 있기에, 어떤 의미에서는 건강에 해로운 식품에 정부 보조금을 지급하고 있다고도 말할 수 있다.

세금을 좋아하는 사람은 없다. 일반적으로 사람들은 새로운 세금을 내야 한다고 하면 거부감을 표출한다. 하지만 경제적 관점에서 우리는 늘 '기회비용'을 생각해야 한다. 우리가 100억 달러 세수를 마련할 수 있는 비만세를 거부하면, 당뇨병이나 심혈관질환 치료에 드는 100억 달러의 기회비용을 충당하기 위해 소득세나 지출세 등 다른 형태의 세금을 인상해야 한다. 간접세인 비만세는 이 세금을 낼지 말지 선택할 수 있다. 몸에 좋지 않은 식품을 구매함으로써 나도 모르게 비만세를 내게 되더라도, 그 덕에 거둬들인 세수로 의료 서비스를 강화할 수 있다. 비만세로 100억 달러를 확보하면 더 많은 병원을 짓고 더 좋은 치료 설비를 구축하는 데 사용할 수 있다. 그렇게 되면 병원의 대기자 명단이 줄어들고 의료 행태가 전반적으로 향상된다. 사회 구성원 모두가 비만세의 혜택을 볼 수 있는 것이다.

비만세가 인간의 자유롭게 먹고 마실 권리를 정부가 개입해 침해한다는 비판은 과도한 오해에서 비롯된 잘못된 비판이다. 우리는 여전히 무엇을 먹을지 선택할 수 있고 먹고 싶은 음식을 먹을 수 있다. 비만세는 자유를 박탈하지 않는다. 공익을 위해 세금을 내자는 것일 뿐이다. 설탕 가득한 음료를 너무나도 좋아하고 건강에 대해서 별다른 걱정이 들지 않는다면 계속 마시면 된다. 세금 내는 게 싫다면 무가당 음료로 취향을 바꿀 수 있고, 설령 과다 섭취로 건강에 문제가 생기더라도 그동안 냈던 비만세의 혜택을 누릴 수 있다.

비만세의 대안으로 음료에 포함된 설탕량을 규제하는 정부 시행령을 발효하거나, 2018년 영국의 '청량음료 추가 부담금(Soft Drinks Levy)'처럼 건강에 해로운 식품 판매를 제한하는 방식도 있다. 세금을 매기는 대신 시장 논리에 맡기는 정책이다. 마찬가지로 단 음료가 너무 좋다면 평소처럼 마시면 된다. 비만세와의 차이는 더 비싸게 주고 사서 마셔도, 나중에 우리에게 혜택으로 돌아오지는 않는다는 점이다.

비만세가 저소득층의 경제적 불평등을 악화한다는 비판에 대해서도 살펴보자. 실제로 저소득층은 고소득층보다 세금의 영향을 더 많이 받는다. 소득 수준으로만 따진다면 비만세는 부유한 사람들한테는 사소할지 몰라도 형편이 어려운 이들에게는 큰 부담이 될 수 있을 것이다. 이렇게만 보면 비만세는 저소득층에 불리한 정책인 것 같다. 그러나 이것이 비만세를 반대할 만한 합당한 이유는 되지 못한다. 왜냐하면 지금 시행 중인 대부분의 세금 정책도 저소득층으로부터 얻는 세수가 많은 부분을 차지하기 때문이다. 이를테면 술이나 담배의 주 소비층은 저소득층이다. 술과 담배에도 세금이 붙는다. 저소득층이 애용하는 상품이라고 해서 담배에 정부 보조금을 지급하지는 않는다. 술과 담배에 부과하는 세금도 사회적 비용을 충당하는 데 쓰인다. 비만세와 다른 게 무엇일까? 비만세 세수도 더 나은 의료 서비스에 사용하거나 다른 형태의 세금을 낮추는 형태로 결국 그 혜택이 저소득층에게 돌아간다. 저소득층에게 건강은 고소득층보다 중요하지 않은 덕목일까? 세금이 부담스럽다면 건강해지는 쪽을 선택해 비만세를 피하면 된다. 그런데도 비만세가 불평등을 악화하는 결과를 초래한다면 비만세 세수를 이용해 저소득층과 관련한 다른 세금을 줄이는 방법이 있다. 비만세 일부를 저소득층 대상 보조금으로 환원해 과일이나 채소를 제공할 수도 있다. 세상 모든 세금 정책이 공평하다고 할 수는 없겠지만, 적어도 비만세는 소득계층 간 불평등을 최소화하면서 누구나 혜택을 받을 수 있는 정책이다.

건강에 해로운 식품은 경제학에서 말하는 '비가치재(demerit goods)'라고 볼 수 있다. 비가치재란 소비에 따른 효용(행복)은 과대평가된 반면 비효용(불행)은 과소평가된 상품이나 서비스를 뜻한다. 달고, 짜고, 기름진 식품은 대체로 맛있다. 맛있다는 효용이 건강을 해친다는 비효용보다 우위를 점한다. 살찌는 게 싫으면서도 거부하기 어렵다. 비만세는 이를 바로잡을 수 있다. 건강에 해로운 식품이 세금으로 비싸지면 나쁜 식습관을 개선하는 계기가 될 수 있다. 앞서 말했듯이 몸에 나쁜 식품은 대부분 싸다. 싸니까 더 찾게 된다. 게다가 애써 먹으려고 하지 않는데도 먹게 되는 식품도 있다. 옥수수가 대표적이다. 미국에서는 남아도는 게 옥수수다. 과잉 공급되기 때문이다(정부 보조금도 한몫한다). 매우 흔한 데다 가격이 너무 싸서 여기저기에 식자재로 많이 쓰인다. 그래서 문제를 유발한다. 수많은 식품 제조업체가 옥수수 시럽을 사용한다. 이 옥수수 시럽은 설탕 범벅이다. 알다시피 설탕은 중독성이 있다. 나도 모르게 옥수수 시럽이 들어간 식품을 계속 먹게 된다. 여기에 부과하는 비만세를 '설탕세(sugar tax)'라고 한다면, 설탕세는 옥수수 시럽을 덜 먹고 체중을 줄이는 방향으로 우리를 유도할 수 있을 것이다.

비가치재에 대한 세금의 좋은 예는 더 찾을 것도 없이 담배세다. 제2차 대전 이후 선진국에서 담배 소비율은 인플레이션보다 더 가파르게 증가했다. 정부는 담배세를 부과했다. 사람들은 정부가 세수를 늘리고자 흡연자들의 주머니를 노리는 것일 뿐, 담배세가 담배 수요를 감소시키지는 못한다고 비난했다. 그렇지만 결과는 달랐다. 장기적으로 담배세는 흡연율을 떨어뜨리는 데 결정적인 역할을 했다. 미국의 흡연율은 1965년 42퍼센트에서 2018년 13.7퍼센트로 현저히 감소했다. 담배세가 흡연을 바라보는 사회적 인식을 바꾼 것이다. 담배광고 제한 조치도 효과가 있었지만, 지배적인 요인은 담배세였다. 비만세를 향한 비판도 담배세 때와 유사한 경향이 있다. 그 결과도 유사할 것이다. 먼저 시행한 국가들의 사례만 봐도 그렇다.

비만세는 기업의 사업 전략도 변화시킬 수 있다. 식품 제조업체가 더 건강한 식품을 생산하도록 만드는 유인이 될 수 있다. 식품에 첨가하는 설탕에 설탕세가 부과되면 대부분 제조업체가 설탕 함유량 수준을 낮추거나, 단맛을 내는 다른 첨가물(건강에 해롭지 않은)을 사용한다는 연구 결과도 있다. 그러므로 비만세는 모든 이들의 건강한 삶을 위한 미래지향적 정책이라고 할 수 있다.

비만세가 만병통치약이라고 주장하는 것은 아니다. 설탕, 소금, 기름을 줄인다고 해서 무조건 건강해지지는 않는다. 건강을 해치는 다른 요인들도 수없이 많다. 비만세가 한 가지 좋은 대안이 될 수 있다는 의미다. 더욱이 비만세와 함께 건강에 관련된 다른 정책도 병행해서 추진해야 한다. 비만세의 성패는 여기에 달렸다. 예를 들어 비만세가 건강에 해로운 식품 정보를 제공해주고 건강 식단의 효능을 알려주는 캠페인과 결합하면 더 효과적일 것이다. 칠레의 경우 건강 적신호 유발 식품 공개 캠페인에 학교를 참여시켜 상당한 효과를 보기도 했다. 비만세 자체로 결정적 효과를 기대하는 데는 무리가 있겠지만, 갖가지 부가 정책을 통해 보완함으로써 사회 전체에 혜택을 돌리고 공정하게 세수를 증대하는 좋은 방안이 될 수 있다.

환경 보호는
일자리 창출로 연결될까

오늘날 자연 환경은 지구 온난화, 토양 손상, 해수 오염 등 수많은 심각한 문제에 직면해 있다. 환경 보호에는 기업과 소비자의 행동 변화가 필수적이다. 화석 연료 의존을 끝내고 대체 에너지를 개발해 산업의 패러다임을 근본적으로 변화시켜야 한다. 단기적 측면에서는 이런 급진적 변화가 쇠퇴하고 있는 산업의 일자리에 부정적 영향을 미칠 것이다. 이를테면 광산 노동자들은 탄광 폐쇄로 일자리를 잃어 생계 위협을 느끼게 될 것이다.

하지만 환경 운동가들과 '그린 뉴딜(Green New Deal)' 지지자들은 환경 보호 중심의 경제 구조 변화가 일자리를 파괴하는 게 아니라, 환경을 손상하는 산업에서 친환경 산업으로 일자리를 옮기는 것이라고 주장한다. 예를 들면 화석 연료를 대체하고자 정부와 기업은 태양열,

태양광, 풍력, 수력, 바이오매스 등의 재생 에너지에 대한 투자를 모색할 수 있다. 이 산업이 커지면 건설, 유지 보수, 연구 개발 분야의 새로운 일자리가 창출된다. 환경 보호가 실업으로 이어진다는 생각은 쇠퇴하는 산업에만 초점을 맞추기 때문에 러다이트 오류를 초래한다.

환경 보호는 인간과 자연의 공존을 모색하는 윤리적 의무를 떠나서 경제가 겪고 있는 변화와 관련이 있다. 경제를 위해서라도 환경 보호는 필연적인 선택이다. 이미 시장은 쇠퇴하는 화석 연료 산업에서 재생 에너지 기술 산업으로 이동했다. 이 같은 경제 변화에 발맞추려면 일자리 영역도 달라져야 한다. 그린 뉴딜은 이 변화를 가속해 지속 가능한 경제로 더 빨리 전환하도록 돕는다. 그린 뉴딜을 옹호하는 사람들은 환경 보호로 일자리를 창출할 여러 가지 방법이 있다고 강조한다. 예컨대 정부와 기업은 더 뛰어난 주택 단열재 개발을 계획할 수 있다. 그러면 공동벽(cavity wall), 이중 유리, 지붕 단열재 생산 및 시공 분야에 고용 수요가 생긴다. 난방 효율이 올라가면 불필요한 에너지 소비를 막을 수 있어 환경에도 도움이 된다. 이 계획을 추진하는 비용 일부는 납세자의 몫이 되겠지만, 효율적인 단열로 난방비가 내려가면 가계의 가처분 소득을 높이는 효과가 있다. 그렇게 경제에서 다른 상품과 서비스에 지출할 수 있는 소득을 높여 이 부문의 새로운 일자리를 창출할 것이다.

교통 정비도 환경을 보호하는 방안이 될 수 있다. 도심 교통량을 제한하고 대중교통에 투자하는 것도 한 가지 방법이다. 자동차 제조업체의 시각에서 보면 자동차 구매 수요를 떨어뜨려 자동차 산업을 위축시킨다고 우려할 수 있다. 그럴 가능성도 있겠지만, 교통량이 줄고 보행자 전용 구역이 잘 정비되면 더 많은 유동 인구를 이끌어 더 큰 소비 수요를 만들어낼 것이다. 사람들은 인파가 많고 쾌적한 곳에서 쇼핑과 편의를 즐기고 싶어 한다. 단기적으로는 승용차 이용 감소에 따른 경제적 비용이 발생하지만, 대중교통과 보행자 전용 구역이 성공적으로 구축된다면 도심은 더욱 매력적인 관광지로 변모할 수 있다. 장기적으로는 지역 경제 활성화에 큰 도움이 된다. 자동차 산업 위축으로 인한 손실보다 환경 개선과 유동 인구 견인에 의한 이득이 훨씬 높은 것이다.

환경 보호 정책이 농업 생산성을 저해한다는 의견도 있다. 현대의 집약적 농업 방식은 가축과 농작물에 항생제, 화학 비료, 살충제를 과도하게 사용한다. 그런데 화학 물질 사용은 자연 환경을 크게 해치는 결과로 나타났다. 살충제 때문에 꿀벌처럼 자연 생태계에 없어서는 안 될 곤충의 개체수가 급감했다. 꿀벌은 식물의 꽃가루를 옮겨 열매를 맺게 하는 중요한 역할을 한다. UN 식량농업기구(FAO)에 따르면 전 세계 식량의 90퍼센트를 차지하는 100대 농작물 가운데 70퍼센트가 꿀벌의 수분 활동에 의존한다. 달리 말해 꿀벌이 없으면 인류의 식량도 없는 것이다. 환경에 치명적인 화학 물질 사용을 대폭 줄이고 더 효율적인 유기농법을 개발함으로써 이 문제를 극복해야 한다.

하지만 많은 농민이 화학 비료와 살충제를 금지하면 경쟁력을 상실해 농업이 몰락할 수 있다고 걱정한다. 그러나 그것은 기우에 불과하다. 나 혼자서만 화학 비료 없이 농사를 짓는다면 다른 농민들과 비교해 매우 불리할 테지만, 전체 농업을 정책적으로 규제하면 모든 농민이 한배를 탈 수밖에 없다. 환경 친화적인 농법으로 농업 관행이 변화할 것이다. 물론 이 부문에 대한 정부 지원은 필수적이다. 나아가 국가끼리도 약정이 필요하다. 어떤 나라는 유기농법으로 농작물을 관리하는데 어떤 나라는 여전히 화학 비료를 고집한다면 생산 불균형으로 무역에서 문제가 발생한다. 따라서 국제 협약을 통해 전 세계 농업 무역을 하는 대다수 국가가 이를 따르게 해야 한다.

만약 몇몇 국가가 이에 동의하지 않고 기존 방식대로 농업을 유지하더라도 크게 염려할 필요는 없다. 친환경 유기농법이 글로벌 대세인데 이 나라 농산물만 화학 비료와 살충제로 재배됐다는 시장의 냉혹한 평가를 받게 될 것이기 때문이다. 게다가 환경을 헤아리지 않는다는 이미지는 국가 브랜드를 훼손한다. 전 세계 사람들에게 관광지로서 매력을 잃게 된다. 반대로 건강한 농산물을 키우고 환경 보호를 중요한 정책 가치로 삼는 국가는 좋은 평판을 받아 많은 수의 관광객을 유치할 것이다.

그린 뉴딜의 궁극적 목표는 산업 전체를 100퍼센트 청정 에너지로 전환하는 데 있다. 미국의 경우 탄소세를 이용해 2030년까지 100퍼센트 청정 에너지로 전환하겠다는 희망을 갖고 있다. 탄소세를 이산화탄소 배출량 1톤당 60달러에서 시작해 해마다 높여나가면서 2030년까지 259달러로 올리겠다는 계획이다. 탄소세로 화석 연료를 비경제적으로 만들고 에너지 생산을 이산화탄소를 배출하지 않는 방식으로 전환한다는 게 주요 골자다. 높은 탄소세는 화석 연료 산업의 고용을 급격히 감소시켜 일시적으로 실업을 초래할 것이다. 화석 연료 산업에 종사하던 노동자들은 이전 일터에서 새로운 일터로 원활하게 이동하는 데 어려움을 겪을 수 있다. 그렇지만 탄소세는 대체 에너지 생산 기술에 대한 투자도 높이게 된다. 조금만 견디면 새로운 일자리가 기존 일자리 손실분을 상쇄하고도 남을 것이다.

환경 보호는 급박하고 절실한 문제다. 환경 보호로 초래하는 일자리 손실보다 환경 파괴로 일어나는 일자리 손실이 더 심각하다. 예를 들면 오늘날 많은 국가에서 영토 사막화 현상을 목도하고 있다. 기후 변화, 산림 훼손, 무분별한 방목, 과도한 화학 비료와 물 사용 등이 점점 더 많은 땅을 인간과 동식물이 살 수 없는 곳으로 바꾸고 있다. 이곳에서 일하던 사람들은 삶의 터전을 잃고 다른 지역으로 이주해야 한다. 환경 파괴가 이들의 생존을 위협하는 것이다. 앞서 설명한 꿀벌 개체수 감소도 큰 문제다. 수분해줄 꿀벌이 사라지면 농작물 재배가 불가능해진다.

코로나19와 같은 바이러스는 동물의 왕국에서 나왔지만, 인간이 원인이 아니라고 확실히 단정할 수는 없을 것이다. 많은 과학자가 동물의 바이러스 발생과 일부 농업 및 상업 관행 사이에 강한 연관성이 있다고 추정한다. 코로나19 팬데믹은 전 세계 경제를 파괴했고 일자리를 앗아갔다. 제2, 제3의 코로나19가 나오지 않으리라는 보장도 없다. 자연을 돌보고 환경을 개선하지 않으면 더 많은 동물 바이러스를 유발하고 거기에 인간이 또 감염되는 악순환을 반복할 것이다. 자연 생태계를 뒤흔들면 결국 인간이 그 비극의 주인공이 되는 것이다.

재활용은
좋은 것일까

재활용의 목표는 원자재 생산과 소비로 인한 환경 비용을 줄이는 것이다. 재활용은 쓰레기 매립을 줄이고 에너지와 원자재를 절약해 환경을 보호하는 활동이다. 재활용을 비판적으로 바라보는 사람들은 환경 피해를 줄이는 가장 좋은 방법은 재활용이 아니라 제품 소비 자체를 줄이는 것이라고 주장한다. 일리가 있는 주장이지만 재활용은 환경을 위한 만병통치약까지는 아니더라도 부족한 자원을 보호하는 데 도움이 된다.

재활용의 첫 번째 장점은 쓰레기 매립지 확장을 제한할 수 있다는 것이다. WB(세계은행) 조사에 따르면 전 세계 매립지 폐기물의 메탄가스 배출량은 전체 온실가스의 5퍼센트를 차지한다. 쓰레기 매립이 유발하는 외부 효과다. 더욱이 쓰레기 매립지를 조성하려면 상당한 규모의 토지가 필요하다. 전 세계적으로 소득과 소비가 증가하면서 쓰레기 매립량이 급증하고 있다. WB는 전 세계 쓰레기 매립 발생량이 2012년 13억 톤에서 2025년에는 22억 톤으로 늘고, 이후에도 계속 증가할 것으로 추정했다. 재활용이 많아지면 쓰레기 매립량도 줄게 된다. 아울러 쓰레기 매립지는 토지 프리미엄을 떨어뜨리므로 도시 인근에 조성하는 게 사실상 불가능하다. 아무도 쓰레기 매립지 근처에서 살고 싶어 하지 않는다. 결국 쓰레기 매립지는 외딴 지역에 건설할 수밖에 없다. 이는 운송 비용 증가 요인으로 작용한다.

재활용의 두 번째 장점은 에너지와 원자재를 절약하고 탄소 배출량을 감소시킨다는 것이다. 일부 원자재에서는 그 효과가 더욱 크다. 예를 들어 알루미늄 캔 1톤을 재활용하면 같은 양의 알루미늄 캔을 생산하기 위해 광석을 채굴, 운송, 정제하는 데 드는 것보다 95퍼센트 적은 에너지를 사용할 수 있다. 종이 1톤을 재활용하면 4,100킬로와트시의 에너지를 절약할 수 있으며, 이는 석유 9배럴(159리터)에 해당한다. 물론 재활용 과정에서도 에너지를 사용하지만, 원자재로 처음부터 만드는 것보다 훨씬 적다.

재활용은 역사가 길다. 제2차 대전 이전에도 재활용을 위해 가정에서 깡통과 공병을 모으는 것이 일상이었다. 그렇게 모았다가 팔면 적은 액수나마 돈도 벌 수 있었다. 지금도 공병을 갖다 팔면 돈을 받지만, 소득 수준이 높아진 이래 공병을 직접 모아서 파는 사람들은 거의 찾아볼 수 없다. 대신 분리수거가 활성화됐고 재활용품을 사고파는 전문 업체가 따로 있다. 그런데도 여전히 재활용 가능한 많은 재료가 그냥 쓰레기로 버려진다. 풍요가 만들어낸 문제라고 할 수 있다. 재활용이 중요한 이유에는 원자재의 가치만 있는 게 아니다. 재활용되지 못한 재료가 쓰레기 매립지에 버려지면 그 자체로 토지 낭비와 환경오염이 된다.

재활용은 순수한 시장 논리에서도 외부 효과를 일으키기에 세심한 관리가 필요하다. 재활용은 스마트폰이나 컴퓨터 같은 제품에서 특히 중요하다. 스마트폰 배터리에는 환경에 심각한 피해를 주는 독성 화학 물질이 들어 있다. 쓰레기 매립지에 그대로 묻히게 되면 독극물이 빠져나와 상수원에 누출될 수 있다. 재활용하면서 배터리만 따로 떼어내 안전하게 폐기해야 한다. 그리고 스마트폰이나 컴퓨터 칩셋(chipset)에는 금, 구리, 텅스텐, 니켈 등 고가의 금속이 사용되므로 재활용하는 것이 유리하다. 그러나 이런 위험과 장점에도 불구하고 매주 수천 대의 스마트폰이 일반 쓰레기로 버려진다.

재활용의 환경적 가치와 경제적 가치를 아우르는 다소 복잡한 문제도 있다. 네덜란드 경제학자 피터 판 뷰케링(Pieter van Beukering, 1967~)은 재생지와 같은 재활용 제품 생산이 선진국보다 개발도상국에서 더 가치 있기 때문에 폐기물 재활용 수요도 개발도상국에 더 많다고 지적했는데, 이는 재활용 대부분이 선진국이 아닌 개발도상국에서 이뤄지고 있다는 의미다. 다시 말해 재활용 폐기물을 '해외'로 보내는 것이다. 환경 운동가들은 이 행태가 불공정하다고 비판한다. 부유한 선진국은 말 그대로 폐기물을 수출하고 있다. 이것이 가능한 이유도 시장 논리 때문이다. 선진국 기업들의 공장이 인건비가 저렴한 개발도상국에 있는 것과 같은 맥락이다. 개발도상국은 재활용 산업 시설을 마련하고 선진국으로부터 자재(폐기물)를 수입해 재활용 제품을 만들어낸다. 그리고 다시 선진국으로 수출한다. 무역적인 이해관계가 딱 맞아떨어진다.

재활용을 비판하는 내용 중에는 모든 제품이 똑같은 효율성과 효과로 재활용될 수 없다는 관점도 있다. 이를테면 가장 널리 생산되는 플라스틱은 효율적으로 재활용하기가 상당히 까다롭다. 비용 측면에서도 불리하다. 플라스틱을 재활용하는 데 드는 비용이 석유에서 플라스틱을 새로 만드는 비용보다 비싸다. 플라스틱이라고 다 재활용할 수 있는 것도 아니다. 또 다른 문제는 재활용에 사용되는 플라스틱 폐기물 공급량이 재활용 플라스틱 수요를 훨씬 초과한다는 데 있다. 재활용 기술이 발달하면서 재활용 제품 공급을 증가시켜 시장의 재활용 폐기물 가격을 낮춰버렸다. 세상은 이미 플라스틱으로 넘쳐난다.

재활용도 경제 법칙이 작동하는 산업이다. 그냥 버려지는 플라스틱 대부분은 부주의 때문이 아니라 재활용할 유인이 없어서 쓰레기 매립지행 트럭에 실린다. 미국 환경보호국(EPA) 자료에 따르면 전체 플라스틱 가운데 10퍼센트 미만만 재활용되고 나머지는 쓰레기 매립지에 묻힌다. 미국 플라스틱산업협회(SPI) 회장을 지낸 래리 토머스(Larry Thomas)는 플라스틱 산업이 플라스틱의 재활용 가능 사실을 홍보하는 데 막대한 투자를 했다고 인정한 바 있다. 플라스틱 제품에 새겨져 있는 재활용 로고도 플라스틱산업협회의 아이디어였다. 하지만 플라스틱이 재활용 가능하다고 해서 전부가 재활용되는 것은 아니다. 소비자로서 우리는 플라스틱을 재활용 로고가 새겨진 제품을 그렇지 않은 제품보다 긍정적으로 보는 경향이 있다. 재활용되는 플라스틱이 얼마나 적은지 알게 된 지금도 페트병을 깨끗이 씻어 분리수거함에 넣는 데 기꺼이 시간을 할애할 수 있을까? 일부 환경 운동가들은 플라스틱 산업계가 소비자에게 플라스틱이 재활용 가능하다는 인식을 심어줌으로써 일회용 플라스틱 생산을 정당화해왔다고 비난한다.

희소한 자원을 관리하고 환경 오염 등 부정적 외부 효과를 막는 가장 좋은 방법은 근본적인 습관을 바꾸는 것이다. 여기에는 소비를 줄이고, 판매용 생수보다 물을 담아 다니거나, 재활용보다 재사용을 생활화하는 것 등이 포함된다. 스티븐 랜즈버그(Steven Landsburg, 1954~)와 마이크 멍거(Mike Munger, 1958~) 같은 미국의 '자유지상주의(libertarianism)' 경제학자들은 재활용의 부정적 외부 효과는 무시한 채 개인이 재활용 폐기물을 분리수거하는 데 드는 시간 비용만 강조하는 경향이 있다. 이들은 쓰레기 매립지를 더 조성하는 것이 쓰레기를 분류하느라 시간을 낭비하는 것보다 낫다고 주장한다.

그러나 핀란드 경제학자 아니 후탈라(Anni Huhtala, 1968~)의 생각은 다르다. 그는 재활용률이 50퍼센트 이상인 핀란드에서는 재활용이 강력한 환경 개선 및 사회적 혜택을 제공한다고 강조한다. 후탈라는 환경 오염이나 쓰레기 매립지 문제 등 외부 효과를 고려해야 하기 때문에, 재활용을 단순히 시장 가격 측면에서만 보는 것은 잘못이라고 지적한다. 그러면서 지역 사회가 재활용을 권장할 때 환경에 대해 더 사려 깊게 접근할 필요가 있다고 조언한다. 재활용은 불필요한 소비 감소, 적극적인 재사용, 외부 효과가 더 적은 제품 선택과 같이 환경 보호에 이바지하는 다른 행동으로 연결된다는 것이다. 이는 자유 시장과 돈의 논리보다 공익과 환경을 우위에 두는 접근 방식이다. 후탈라는 재활용 자체에서 얻을 수 있는 본질적 가치에 관해서도 역설한다. 페트병을 아무렇게나 버리면 일말의 도덕적 죄책감을 느끼게 된다. 재활용 분리수거함에 넣으려고 노력하면 환경 보호에 기여한다는 좋은 기분이 든다. 여기에 초점을 맞춰야 한다는 얘기다. 시간 낭비라는 생각보다 재활용 활동 자체가 주는 보람에 방점을 찍어야 한다.

더 나은 환경을 위해 가능한 한 소비를 줄이고 재사용을 하는 것이 가장 좋지만, 여기에만 기대기에는 현실인 어려움이 있다. 환경 오염을 막고 자원 낭비를 줄이는 데 재활용이 꼭 필요하다. 재활용만으로 환경 문제를 해결하는 것은 불가능하지만, 에너지와 자원을 절약하고 온실가스를 줄이기 위한 몇 안 되는 노력 중 하나이기 때문이다.

경제 성장은
환경에 해로울까

전통적으로 경제 성장은 환경에 다양한 외부 효과와 비용을 초래했다. 생산과 소비가 많아질수록 희소 자원을 더 많이 사용하게 되며, 이로 인해 환경 오염과 같은 부정적 외부 효과도 커진다. 그래서 일부 환경 운동가들은 경제 성장을 줄이거나 심지어 더는 성장하지 말아야 한다고 주장한다. 하지만 이 주장은 현실적으로 받아들이기 어렵다. 우리는 이미 더 높은 소득으로 더 많은 지출을 가능케 만든 경제 성장에 익숙해져 있기 때문이다. '제로 성장(zero growth)' 경제 전략 같은 개념이 대중을 설득하지 못하리라는 사실을 아는 대다수 환경 운동가들과 환경 경제학자들은 자연 환경을 헤아리면서 성장을 도모하는 경제 전략이 더 바람직하다고 여긴다.

지난 200년 동안 인류의 계속된 인구 증가와 경제 성장이 지구 환경에 나쁜 영향을 끼쳐왔음은 부인할 수 없는 사실이다. 동서양을 막론하고 급격한 산업화는 대기 오염, 수질 오염, 토양 손상, 생태계 파괴 등 자연 환경에 전례 없는 부담을 안겼다. 1인당 이산화탄소 배출량과 경제 발전 사이에는 강력한 상관관계가 있다. 2020년 기준 1인당 GDP가 936달러인 에티오피아의 연간 1인당 이산화탄소 배출량은 0.2톤이다. 1인당 GDP가 6만 3,543달러인 미국의 1인당 이산화탄소 배출량 17.5톤과 비교하면 매우 낮은 수치다. 만약 에티오피아 경제가 성장해 미국의 생활 수준을 따라잡는다면 1인당 이산화탄소 배출량도 그에 비례해 증가할 것이다. 경제 성장은 더 많은 에티오피아 사람들이 자동차를 살 수 있게 하고, 더 많은 상품과 서비스를 구매할 수 있도록 할 것이다. 그렇게 생산과 소비가 증가하면 그에 따른 희소 자원 사용과 온실가스 배출량도 올라가 환경에 광범위한 영향을 미치게 된다.

경제 성장으로 소득 수준이 높아지면 곡물, 채소, 과일, 육류, 유제품 등의 식품 수요도 증가한다. 농작물을 재배하고 가축을 키우려면 농장이 있어야 한다. 더 많은 땅이 필요하다. 기존 경작지로는 모자라 열대 우림을 벌채하는 지경에 이른다. 산림이 사라짐에 따라 경제 성장 때문에 발생한 탄소를 흡수하는 지구의 자정 능력이 떨어진다. 이런 식으로 경제가 성장을 거듭하면 나머지 산림에도 계속해서 개발 압력을 가하게 된다. FAO가 발표한 자료에 따르면 1990년 이후 지구상에서 사라진 산림은 무려 4억 2,000만 헥타르에 달한다. 지속적인 경제 성장과 식량 수요 증가는 남아 있는 산림에 큰 위협이 될 것이다.

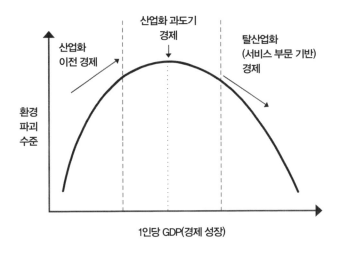

: 쿠즈네츠 곡선 :

'쿠즈네츠 곡선(Kuznets curve)'으로 알려진 경제 성장과 환경 오염의 관계를 연구한 이론이 있다. 러시아 출신 미국 경제학자 사이먼 쿠즈네츠(Simon Kuznets, 1901~1985)가 고안한 모델이다. 이 모델에 따르면 이미 경제 발전의 초기 단계에서부터 자연 환경과 직접적인 충돌이 발생한다. 생산량이 많아질수록 여러 가지 경제적 비용과 오염이 초래된다.

그런데 추가적인 경제 성장으로 환경이 개선되는 시점도 온다. 그이유는 크게 세 가지다. 첫째, 경제 발전 단계에서 심각한 환경 오염을 유발하는 중화학공업을 지나 기술 및 지식 집약적 산업인 서비스 부문에 집중하기 때문이다. 둘째, 기술 발전에 의한 생산성 향상이 경제를 효율적으로 만들어 상대적으로 탄소 배출량을 낮추게 된다. 셋째, 경제 성장이 궤도에 오르고 소득이 상당 수준에 이르면 사람들은 환경을 생각하게 된다. 삶의 질이 더 중요해지기에 환경 오염을 줄이려고 노력한다. 이때부터 자연 환경은 '사치재(luxury goods)'로 작용한다.

먹고살기 어려울 때는 온 관심이 소득에 쏠린다. 소득 증가가 훨씬 중요하기 때문에 환경 오염이 일어나도 기꺼이 감수한다. 그러다가 부자가 돼서 먹고사는 데 아무런 문제가 없게 되면 건강 등 삶의 질을 높이기 위해 깨끗한 공기 같은 환경에 신경을 쓰게 된다. 따라서 어느 정도 성장을 달성한 국가는 도심 경유차 운행을 제한하고 청정 에너지 사용을 장려하는 등 환경 개선 정책을 적극적으로 도입한다. 실제로 현재 이것이 선진국들의 모습이다. 영국의 경우 석탄 사용을 전면 금지한 청정대기법 도입 이후 2020년 이산화탄소 배출량이 역대 최저를 기록했다. 영국 외에도 많은 선진국이 대기질을 개선하고자 도시에서의 석탄 사용을 금지했다.

그러나 쿠즈네츠 곡선에 대한 반론도 만만치 않다. 산업화 이후 글로벌 경제에서 환경 오염을 유발하는 산업은 개발도상국의 몫이 됐다. 나쁘게 말하면 선진국들이 개발도상국에 환경 오염을 떠넘겼다. 예컨대 미국과 서유럽 국가는 자국의 제조업 공장을 중국이나 동남아시아로 이전해 사실상 오염 물질을 수출함으로써 공기와 물의 질을 개선했다. 그렇기에 쿠즈네츠 곡선보다 더 나은 지침은 환경 비용을 생산뿐 아니라 소비와도 연결하는 것이다. 더욱이 환경 개선에 선진국들이 늘 성공하고 있는 것도 아니다. 눈에 보이는 대기 및 수질 오염에 효과적으로 조처한 것은 사실이나, 눈에 보이지 않는 오염에 대해서는 잘 대응하지 못했다. 더 많은 외부 효과는 우리 눈에 잘 띄지 않는다.

미국 보건분석평가연구소(IMHE) 자료 확인 결과 2016년 기준 미국의 대기 오염으로 인한 사망자 수는 10만 5,083명으로, 일본의 4만 7,703명보다 두 배가 넘었다. 2020년 코로나19 팬데믹에 의한 국경 봉쇄 기간에는 중국은 물론 전 세계에서 대기질이 극적으로 개선됐다. 확실히 생산량 감소는 환경 오염을 줄이는 데 효과적이다. 여기에서 더 나아가 눈에 보이지 않거나 아예 보이지 않는 치명적 오염도 간과하면 안 될 것이다. 경제 성장이 초래한 이 보이지 않는 외부 효과에는 미세 먼지, 방사선, 플라스틱 입자 등이 포함된다.

가장 중요한 쟁점은 기술 혁신을 통해 환경과 경제를 모두 챙길 수 있느냐다. 다시 말해 자연 환경을 보호하면서도 높은 GDP를 유지할 수 있는 것이 관건이다. 화석 연료 에너지를 완벽하게 태양열, 풍력, 바이오매스와 같은 재생 에너지가 대체한다면 경제 성장에 지장을 주지 않으면서 환경 비용을 절감할 수 있다. '배양육(cultured meat)'에도 많은 관심이 쏠리고 있다. 세포를 배양해 육류를 다량 생산할 수만 있다면, 대규모 농장이 필요 없게 되고 소가 방출하는 메탄가스를 염려하지 않아도 될 것이다.

그린 뉴딜 지지자들은 환경 개선을 위한 적극적인 정책이 오염 문제를 해결하면서 더 많은 투자와 일자리 창출 그리고 더 높은 소득으로 이어질 수 있다고 주장한다. 고효율 단열재 개발을 통한 고용 창출, 플라스틱 제품에 탄소세를 부과해 확보한 세수 활용 등, 아이디어를 취합해 정책화하면 '환경'과 '경제'라는 두 마리 토끼를 잡을 수 있다. 재생 에너지에 대한 과감한 투자는 기술 혁신으로 이어져 추후 새로운 대안을 모색하는 데 도움이 될 것이다. 더 나은 환경과 경제 성장은 시장의 힘만으로는 달성하기 어려운 목표다. 정부는 '녹색 성장(green growth)'의 기치 아래 모두가 나아가야 할 어렵고도 가치 있는 목표를 위해 적절히 개입해야 하며, 그러기 위해서 끊임없이 기업과 국민을 설득해야 할 것이다.

어떤 경제비평가들은 진일보한 기술이 환경 오염을 줄이고 비용을 절감하는 데 주효하리라고 예상하면서도, 소비를 향한 인간의 끊임없는 욕망이 걸림돌이 될 수 있다고 우려한다. 플라스틱 오염에 대한 문제의식이 높아지고 재활용 분리수거 노력이 계속되는데도 여전히 플라스틱 수요는 줄어들기는커녕 매년 증가하고 있으며, 이에 따라 플라스틱 입자 또한 점점 더 빠른 속도로 강과 바다에 쌓이고 있다. 게다가 태양광 발전과 같은 청정 에너지조차도 생산할 때 화석 연료를 어느 정도는 사용해야 한다. 이런 까닭으로 어느 수준 이상의 경제 성장은 하지 말아야 한다는 주장이 제기되는 것이다. 자연과 인간의 지속 가능한 공존을 바란다면 적정 수준에서 만족할 필요가 있다. 일부 생태학자들은 선진국 경제가 이미 경제 성장이 이익보다 소비로 인한 환경 손실을 더 많이 보고 있다고 진단한다. 개발도상국은 빈곤 감소를 위해 경제 성장이 필요하지만, 선진국은 더이상 목표 GDP 수치를 올리지 말고 지구 환경 개선과 진정한 삶의 질을 지향해야 한다고 권고한다.

제로 성장 경제 모델은 우리에게 많은 생각거리를 던져준다. 그렇더라도 너무 이상적이며 그것만이 유일한 전략은 아니다. 지금으로서는 더 높은 성장과 더 나은 환경이 양립 가능하다는 희망을 품고 계속 시도해나가는 것이 중요하다. 시장의 힘을 주시하면서 강력한 규제와 더불어 환경을 우선시할 유인을 지속해서 제공하는 신중한 접근 방식이 필요한 때다.

● 제6장 ●

비즈니스의
신화

암표는
나쁜 것일까

'암표(ticket tout)'란 정상적인 유통 경로를 통해 확보한 재화나 서비스(관람권이나 입장권)를 법률이 정하지 않은 비공식적인 경로로 판매하는 것을 뜻한다. 암표 대부분은 원래 가격에 웃돈이 붙어 거래된다. 이 웃돈이 일종의 불로소득이므로 암표 거래는 소비자를 착취하는 행위로 인식된다. 우리의 본능은 암표를 공익에 어긋나는 매우 나쁜 것으로 간주한다.

하지만 경제학적 관점에서만 보면 다르게 생각할 수 있다. 여러분이 너무나도 사랑하는 어떤 음악 그룹이 콘서트를 열어서 꼭 보러 가고 싶은데 표가 매진됐다고 생각해보자. 포기할 수가 없어서 여기저기 알아보니 누가 암표를 팔고 있다. 정가보다 세 배나 비쌌지만, 좋아하는 그룹의 공연을 관람할 수 있다는 생각에 기꺼이 그 돈을 들여 암표를 샀다.

잘못일까? 정상적인 표는 매진됐으니 그냥 포기했어야 했을까? 암표라도 있어서 기회를 잡을 수 있었는데 왜? 그렇다. 여러분은 효용을 극대화하는 선택을 한 것일 뿐이다. 시장 가격을 초과한 금액을 내야 한다는 게 내키지 않을 수 있지만, 암표를 사지 않으면 콘서트를 관람해서 얻게 될 여러분의 효용(행복)을 놓치는 셈이다. 따라서 암표가 소비자에게 더 많은 선택권을 제공함으로써 효율성을 높일 수 있다는 논리가 가능하다.

경제학적인 관점에서 암표는 단순히 시장의 힘에 반응한 결과다. 예를 들어 축구 경기 관람권이 매진되면, 해당 경기를 보고 싶다는 욕구는 여전히 남아 있지만, 그 욕구를 해소할 기회는 결여한 상태에 놓인다. 영국 '프리미어 리그(Premier League)'에서 30년 동안 응원해온 팀의 결승전 경기인데, 이날만 기다려왔는데, 표가 다 팔렸단다. 이때 안절부절못하고 있는 모습을 보고 누군가 다가온다. 먼저 표를 산 사람이다. 잠재적 시장이 형성되는 순간이다.

이 경우 관람권을 가진 사람에게 30년 열혈팬은 표를 판매할 수 있는 다른 시장이다. 30년 열혈팬에게도 마찬가지다. 표를 가진 사람이 그 표를 팔겠다고 결정하면 시장이 만들어진다. 관건은 가격이다. 가격 또한 수요와 공급 원리를 그대로 따른다. 관람권의 공식 가격이 50파운드라고 할 때 30년 열혈팬이 수용할 수 있는 웃돈의 최대치가 있다. 경기 관람을 포기하고 암표로 팔려는 사람에게도 받고 싶은 웃돈의 최소치가 있다. 30년 열혈팬이 '300파운드까지는 기꺼이 낼 수 있어' 하고 생각하던 차에 표를 팔겠다는 사람이 100파운드를 제시한다. 거래는 즉시 성사된다. 그는 암표로 50파운드의 수익을 올렸고, 30년 열혈팬은 생각보다 저렴한 가격으로 그토록 바라던 프리미어리그 축구 경기 결승전을 볼 수 있게 됐다.

표가 매진됐을 때 축구 경기 관람권의 공식 가격 50파운드는 가격으로서 의미를 잃게 되고, 이때부터는 축구 경기를 관람하려는 사람이 얻을 수 있는 효용 가치에 따라 가격이 결정된다. 효용 가치는 사람마다 다르다. 누구는 300파운드를 내고서라도 축구 경기를 보고 싶을 수 있고, 누구는 공식 가격인 50파운드로도 보고 싶지 않을 수 있다. 30년 열혈팬이 설정한 최대 효용 가치는 300파운드였다. 이를 경제학에서는 '지불 용의(willingness to pay)' 가격이라고 부른다. 다행히 이 예에서는 암표가 30년 열혈팬의 지불 용의 가격보다 낮게 거래될 수 있었지만, 암표 가격은 지불 용의 가격의 최대치까지도 오를 수 있다. 다시 말해 공급이 한정된 상황에서 암표를 구하려는 수요가 많아지면 그야말로 부르는 게 값이 된다는 얘기다.

어쨌든 중요한 사실은 암표가 30년 열혈팬의 경제적 후생을 증가시켰다는 데 있다. 어떤 상품에 대해 소비자가 생각하는 가격에서 실제 가격을 뺀 차액을 '소비자 잉여(consumer surplus)'라고 하는데, '지불 용의 가격 − 시장 가격'을 말한다. 이 예에서 30년 열혈팬의 지불 용의 가격은 300파운드였고 암표 가격은 100파운드였으므로 소비자 잉여는 '200파운드(300 − 100)'가 된다. 암표가 아니었다면 30년 열혈팬의 경제적 후생은 제로(0)가 됐을 것이다.

암표 거래는 대부분 국가에서 불법이고, 법적 규제도 나라마다 다를 것이다. 영국의 프리미어 리그 축구 클럽(FC)은 허가 없이 관람권을 재판매하는 행위를 명시적으로 금지하고 있지만, 순전히 경제적 관점에서는 암표 거래가 일어나든 말든 축구 클럽에 아무런 영향을 미치지 않는다. 공식 가격 50파운드에 경기 관람권을 판매하는 순간부터 축구 클럽은 표를 누가 사는지는 전혀 신경 쓰지 않는다. 50파운드에 팔 뿐이다. 암표로 팔려고 관람권을 구매한 사람이든 비싼 돈 내고 그 암표를 산 30년 열혈팬이든 축구 클럽의 매표 수익은 똑같다. 수익이 줄어드는 등의 손해가 없는 상황에서 오히려 100파운드씩이나 주고 암표를 사서 목청이 터지라고 응원하는 열혈팬들이 고맙다고 느낄지도 모르겠다. 그러므로 법적·도덕적 잘못을 떠나 경제 논리로만 따지면 암표는 시장 법칙에 따라 판매자와 구매자 모두의 효용을 높이고, 더 높은 지불 용의를 가진 소비자에게 재화를 재분배하는 재화 분배 조절 기능을 수행하는 것이다.

소더비즈(Sotheby's)나 크리스티즈(Christie's) 같은 예술품 경매장에서 가장 높은 가격을 지불할 용의가 있는 사람에게 예술품을 판매할 때도 비슷한 상황이 벌어진다. 물론 경매는 합법이고 경매인이 암표상은 아니지만, 기본적인 메커니즘은 동일하다. 예술가는 자기 작품이 빈센트 반 고흐(Vincent van Gogh, 1853~1890)처럼 죽고 나서가 아니라 살아생전 인정받기를 원하며, 자신의 명성이 경매에서 작품 가격을 견인한다는 사실을 알고 있다. 경매인은 단순히 그림을 갖고 싶은 사람이 아니라, 값이 얼마건 간에 살 수 있는 사람에게 작품이 낙찰되게끔 최선을 다한다. 예술품 경매인은 이 역할을 충실히 수행해 경매에 참여한 고객, 즉 시장으로부터 지불 용의 가격을 가능한 한 최고 수준으로 끌어올린다. 여기에서도 암표 거래와 똑같은 원칙이 적용된다. 경매인은 한정된 재화(예술품)를 가장 높은 지불 용의 가격(낙찰가)에 공급한다. 이는 잘못이 아니다. 예술품 경매에 참가자들 가운데 경매인이 작품 가격을 부풀린다며 비난하는 사람은 아무도 없다.

여기까지만 놓고 보면 암표 거래를 허용할 뿐만 아니라 장려해야 하는 게 아닌가 생각할 수도 있다. 그러나 현실 경제에서는 고려해야 할 다른 요소가 있다. 우선 암표 전부가 높은 지불 용의 가격으로 팔리지는 않는다는 것이다. 암표 거래는 기본적으로 '티켓 재판매(ticket resale)'와 같은 말이다. 원래 가격으로 표를 구매해 웃돈을 받고 파는 행위다. 표를 되팔 수 있다는 가능성은 지불 용의 가격을 높이려는 목적의 사재기를 유도할 가능성과도 연결된다. 앞서 30년 열혈팬의 예에서 암표상 구실을 한 사람은 관람권 한 장을 먼저 운 좋게 공식 가격으로 구매한 사람이었다. 그 또한 암표가 맞지만, 실제 암표 거래에서 재판매되는 표는 물량이 이보다 훨씬 많다. 대개 암표상들은 인기 있는 공연이나 경기 관람권을 대량으로 구매한다. 당연히 노림수는 표를 비싸게 파는 데 있다. 300파운드라도 기꺼이 낼 수 있다는 사람들이 많으면 좋겠지만 그렇지 않을 수도 있다. 암표 1,000장을 준비했다가 300파운드는커녕 100파운드로도 다 팔리지 않은 상태에서 공연일이 지나갈 수도 있다. 준비한 1,000장의 암표를 전부 팔지 못하고 100장이 남았지만, 300파운드로 팔린 물량이 많아서 만족스러운 수익을 올릴 때도 있다. 이때 100장의 티켓은 그냥 버려진다. 100명의 자리가 비게 되는 것이다.

더욱이 암표는 어쨌건 불법이기 때문에, 암표를 구매하려는 소비자는 기대 효용 증가와 동시에 불안감이나 죄책감을 느끼는 효용 감소도 경험한다. 진짜 입장이 가능한 표인지에 대해서도 확신이 서지 않을 수 있다. '저 암표상 말을 믿을 수 있을까?' 암표 거래가 아니라 사기인 경우도 제법 많다. 암표상에게 비싼 값을 치르고 표를 구했는데 유효한 티켓이 아니라서 입장 불가다. 암표 구매자로서는 굉장히 불쾌한 기억을 간직하게 된다. 이는 불확실성과 불신을 초래해 시장을 교란하고 진짜 표(암표)를 판매하는 사람들을 곤란하게 만든다. 그런데 역설적이게도 이 문제는 아예 티켓 재판매를 합법화한 뒤 규제만 잘하면 해결될 수 있다.

암표 거래와 관련해서 던질 수 있는 또 다른 질문은 이것이다. 공식 가격을 탄력적으로 책정하면 안 되는 것일까? 인기가 높아서 수요가 몰리면 관람권의 공식 가격을 높이면 되지 않을까? 주최 측이 그렇게 하지 않는 이유는 무엇일까? 왜 프리미어 리그 축구 클럽은 관중석마다 관람권 가격을 고정해놨을까? 50파운드보다 더 비싸게 받아도 볼 사람은 볼 텐데….

음악 콘서트나 스포츠 경기와 같은 문화 산업은 일반적인 비즈니스와 다르기 때문이다. 돈을 받고 표를 팔긴 하지만, 경제의 이윤 극대화 목표와는 맥락을 달리한다. 이를테면 음악가는 콘서트에서 자신은 예술적 역량을 마음껏 펼치고 관객은 호응해주기를 바란다. 자신의 연주가 상품을 파는 행위라고 여기지 않는다. 어디까지나 관객과 함께 음악을 즐기는 일이다. 그 과정에서 돈이 중심에 놓이는 것은 있을 수 없는 일이다. 스포츠도 마찬가지다. 프리미어 리그는 막대한 자본이 오가는 거대 산업이지만, 그런데도 엄연히 지켜야 할 '스포츠 정신(sportsmanship)'이란 게 있다. 문화는 시장 논리로만 접근하면 안 되는 영역인 것이다.

코로나19 팬데믹 상황에서 하객이 최대 15명으로 제한된 결혼식을 치른다고 상상해보자. 누군가 가장 높은 지불 용의 가격을 제시한다고 해서 아무나 결혼식에 초대하지는 않을 것이다. 고민에 고민을 거듭해 꼭 와주었으면 하는 사람들로 어렵게 하객을 모실 것이다. 일생일대의 순수하고 소중한 행사를 돈벌이로 전락시키고 싶은 사람은 없다. 물론 하객들이 축의금을 낼 수는 있지만, 말 그대로 축하의 마음을 담은 것이지 그 돈을 결혼식 이벤트 관람비로 생각하지는 않는다.

음악 콘서트나 스포츠 경기도 이와 비슷한 느낌이라고 보면 될 것 같다. 합리적인 가격, 열혈팬을 낙담시키지 않는 가격이 책정되기를 원한다. 행여 공연 주최 측이 이윤을 낼 욕심에 티켓에 높은 가격을 매기면 그 즉시 음악가는 예술 정신에 어긋나고 행위라며 분노할 것이다. 축구 클럽의 상황도 비슷하다. 관람권 한 장에 기꺼이 300파운드를 지불하는 열혈팬은 가처분 소득이 높은 부자일 수도 있지만, 꾸준히 저축하면서 평생 축구만 바라보고 살아온 평범한 노동자인 경우가 더 많다. 암표 거래가 횡행하면 경기장 관람석 일부는 언제나 돈 많은 사람들에게 할당되고, 이 사실이 널리 퍼지면서 축구 스포츠는 점점 더 엘리트화될 것이다. 공식 가격을 인상할 수도 있지만, 축구 클럽은 지역 사회의 저소득층에게도 관람 기회가 제공되려면 표 값을 적정 수준에서 유지해야 한다는 필요성을 인식하고 있다. 자유시장 경제의 이윤 극대화 논리와 문화 산업 특유의 가치 지향 사이에서 중도를 지키려는 것이다. 음악, 스포츠, 연극, 영화, 뮤지컬, 미술 등 모든 문화 산업에는 이윤 추구 이상의 존재 의미가 있다. 암표는 모든 대중에 공평하게 제공될 문화 경험을 경쟁하게 만들어 문화 산업의 존재 의미를 퇴색시킨다.

한편 티켓 판매가 온라인 디지털 시장으로 확대함에 따라 암표 거래 방식에도 변화가 생겼다. 현장 판매가 사라진 것은 아니나, 절대다수가 온라인으로 표를 구매한다. 예전에는 매표소 앞에 줄을 섰다. 대기 줄이 하염없이 길게 늘어서 있는 모습 자체로 누가 암표를 살 가능성이 있는지 구별할 수 있었다. 열혈팬은 언제까지라도 줄을 서서 기필코 표를 구하겠다는 사람들이었다. 물론 모든 열혈팬이 줄 서서 기다리는 것은 아니었다. 반대로 열혈팬 쪽에서 대기 줄 근처를 서성이고 있는 암표상을 찾는 경우도 있었다. 어쨌든 암표 거래의 전형적인 방식은 이와 같았다.

그러나 오늘날 온라인 티켓 판매 시스템은 줄을 서지 않는다. 클릭 몇 번, 터치 몇 번이면 표를 구매할 수 있다. 이는 티켓이 때로는 몇 분 심지어 몇 초 만에 매진될 수 있다는 사실을 의미한다. 구매 성공률을 복권 당첨률에 비교하기도 한다. 여러분도 '구매하기' 버튼을 누른 순간 이미 매진된 경험을 해본 적 있을지 모르겠다. 제시간에 티켓 판매 시스템을 통과할 만큼 운이 늘 좋지는 않았을 것이다. 이때도 현장 판매 시절과 같은 상황이 벌어진다. 정말로 보고 싶은 공연이나 경기를 보려면 암표를 구해야 한다. 그 암표 역시 온라인에서 거래된다.

더 높은 지불 용의를 가진 소비자에게 재화를 재분배하는 기능은 온라인 암표에도 그대로 적용된다. 동시에 관람권을 사재기해서 암표를 확보하는 방식도 똑같다. 여러분이 정말로 운이 나쁘거나 손이 느려서 구매에 실패했을 수도 있지만, 암표상들이 대량 구매 프로그램 등을 이용해 표를 사재기하느라 온라인 티켓 판매 시스템에 과부하를 유발한 경우가 더 많다. 그리고 이렇게 표를 대량 선점한 뒤 되파는 암표 거래는 앞서 설명한 갖가지 문제를 초래한다. 그래서 결론적으로 말하면 암표는 나쁜 것이다.

깨끗한 물보다 다이아몬드가
더 가치 있을까

'애덤 스미스의 역설'이라고도 불리는 '가치의 역설(paradox of value)'은 높은 사용 가치를 지닌 재화가 더 낮은 교환가치를 갖는 역설적 현상을 일컫는다. 예를 들어 다이아몬드는 시장 가격이 물보다 훨씬 높게 책정돼 있다. 비교할 수 없을 정도로 비싸다. 여기에서 의문점은 이것이다. 다이아몬드는 없어도 살지만 물은 없으면 못 사는데, 다이아몬드는 왜 그토록 비싸고 물은 왜 그토록 쌀까?

애덤 스미스는 《국부론》에서 그 까닭을 "광산에서 다이아몬드를 캐내는 어려움과 비용 때문"이라고 설명했다. 그러고는 "모든 재화의 실질 비용은 그것을 얻는 데 들인 수고와 노력"이라고 결론 내렸다. 언뜻 생각해봐도 사람들은 물보다 다이아몬드 같은 '과시재(ostentatious goods)'를 더 가치 있게 여기는 듯하다. 그렇지만 '가격'은

우리가 다양한 재화에 부여하는 사회적 가치 지표 중 한 가지일 뿐이
다. 더 나은 지표는 다이아몬드와 물 구매에 소요한 '총지출'이다. 대
부분 사람은 다이아몬드를 평생 한두 번 사겠지만, 신선한 물은 매일
구매한다(수돗물이든 생수든 간에).

　다이아몬드 가격이 2,000달러라고 할 때, 우리가 다이아몬드를 구
매한다면 다이아몬드에 2,000달러라는 높은 가치를 부여하는 셈이
다. 그런데 우리가 구매한 다이아몬드가 평생 딱 1개라면 총지출로
따질 때는 2,000달러에 불과하다. 70년을 살았다고 가정하면 다이아
몬드에 연간 28.6달러를 지출한 것이다. 반면 우리가 하루에 물 구입
비로 0.6달러를 쓴다면 하루치 물에 0.6달러라는 낮은 가치를 부여하
는 셈이지만, 연간 지출로는 219달러다. 70년 동안 모두 1만 5,330달
러를 지출한 것이다.

　다이아몬드와 물의 가치는 '한계 효용' 개념으로도 설명할 수 있다.

하나씩 추가 구매를 할 때마다 얻게 되는 가치다. 우리가 배우자 결혼 선물로 다이아몬드 1개를 구입한다면 이는 '희소성'과 맞물려 매우 높은 가치를 제공하게 된다. 하지만 이미 6개의 다이아몬드를 갖고 있다면 7개째 다이아몬드는 유일한 다이아몬드일 때와 비교해 최소한의 가치만 제공한다. 다이아몬드 반지를 손가락에 1개만 끼면 돋보이고 아름답지만, 다섯 손가락에 하나씩 5개를 끼면 너무 과해서 그 가치가 퇴색한다. 대부분 사람은 결혼 선물로 다이아몬드 반지 1개를 사는 데는 기꺼이 돈을 써도, 계속해서 다이아몬드를 구매하려고 하지는 않을 것이다. 그러나 물은 오늘도 사고 내일도 산다. 물은 한계 효용이 사실상 없는 재화다. 어제와 오늘 그리고 내일이 언제나 같은 효용을 갖는다. 우리는 물이 없으면 생존이 불가능하기 때문이다. 다이아몬드는 하나면 충분하다. 물은 사는 동안 계속해서 구매해야 한다.

또 다른 요소는 '한계 비용'이다. 다이아몬드와 신선한 물을 추가로 생산하는 비용이다. 애덤 스미스의 지적처럼 다이아몬드는 희귀한 데다 채굴이 어려워서 추가로 생산하는 데 드는 한계 비용이 매우 높다. 이와 대조적으로 물은 한계 비용이 상당히 낮다. 그리고 우스갯소리지만 생수 공장에서는 일하다가 목이 말라 생수 한 병 꺼내 마셔도 눈치채지 못할 테지만, 광산에서 다이아몬드 원석을 빼돌리면 절도죄로 기소될 것이다. 이처럼 다이아몬드와 물의 시장 가격은 한계 비용을 반영한다. 다이아몬드의 한계 비용은 늘 높다. 하지만 물도 귀해지면 추가 생산이 어려워져 한계 비용이 상승한다. 이를테면 원자력 재해가 발생해 지역 수원이 오염되면 물에 엄청난 프리미엄이 붙게 된다. 비상 상황에서는 아무리 부자라도 다이아몬드보다 물에 돈을 쓰고 싶어 하는 법이다.

실제로 물도 가격 변동이 있는 재화다. 너무 싸서 평소에 인식하지 못할 뿐이다. 주방과 욕실에서 수도꼭지를 틀기만 하면 물이 콸콸 나오니, 마치 공짜인 양 느껴지기도 한다. 샤워하는 내내 물을 틀어놓는 등, 우리는 물을 너무 쉽게 과소비하면서 그 진정한 가치를 망각한 채 살아간다. 그러나 물값이 싸다고 해서 상수용 물을 생산하고 공급하는 비용이 낮은 것은 아니다. 집집이 깨끗한 물을 공급하려면 저수 시설, 정화 시설, 담수 시설, 상수도 같은 기반 시설에 막대한 투자를 해야 한다. 동시에 그것을 유지하고 관리하는 데도 상당한 비용이 필요하다. 우리는 공과금으로 저렴한 수도 사용료를 내고 있지만, 이와 같은 상수도 공급 시스템 설비와 유지 관리에 우리가 간접적으로 부담해야 하는 비용이 있다는 사실은 잘 모르고 산다.

도시 규모가 커지면 더 많은 깨끗한 물을 얻는 데 더 큰 비용이 든다. 반면 인구가 적고 담수가 매우 풍부한 지역은 비교적 저렴한 비용으로 물을 공급할 수 있다. 그런데 인구 1,000만 명 이상의 대도시의 경우 신선한 물을 생산해 공급하려면 훨씬 더 크고 복잡한 시스템이 요구된다. 예컨대 미국 샌프란시스코 같은 대도시의 규모가 더 커지면 한계 비용을 충족하는 것이 매우 힘들어진다. 더구나 캘리포니아는 오랜 기간 가뭄을 겪어서 이미 물 부족에 시달리고 있다. 물 공급을 늘리려면 저수 및 담수 시설과 상수도 시스템이 추가로 필요하며, 해수 담수화 설비에도 상당한 추가 비용이 들게 된다. 전 세계적으로

도시는 급속히 확장되고 있으며, 2050년까지 인구 25억 명이 도시에 거주하게 될 것으로 예상된다. 물 사용량이 계속 증가 추세를 유지하면 현실적으로 확보 가능한 담수량은 턱없이 모자라게 된다. 이에 일부 경제학자들은 기후 변화와 인구 증가 때문에 향후 수십 년 동안 물값이 크게 상승할 것이라고 예측한다.

이렇게 사회는 다이아몬드보다 깨끗한 물에 더 많은 총소득을 지출하지만, 여전히 다이아몬드는 물보다 비싸다. 사람들이 다이아몬드에 2,000달러를 낼 의향이 있다는 것은, 다이아몬드 원석을 캐내고 가공해서 보석으로 재탄생시키는 수고와 노력을 인정한다는 의미다. 하지만 철저히 실용주의적 관점에서 보면 다이아몬드 장신구에 착용자의 기분을 좋게 만드는 것 외의 내재적 가치는 없다고 할 수 있다. 그런데 이 '좋은 기분'에는 '과시욕 충족'이라는 강력한 만족감이 포함된다. 사람들은 자기가 잘나가고 있음을 보여주고 친구들에게 부러움을 사고 싶어서 값비싼 다이아몬드를 구매한다. 다이아몬드가 더 크고 더 비쌀수록 자신의 부유함을 더 많이 보여줄 수 있다. 과시욕을 충족하는 재화라는 것도 다이아몬드 가격이 비싼 이유 중 하나다. 의식적이든 무의식적이든 부와 성공을 과시하는 데 다이아몬드만 한 보석이 없다는 인식은 다이아몬드에 매우 높은 가치를 부여한다.

그런데도 액세서리는 인조 다이아몬드 같은 저렴한 장신구를 착용하고, 진짜 다이아몬드에 2,000달러를 쓰는 대신 담수 부족으로 고통받는 아프리카 마을을 돕고자 자선 단체에 2,000달러를 기부하는 사람들이 있다. 만약 모든 사람이 이처럼 실용적이고 이타적인 태도를 취한다면 다이아몬드 가격은 떨어질 것이다. 아무도 다이아몬드가 필요하지 않고, 누구나 다이아몬드보다 자선 활동에 더 큰 가치를 둘 것이기 때문이다. 물론 현재 이런 일은 일어나지 않는다. 다이아몬드는 높은 지불 용의 가격을 유지하고 있으며, 사람들은 이 보석에 물과 같은 다른 재화를 압도할 만한 가치를 부여하고 있다.

나와 같은 실용주의 경제학자들이나, 아마도 여러분 대부분은 다이아몬드가 전혀 필요 없는 삶을 살고 있을 것이다. 그렇지만 실질 가처분 소득이 엄청나게 높고 특정 사회 계층에 속한 사람들에게는 다이아몬드가 삶의 꽤 큰 부분을 차지할 수 있다. 게다가 그들은 살면서 다이아몬드를 한두 개만 구매하지 않는다. 일반인들은 이해하기 어려울지 몰라도 다이아몬드 장신구마다 다른 용도가 있기에 여러 개가 필요하다. 수백만까지는 아니더라도 수십만 달러는 다이아몬드를 사는 데 지출할 수 있다. 클래식 다이아몬드 팔찌의 가격은 25만 달러를 호가한다. 이들이 소요하는 총지출은 물보다 다이아몬드가 훨씬 높다.

그렇다고 해서 부자가 깨끗한 물보다 다이아몬드를 더 가치 있다고 여긴다는 뜻은 아니다. 그들도 당연히 물의 소중함을 안다. 평생 마실 물을 한 번에 사고도 남을 만큼 돈이 많을 뿐이다. 소득이 낮을 때는 물과 음식처럼 생존에 필수적인 것부터 구매한다. 사치품에 눈을 돌릴 여유는 없다. 먹고살기 위해 고군분투하는 사람에게 다이아몬드 장신구를 착용하고 싶다는 생각은 떠오르지 않는다. 소득이 일정 수준을 훨씬 초과할 때라야 생계에 비필수적인 재화를 구매할 가처분 소득이 생겨 비로소 다이아몬드 같은 사치품에 관심을 가질 수 있다. 더욱이 돈이 많다고 해서 음식을 무한정으로 먹을 수 없듯이, 물도 필요한 양 이상으로는 마시지 못한다. 집 앞뜰에 최고급 수영장을 만들거나 정원용 스프링클러 설치에 비용을 들일 수는 있겠지만, 더는 물에 돈 쓸 필요가 없어지는 시점이 온다. 사람들은 '필수재(necessity goods)'가 모두 충족되면 그때부터 다이아몬드 같은 '사치재'를 생각하기 시작한다. 그래도 필수재의 중요성을 간과하지 않는다. 부자는 물보다 다이아몬드에 더 많은 돈을 쓸 수 있지만, 자신이 그렇게 하고 있다는 사실을 의식하지 못할지라도 여전히 깨끗한 물을 우선시한다.

노동자의 동기부여는
오직 돈뿐일까

경제학의 수많은 다른 측면과 마찬가지로 노동 시장 모델은 모든 노동자가 항상 더 많은 임금을 받는 일자리에 관심이 있다는 가정을 토대로 수립됐다. 이론의 줄기는 이렇다. 노동자는 임금이 오르면 더 많은 노동력을 공급하고 더 열심히 일하게 된다. 어떤 일자리의 급여가 인상되면 더 많은 노동자가 해당 일자리에 지원하게 된다. 따라서 노동 생산성을 높이고 우수한 노동력을 확보하려면 기업은 더 높은 급여를 제공해야 한다.

확실히 돈은 중요한 동기부여 요소가 될 수 있다. 딸기를 몇 개 따느냐에 따라 받는 급여가 달라진다고 가정해보자. 딸기를 많이 따면 딸수록 일한 대가가 더 많아지기에 집중해서 하나라도 더 따는 게 좋을 것이다. 일부 일자리는 생산량과 임금을 이런 식으로 연결하는 데 매우 적합하다. 이를테면 건물을 짓거나 고칠 때 건축업자에게 일한 시간이 아닌 작업을 완료하는 데 따른 비용을 지급한다. 어떤 공장에서는 임금 책정 방식을 시간당에서 완료 작업 개수로 전환했을 때 생산성이 크게 향상됐다. 배달 기사에게도 배달 횟수로 배달비가 지급되기 때문에 같은 시간에 더 많은 곳에 배달하고자 분주하게 움직인다.

하지만 대부분 노동자의 동기는 돈에만 연결하기에는 훨씬 더 복잡하다. 일례로 더 높은 급여를 받을 수 있는 일자리가 많은데도 왜 교사나 간호사처럼 상대적으로 저임금인 직업을 선택하는 사람들이 있을까? 일자리를 선택할 때 급여가 중요한 요소인 것은 맞지만 그렇다고 유일한 요소는 아니다. 사람들은 저마다 자신이 즐길 수 있는 일, 보람을 느낄 수 있는 일, 명예와 책임이 따르는 일을 하고 싶어 한다. 그에 맞는 일자리를 얻게 된다면 설령 급여가 적다고 해도 만족할 수 있는 것이다.

미국 심리학자 에이브러햄 매슬로(Abraham Maslow, 1908~1970)는 인간의 욕구를 다섯 단계의 계층으로 분류해 설명했다. 이른바 '욕구 단계 (hierarchy of needs)' 이론이다. 이 모델은 피라미드 형태를 취하고 있다. 인간 생존의 가장 밑바탕이 되는 욕구는 '생리적(physiological)' 욕구다. 먹고, 마시고, 쉬면서 살려면 기본적으로 돈이 필요하다. 최소한 생활비를 충당하려면 돈을 벌어야 한다. 이 욕구가 어느 정도 해결되면 다음 단계인 '안전(safety)'에 관심을 두게 된다. 안정적인 일자리와 안전한 삶을 향한 욕구다. 이 욕구는 삶의 통제력을 잃지 않을까 하는 두려움과 관련이 있다. 다음은 '소속과 애정(belongingness and love)' 욕구다.

생존과 안전이 충족되면 삶의 동기는 사회적 측면으로 옮겨간다. 공동체 안에서 다른 사람들과 유대감을 쌓고, 사랑이나 우정 같은 정서적 교류도 갈망하게 된다. 여기까지 이르면 그때부터는 자신의 삶이 의미 있고 가치 있음을 인정받고 싶은 '존경(esteem)' 욕구로 관심이 집중된다. 명성과 성취감을 갈망하고 타인에게서뿐 아니라 스스로 자존감을 얻으려는 내면의 성장에 대한 욕구다. 그런 뒤에는 인간 욕구의 최종 단계이자 피라미드의 맨 꼭대기를 이루는 '자아실현(self-actualization)' 욕구로 나아간다. 창의적 활동을 추구하고 자신의 잠재력을 최대한 발휘하고자 노력한다. 이 단계에서 인간은 자신의 운명을 초월하고 세상에 이바지하고 싶어 한다.

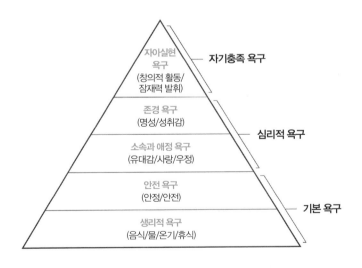

: 매슬로의 욕구 단계 이론 :

매슬로가 제시한 인간 욕구 5단계가 뛰어난 이론이든 엉성한 이론이든 간에, 인간에게 다양한 욕구가 있다는 사실에 관해서는 누구도 이의를 제기하지 못할 것이다. 인간은 다양한 욕구를 가졌기에 반드시 돈만을 좇지는 않는다. 따라서 기업이 노동자에게 동기를 부여하려면 돈뿐만 아니라 이와 같은 다양한 욕구를 세심하게 고려해야 한다.

돈이 동기부여에 미치는 영향에 관해 연구한 경제학자가 있다. 미국의 행동 경제학자 댄 애리얼리(Dan Ariely, 1967~)는 "동기부여에 가장 좋은 외적 보상은 무엇인가?"라는 질문에 답을 구하고자 기업이 어떤 인센티브를 직원들에게 제공할 때 동기부여 측면에서 가장 효과적인지를 조사했는데, 그 결과가 매우 흥미로웠다. 그는 인텔(Intel) 이스라엘 공장에서 일하는 직원 207명을 대상으로 실험을 진행했다. 이들을 세 그룹으로 나눈 뒤, 하루 생산량이 증가하면 인센티브를 제공하는 대신 각각 다른 종류를 제시했다. 첫 번째 그룹에는 30달러의 성과급을 약속했고, 두 번째 그룹에는 피자 쿠폰, 세 번째 그룹에는 직속 상사에게 격려의 문자 메시지를 받게 되리라고 공지했다.

애리얼리가 이 실험을 설계해 경영진에게 설명했을 때 그들은 당연히 첫 번째 그룹의 성과가 가장 높으리라고 예상했다. 하지만 인센티브를 제공하기로 한 날 그 결과를 보니 피자 쿠폰과 격려 문자 메시지를 받기로 한 그룹은 생산성이 각각 6.7퍼센트와 6.6퍼센트 올랐지만, 성과급 보상을 약속했던 첫 번째 그룹은 4.9퍼센트 상승하는 데 그쳤다. 더 흥미로운 것은 이후 5주 동안 진행된 실험에서 성과급과 피자 쿠폰을 제공한 첫 번째와 두 번째 그룹의 생산성은 이전과 비교해 각각 일평균 6.5퍼센트와 2.1퍼센트씩 떨어진 반면, 격려 메시지를 받은 그룹은 일평균 0.64퍼센트씩 올랐다는 사실이다.

댄 에리얼리는 노동자에게 금전적 보상을 제공하는 것이 되레 역효과를 불러일으킬 수 있다고 지적했다. 특히 직원들 사이의 사기와 화합 수준이 낮은 경우 더욱 그렇다. 애리얼리는 직원들에게 성과급을 지급하면 생산성이 향상될 수는 있지만, 그 효과가 일시적인 데다 그마저 이후에는 긍정적 영향을 거의 미치지 않는다는 사실을 발견했다. 일을 더 열심히 하면 보너스를 주겠다는 방식은 노동자들에게 성과급을 일종의 '뇌물'로 인식하도록 만든다. 회사는 생산성 향상을 기대하고 그에 대한 성과급을 '비용'으로 지불한다. 이 비용이 뇌물처럼 인식되면 생산성 압박 스트레스로 작용함과 동시에 뇌물을 받을 때만 열심히 일한다는 사고방식으로 고착된다. 그러면 장기적으로 생산성이 떨어질 수 있다. 직원들은 자신도 모르게 '이번에는 성과급 없는 거야?', '이번에 받았으니 다음번에는 안 나오겠지?' 식으로 생각하게 된다.

이 실험을 통해 댄 애리얼리가 증명하려던 것은 돈이 성과를 이끌어내는 가장 바람직한 방식은 아니라는 사실이다. 그는 비금전적 요인이 생산성을 높이는 데 훨씬 더 효과적일 수 있다고 믿었다. 더 효과적이고 탁월한 방식은 직원들의 노력을 인정하고 그들의 일이 회사에 얼마나 중요한지 깨우치는 데 있다. 물론 이 실험 결과로 모든 노동자의 동기부여 요소를 설명할 수는 없겠지만, '생리적' 욕구와 '안전' 욕구를 벗어난 현대의 대다수 노동자에게 동기부여 수단으로 금전적 보상은 한계가 있음을 알 수 있다.

어떤 경제학자들은 노동 시장을 노동력 거래에만 초점을 맞춘 비인간적 재화 시장이 아닌, 다른 유형의 포괄적 인간관계로 보는 것이 바람직하다고 조언한다. 노동자를 관리하고 생산성을 높이려면 기업은 무엇보다 직원들이 자기 일에서 만족감과 자부심을 느낄 수 있도록 지원해야 한다. 가정에서 자녀가 잘되기를 바란다면 사랑해주고 칭찬해줘야 하듯이, 회사에서 직원들이 일 잘하기를 바란다면 일에 대한 보람과 자긍심을 심어줘야 한다. 예를 들면 직원들에게 감사를 표하고, 업무 결정 책임을 부여하고, 좋은 근무 환경을 제공하는 것 등이 있을 것이다.

직원들에게 주인의식과 책임감이 생기면 맡은 바 일을 성공적으로 완수하기 위해서 기꺼이 자신의 역량과 노력을 극대화할 수 있다. 높은 임금이라는 경제적 보상과 더불어, 노동자 스스로 자신의 일자리와 일터에 기여하고 고객을 만족시키고자 최선을 다한다고 느끼는 심리적·사회적 보상이 제공돼야 하는 것이다.

1914년 헨리 포드와 그의 자동차 회사는 노동자들에게 하루 5달러를 지급하겠다고 해서 세상을 놀라게 했다. 지금 보면 아무것도 아닌 것 같지만 당시에는 파격적인 수준의 임금이었다. 그것이 가능했던 까닭은 더 적은 비용으로 더 많은 자동차를 생산할 수 있었던 포드자동차 조립 공정의 분업화 프로세스 덕분이었다. 포드자동차의 하루 5달러 임금 인상 뉴스는 주요 일간지 1면을 장식하면서 엄청난 홍보 효과를 발휘하기도 했다.

그러나 자세히 들여다보면 포드자동차가 노동자 임금을 그렇게 파격적으로 올린 이유는 따로 있었다. 헨리 포드는 자신의 자동차 공장 노동자들이 컨베이어 벨트 앞에서 매일 지루하고 반복적인 작업을 수행하는 것이 매우 어렵다는 사실을 알고 있었고, 실제로 그 때문에 많은 직원이 일터를 떠나는 모습을 봤기 때문에, 어떻게든 그들을 붙잡아두기 위해 '돈'의 힘에 기댄 것이었다.

사실 한 해 전인 1913년에도 포드자동차의 임금은 다른 곳보다 높았다. 그런데도 1만 4,000명의 노동력을 유지하고자 무려 5만 2,000명의 노동자를 고용해야 했다. 왜냐하면 하루에도 수십에서 수백 명씩 일을 그만두는 사람들이 생겨났기 때문이다. 포드는 노동력을 잃지 않으려고 고군분투하고 있었다. 그래도 직원들은 계속해서 몸이 아파 결근하거나 퇴사해 다른 곳으로 이직했다. 우리가 하는 일이 지독할 정도로 지루하고 보람 없다면, 아마도 우리 대부분은 더 즐겁고 보람된 일을 찾아 떠날 것이다. 비록 임금 수준이 더 낮더라도 말이다. 노동 시장은 자본 시장처럼 단순하지 않다. 기계는 동력만 제공되면 하루 내내 지루한 작업을 계속할 수 있지만, 사람은 그렇지 못하다. 일의 만족감과 급여 수준이 서로 균형을 이루는 일자리가 있다면 언제든지 그 일을 선택할 것이다.

포드자동차 공장 노동자가 하루 5달러를 받으려면 특정 요구 사항을 충족해야 했다는 점도 짚고 넘어가야 한다. 기본 임금은 2.25달러에 불과했다. 나머지는 성과급 형식으로 합산됐다. 그마저도 조건이 붙어 있었다. 포드자동차가 추구하는 '사회화(socialization)' 및 '조직화(organization)' 원칙에 따라 일터에서의 생산성뿐 아니라 노동자의 집을 검사해 깨끗한 삶을 사는지, 미국적 생활 방식을 지키고 있는지 등을 확인했다. 도박이나 음주로 적발된 노동자는 성과급을 받을 수 없었다. 여러분이라면 직원의 사생활을 회사로부터 승인받아야 하는 곳에서 일할 수 있을까? 모르면 몰라도 거의 대다수는 그런 성과급 필요 없다면서 다른 일자리를 찾을 것이다.

임금의 중요성을 부정하는 것은 아니다. 일찍이 조지 애커로프는 '효율 임금 이론(efficiency wage theory)'이라는 모델을 고안하기도 했는데, 한마디로 노동자에게 가능한 한 낮은 임금을 지급하면 노동자는 가능한 한 적은 노력으로 보답한다는 개념이다. 반대로 노동 시장에서의 균형 임금보다 높은 임금을 지급하면 생산성을 높일 수 있다고 본다. 효율 임금 이론은 더 많이 생산하는 노동자가 더 많은 임금을 받는다는 기존 임금 이론과 다르게, 임금 수준이 생산성을 결정하므로 높은 임금이 노동자의 높은 생산성을 이끈다는 관점이다. 따라서 업계 평균보다 높은 임금을 받는 노동자들은 회사로부터 인정받고 있다는 만족감으로 더 열심히 일해야겠다는 동기를 느끼고 이직 의향은 낮아진다. 그렇지만 댄 애리얼리의 실험과 포드자동차의 사례에서 알 수 있듯 더 높은 임금이 유일하고 최우선적인 요소는 아니다. 노동자 스스로 가치를 느낄 수 있도록 해야 한다.

비행기 티켓 가격은
왜 자꾸 바뀔까

항공사는 항공권 가격을 자주 변경한다. 어느 날 항공편 요금을 확인하려고 웹사이트를 방문했다가 다음 날 결제하려고 다시 들어갔을 때 가격이 30달러 올라가 있는 것을 볼 수 있다. 소비자 입장에서 굉장히 짜증 나고 불공평한 처사다. '도대체 왜 이러는 건데?' 항공사가 항공권 가격을 계속 변경하는 이유는 무엇일까? 이유가 있으니 그러는 게 아닐까?

우선 항공사에는 탑승객 수와 상관없이 비행 예정인 항공편이 있다. 항공사가 항공편 스케줄을 편성하면 그 즉시 큰 비용이 지출된다. 단 한 사람의 승객만 탑승해도 해당 항공편을 운항하기 위한 연료, 이착륙 슬롯(slot), 조종사와 승무원 인건비, 기타 항공사의 고정비가 지출된다. 승객이 한 사람뿐일 때 승객 1명당 소요되는 평균 비용은 약 5만 달러다. 즉, 1명의 승객을 목적지에 모시기 위해 항공편을 운항하면 비용만 5만 달러가 든다는 얘기다. 당연하게도 승객이 1명인 비행은 수익은커녕 손해다. 물론 항공기가 더 많은 승객을 태우면 비용은 약간 증가한다. 무게가 무거울수록 더 많은 연료가 든다. 승객이 많을수록 승무원도 더 필요하다. 그렇지만 한계 비용은 상대적으로 낮아진다. 항공권 판매 수익이 늘어나서다. 따라서 항공사의 처지에서는 최대한 좌석을 채우고 비행해야 수익성을 극대화할 수 있다.

소비자마다 항공편 비용을 감당할 경제적 능력이 다르기에 항공기 좌석도 등급마다 각기 다른 요금을 책정해놓고 있다. 출장으로 항공편을 이용하는 경우라면 비용을 회사가 부담하므로 돈 걱정은 할 필요가 없을 것이다. 반면 형편이 여의치 않은 학생이라면 비싼 항공권은 감당할 수 없기 때문에 가격에 매우 민감할 것이다. 경제학에서는 이를 수요에 대한 가격탄력성이 다르다고 표현한다. 가격탄력성은 가격 변화에 따른 소비자 수요의 반응이다. 일반적으로 상품 수요량은 가격이 상승하면 감소하고, 가격이 하락하면 증가한다. 항공권 가격이 올라가면 출장을 가야 하는 기업의 임원은 아랑곳하지 않고 구매하겠지만(회삿돈으로), 돈 없는 학생은 구매를 포기할 수도 있을 것이다. 그러므로 수익과 이윤을 극대화하고자 항공사는 다양한 가격탄력성을 가진 소비자들에게 각각 다른 항공권 가격을 설정한다. 이것이 비즈니스 클래스가 이코노미 클래스보다 훨씬 비싼 이유다. 그런데 비즈니스 클래스는 더 많은 공간을 차지해 비용도 더 많이 든다.

그래도 비즈니스 클래스 구역을 분리해 더 높은 요금을 받는 것이 가격탄력성을 최대한 고려한 항공편 운항 전략이다. 그래야 이코노미 클래스 탑승객 수가 부족할 때 어느 정도 상쇄할 수 있기 때문이다.

그렇다면 비즈니스 클래스와 이코노미 클래스의 구분 말고 항공사가 수익을 높일 다른 방법은 없을까? 그 방법 가운데 하나가 가격 정책이다. 해당 항공편의 최대 수용 인원과 가용 좌석 수에 따라 가격을 변경하는 것이다. 예를 들어 처음에는 항공사가 항공권 판매를 시작할 때 높은 가격을 책정할 수 있다. 반드시 그 항공편을 이용해야 하는 소비자들은 기꺼이 높은 가격을 지불할 것이다. 하지만 몇 주 후 항공권 판매 실적이 매우 낮아 가용 좌석의 10퍼센트만 팔렸다면, 항공사는 나머지 좌석을 채우기 위해 요금을 인하해서 항공권 구매를 유도하려고 할 것이다. 가격을 내려서 한 명이라도 더 태우는 것이 빈 좌석을 내버려둔 채 항공기를 띄우는 것보다 더 낫기 때문이다.

이번에는 반대 예를 들어보자. 수십 명 규모의 단체 여행객이 앞다퉈 특정 항공편을 예약하고 있다고 가정해보자. 항공사 측에서 보면 수요가 급격히 증가하면서 가용 좌석 수도 빠르게 줄어들고 있다. 이대로 가면 비행 4주 전에 금세 자리가 다 찰 것 같다. 얼핏 좋은 일 같지만 그렇지 않다. 항공사는 재빨리 해당 항공편의 요금을 올려 수요 급등에 대응할 것이다. 항공사 입장에서는 최초 책정한 항공편 요금이 적당하지 않았기 때문에 그 가격으로 비행 4주 전에 항공권을 완판하고 싶지 않다. 요금을 인상해야 이익을 극대화할 수 있다. 항공사 관점에서 가장 이상적인 상황은 항공편 출발 직전에 높은 요금으로 좌석을 채우는 것이다.

항공사는 너무 빨리 항공권이 팔려나가는 모습을 좋아하지 않는다. 최대한 높은 가격으로 가장 수익성 좋은 비행을 해야 한다. 요금을 비싸게 받았다가 잘 팔리지 않으면 빈 좌석을 남기지 않기 위해 가격을 인하하면 된다. 초반부터 수요가 급등하면 요금을 올려 남은 좌석에서 최대한 수익을 뽑아낼 수 있다. 이런 식으로 항공사는 가능한 가장 높은 가격을 설정해 항공편을 운항한다. 사람들은 항공권 가격이 높을 때만 초점을 맞추는 경향이 있지만, 같은 목적지로 향하는 다른 항공편을 보면 상대적으로 요금이 저렴한 것을 찾을 수 있다. 사실 항공편 요금도 시장의 수요와 공급 원리가 적용되기에 어느 정도 균형이 유지된다고 봐야 한다.

항공업계의 이 같은 관행은 '가변적 가격 책정(dynamic pricing)' 전략으로 알려져 있다. 대부분 항공사는 고객의 항공편 이용 성향 등을 분석하는 이른바 '빅 데이터(big data)' 관리에 탁월하다. 가변적 가격 책정 전략은 항공사가 수익을 극대화하고 효율적으로 사업을 영위할 수 있는 최고의 방법으로 보인다. 그렇더라도 100달러짜리 항공권이 갑자기 130달러로 치솟으면 배신감을 느낄 수 있다.

그런데 확실히 일부 소비자는 평균보다 높은 항공편 요금을 내게 될 수 있지만, 전반적으로 가변적 가격 책정에는 몇 가지 뚜렷한 이점이 있다. 무엇보다 가변적 가격 책정을 통해 항공사는 그렇게 하지 않는 경우보다 더 많은 항공편을 제공할 수 있다. 만약 항공권 가격이 같다면 비인기 항공편(오전 6시 출발)은 좌석이 많이 남고, 인기 항공편(오후 12시 출발)은 빨리 매진될 것이다. 가변적 가격 책정으로 소비자는 인기 항공편을 높은 가격으로 이용할지, 아니면 비인기 항공편을 비교적 낮은 가격으로 이용할지 선택할 수 있다. 이를테면 일요일 저녁에 돌아오는 항공편은 인기가 많아서 좌석이 일찍 차고 요금도 비싸진다. 소득이 그리 높지 않은 사람들에게는 불공평하게 느껴질 수 있다. 하지만 그러면 월요일 저녁에 돌아오는 항공편 요금은 더 저렴해진다. 형편이 여유롭지 않으면 여행 일정을 조정해 항공편에서 제법 많은 금액을 절약할 수 있다. 나름대로 '사회적 형평성(social equity)'을 고려한 방식이다. 돈이 많거나(회삿돈이거나), 월요일 아침에 꼭 출근해야 하는 사람은 그만큼 비용을 더 내고 일요일 저녁에 돌아오는 항공편을 타면 된다. 아무도 말리지 않는다.

만약 항공편 요금에 가변적 가격 책정을 적용하지 않으면 평균 항공권 가격이 높아 해외 여행은 꿈도 못 꾸는 사람들이 생길 수 있고, 아무리 돈 많은 기업의 임원이라도 항공편이 매진돼 일요일 저녁에 돌아오는 항공기를 탈 수 없게 된다. 가변적 가격 책정 덕분에 두 가지 선택지가 제공되는 것이다. 기업 임원은 필요한 항공편을 확보한다. 학생은 애매한 시간대를 이용해 비용을 절감한다. 나아가 가변적 가격 책정의 또 다른 이점은 항공편 수요를 원활하게 할 수 있다는 것이다. 특정 항공편의 수요가 급등해 가격이 오르면, 자연스럽게 다른 항공편을 선택하도록 유도하는 효과가 있다. 이는 항공사가 운항하는 모든 항공편에서 평균 90~100퍼센트 승객 수용을 목표로 삼는 게 가능하다는 것을 의미한다.

그러므로 가변적 가격 책정이 항공사 배만 불리고 소비자에게는 피해를 준다는 생각은 접어두자. 경제를 볼 때는 시야를 넓게 가질 필요가 있다. 단기적으로는 손해여도 장기적으로는 결국 돌고 돌아 우리도 이익을 보게 된다. 가변적 가격 책정 때문에 일부 소비자가 더 큰 비용을 부담할 수 있지만, 가변적 가격 책정 덕분에 항공사는 소비자를 위한 더 다양한 서비스를 운영할 수 있다. 가변적 가격 책정이 정말로 나쁜 것이라면 사라져도 벌써 사라졌을 것이다. 항공권 가격이 고정되면 항공사는 수익이 나지 않는 항공편 운항을 중지할 수밖에 없다. 가격을 변경할 수 있기에 비인기 노선이나 탑승객이 적은 항공편도 운항할 수 있는 것이다.

소비자 입장에서야 가격이 오르락내리락하니 대체 언제 구매해야 하는지 성가실 수 있지만, 이용해야 할 항공 노선이 폐쇄되면 더욱 곤란해질 것이다. 더욱이 조금만 신경 써서 찾아보면 오히려 가변적 가격 책정 방식 덕분에 평소 같으면 말도 안 되는 가격으로 항공권을 확보할 수도 있다. 특정 노선을 사업상 자주 이용해야 하는 소비자라면 가변적 가격 책정은 아주 특별한 경우가 아닌 이상 매진되지 않음을 의미하므로 마음 놓고 이용할 수 있다.

경제는 더욱 균형을
이뤄야 한다

우리는 경제가 균형을 갖추려면 농업, 제조업, 서비스 같은 산업이 골고루 발전해야 한다고 생각하는 경향이 있다. 경제가 어느 한 부문, 예를 들면 서비스에만 의존하고 제조업 제품은 수입해서 쓰면 경제가 불균형해져 문제가 발생한다고 여기기 쉽다. 그러나 이와 같은 이상향을 위해 산업의 균형 발전을 이루려는 노력은 득보다 실이 더 많다. 이런 이유로 많은 경제학자가 경제 재균형을 강조하는 것은 잘못이라고 지적한다.

몇 가지 질문을 던져보자. 미국이 중국에서 공산품을 수입하는 것이 장기적으로 미국 경제에 악영향을 미칠까? 공산품을 수입하는 이유는 국내 제조업체가 만든 제품보다 더 저렴하기 때문이다. 물론 일부 제조 회사는 경쟁력이 떨어져 시장에서 손해를 보고 있지만, 미국 대다수의 소비자들은 더 저렴한 가격으로 혜택을 누리고 있다. 상품 가격이 낮다는 것은 소비자가 더 많은 가처분 소득을 확보할 수 있다는 사실을 의미한다. 이는 미국의 소비자들이 미국 내 다른 산업의 상품과 서비스에 대한 더 높은 구매력을 갖게 된다는 뜻이다. 이를테면 의류를 구매하는 데 드는 비용이 줄어들면 외식을 더 자주 할 수 있다. 일부 미국의 제조 회사는 손해를 보겠지만 미국의 서비스 부문 산업에는 이익이 된다. 이때 미국 경제의 균형을 재조정해야 한다는 발상은 경쟁력을 상실한 제조업을 보호하고 미국 소비자가 국내 생산 공산품을 더 비싸게 구매해야 한다는 것과 같다.

어떤 재화를 수입에만 의존하는 나라를 순수입 국가라고 부른다. 농업 생산물을 순전히 수입으로만 충당하면 농산물 순수입 국가다. 미국이 공산품 순수입 국가라면 무역에서 공산품과 관련해 경상수지 적자, 즉 무역 적자가 발생한다. 공산품 무역에서 적자가 났다는 것은 미국이 공산품을 더 많이 수입했다는 것과 같은 말이다. 그렇다면 미국은 중국에서 수입한 공산품 비용을 무슨 수로 지불했을까?

경상수지와 함께 국제수지를 평가하는 지표가 있다. 바로 '자본수지'다. 경상수지가 상품 및 서비스의 무역 균형에 관한 것이라면, 자본수지는 국가 간 자본 거래에 따른 균형과 관련이 있다. 변동 환율에서 경상수지는 자본수지에 정확히 반영된다. 달리 말해 미국이 1,000억 달러 경상수지 적자를 냈다면 이는 1,000억 달러 자본수지 흑자를 냈다는 것을 의미한다. 자본수지는 계좌 이동, 자산 구매, 자금 이체 등의 국제적 금융 흐름을 측정한 결과다. 미국이 1,000억 달러 상당의 중국산 공산품을 수입했다고 치자. 이로써 중국에는 1,000억 달러의 외화가 유입한 것이며, 중국은 이를 미국 금융 자산에 투자하거나 국채 또는 부동산을 매입하거나 미국 은행에 저축할 수 있다. 그러므로 미국이 중국산 수입품에 지불한 달러는 갖가지 경로를 통해 미국으로 되돌아온다.

이제 중국이 미국 자산을 사지 않고 중국 내에 달러를 묻어둔다고 가정해보자. 그렇게 되면 균형이 깨지는 게 아닐까? 그렇지 않다. 이 경우 미국이 중국산 공산품을 수입하기 위해 중국에 달러를 판 셈인데, 그 자금이 돌지 않고 중국 내 은행 계좌를 차지하고 있기에 달러 가치가 하락한다. 예상치 못한 달러 평가절하로 미국 상품의 수출이 활발해진다. 경상수지가 균형을 맞춘다. 중국은 통화 가치가 하락하고 있는 달러를 갖고 있어 봤자 손해이므로 결국 세계 자본 시장에 풀게 된다.

더 중요한 점은 경상수지 적자는 일부에 불과하다는 사실이다. 눈에 잘 띄지 않는 또 다른 상황은 중국이 미국의 수입 비용에 상응하는 자금을 다시 투자하고 있다는 것이다. 대규모 무역 불균형을 우려하는 의견 중 주목할 만한 부분은 중국이 미국에 대한 투자와 자산 규모를 늘릴 수 있다는 내용이다. 미국 국민은 중국이 미국 영토에 있는 주요 기반 시설 자산과 정부 부채를 소유하는 데 매우 반대할 것이다. 그런데 이는 경제적이라기보다는 정치적인 문제다. 경제적으로 설령 중국이 미국 국채를 대량 매입한다고 해도 국채 금리를 낮춰서 미국 정부의 차입 비용을 좀 더 저렴해지게 해줄 것이다.

경상수지 적자는 큰일 날 경제 상황을 뜻하지도 않는다. 이미 역사가 말해주고 있다. 그동안 많은 국가가 경상수지 적자를 겪으면서도 아무 문제 없이 지속해서 경제를 성장시켜왔다. 19세기 후반에 미국은 GDP의 2~3퍼센트에 달하는 경상수지 적자 상황을 오랫동안 유지했다. 어떤 의미에서는 경제가 불균형한 게 아니냐고 할 수 있지만, 실제 현실에서 일어나고 있던 일은 미국 경제가 급속한 성장을 경험하면서 영국을 제치고 세계 최대 경제 강국이 되는 과정이었다. 당시 미국에서 경상수지 적자가 계속된 이유는 유럽의 다수 국가가 미국에 투자하기를 원했기 때문이다. 유럽의 은행들과 투자자들이 빠른 속도로 미국에 투자하고 성장 자금을 조달하자 대규모 자본 흐름이 일어났다. 때때로 TV 뉴스에서 마치 큰일 난 듯이 경상수지 적자소식을 커다란 자막과 함께 보도하기도 한다. 너무 염려할 필요는 없다. 너무 많은 상품을 수입해도, 너무 수입에만 의존해도 경제에 문제가 벌어지는 것은 아니다. 보도하지 않은 이야기의 다른 대목에는 소비자가 더 높은 생활 수준을 누리고 있으며, 국가가 해외 자본 유입으로 실질적 이익을 보고 있다는 내용이 들어 있으니 말이다.

현대 경제의 가장 눈에 띄는 특징은 전문화가 계속 증가하고 있다는 점이다. 지금까지 우리는 국영 항공사나 자동차 산업이라는 개념에 익숙했으며, 철강 회사를 보유하고 있다는 사실에 자랑스러워하기도 했다. 철강 산업이 몰락할 수 있다는 소식이 들리면 경제가 송두리째 흔들리는 게 아닌가 걱정한다. 하지만 최근 수십 년 동안 모든 산업은 광범위한 규모의 경제로 인해 점점 더 전문화했다. 이는 개별 국가가 자체 철강 산업을 유지하는 게 더이상 합리적이지 않다는 것을 의미한다. 오늘날과 같은 글로벌 사회에서 규모의 경제를 완벽하게 활용하기 위해 소수의 산업만 국가가 유지하는 것이 합리적인 선택이다. 다만 철강의 경우 건설과 국가 방위에 필수적인 자원이므로, 수입 철강 제품이 자국에서 생산한 것보다 품질이 낮다면 수입에만 의존하는 것은 문제가 될 수 있다고 반박할 수 있을 것이다.

그러나 품질 및 가격에서 밀려 이미 경쟁력을 잃은 철강 회사를 부양하려는 시도는 이미 진 싸움에 집착하는 것과 다름없다. 새로운 무역 이론은 현대 규모의 경제가 너무 강력해 전통적인 비교 우위보다 훨씬 중요하다고 말한다. 중국이나 인도와 같은 국가는 제조업을 전문으로 하고 프랑스나 영국과 같은 나라는 금융 서비스를 전문으로 하는 것이 압도적으로 나은 전략이다. 미국 캘리포니아의 실리콘밸리는 최첨단 IT 기업의 요람으로 성장했고, 전문적으로 훈련된 인력과 전폭적인 지원으로 전 세계에서 가장 거대한 산업 네트워크를 구축했다. 오늘날 경제에서 산업 균형을 맞추겠다는 것은 이 규모의 경제에 맞서 싸우겠다는 뜻이며, 싸움의 결과는 굳이 지켜보지 않아도 모든 자국 산업의 경쟁력 상실이 될 것이다.

전 세계 모든 국가가 경제 균형의 잠재적 필요성을 무시해야 한다는 의미는 아니다. 개발도상국들은 아직 예외다. 경제가 한창 성장 중인 개발도상국은 주요 산업을 전문화할 때 여전히 가격 및 수익 변동의 영향을 받는다. 석유 자원에 크게 의존하고 있는 개발도상국도 재생 에너지 산업에 장기적인 관심을 둘 수는 있지만, 지금 당장 화석 연료를 이용하지 않고서는 사업 다각화와 전문화를 도모하기 어렵다. 그렇기에 개발도상국에서는 경제 균형이 먼저다.

반면 미국이나 EU 같은 선진국 경제에서는 각 국가가 동일한 산업을 두고 경쟁할 필요가 없는 단계에 들어섰다. 그 대신 이들 선진국은 서비스와 금융 부문에 산업이 몰려 있으며, 이에 대한 정리와 분할도 계속해서 진행되고 있다. 현대 경제에서 선진국들이 제조업에 국가 역량을 집중해야 할 까닭은 어디에도 없다. EU가 유로존의 제조업 일자리를 개발도상국에 빼앗길까 봐 염려할 필요는 없다. 전 세계 어느 국가보다 잘할 수 있는 서비스 부문을 더욱 전문화하면 된다. EU의 가장 경쟁력 있는 산업이 금융 서비스라고 할 때 이는 전혀 경제적으로 나쁜 상황이 아니다. 금융 서비스는 수출하고 공산품은 EU보다 더 뛰어난 제품을 생산하는 국가에서 수입하면 그만이다. 절대로 우려할 일이 아닌 것이다.

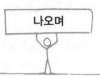

나오며

　경제학에서 가히 진리라고 말할 수 있는 한 가지 사실은, 경제는 끊임없이 변화하고 발전하며 때로는 예상치 못한 위기를 초래한다는 것이다. 1992년에서 2007년 사이에 대다수 경제학자와 경제분석가들은 많은 선진국이 경기 안정, 낮은 인플레이션, 경제 성장을 지속하는 새로운 패러다임에 도달했다고 느꼈다.

　하지만 2007~2008년 글로벌 금융 위기가 이 같은 낙관론에 찬물을 끼얹었다. 이 희대의 신용 위기는 금융 상품의 힘이 전 세계를 뒤흔드는 경제적 피해를 초래할 수 있다는 사실을 상기시켰다. 그렇다고 경제학 교과서를 다시 쓸 정도는 아니었지만, 몇 개의 새로운 장은 필요했다.

　21세기의 두 번째 10년이 시작되면서 많은 사람이 가장 주목해야 할 경제 문제로 글로벌 불평등, 브렉시트, 미중 관계 등을 꼽았으나, 이 절대로 녹록지 않은 문제들은 모두 코로나19 팬데믹이라는 또 다른 거대한 충격에 가려지고 말았다. 전 세계적 대유행병으로 인한 국가 간 봉쇄는 이전에 미처 보지 못했던 경제 상황을 만들어냈다.

세계 각국은 단기적으로 방역, 보건, 실업 등과 경제의 미묘한 균형과 씨름했으며, 장기적으로 코로나19 사태는 일과 사업의 근본적인 성격을 변화시켰다. 그리고 아마도 더 중요한 변화는 경제 성장을 바라보던 기존 관점에 대한 재고일 것이다. 무엇을 위한 경제 성장인지, 왜 경제는 계속해서 성장해야 하는지 되새기는 계기가 되기도 했다. 경제에서 가장 우선시해야 할 요소가 생산성이 아닐지 모른다는 반성도 할 수 있었다. 경제 주체인 국민의 건강, 삶의 질, 환경 개선 등 경제적 후생이 왜 중요한지 이해할 기회이기도 했다. 때때로 경제에서 중요한 것들을 깨달으려면 커다란 경제적 충격이 필요한 것 같기도 하다.

다음번에는 경제에 어떤 위기가 올지 예측하는 일은 항상 어렵지만, 급변하는 환경은 이전의 위기를 초월하는 방식으로 글로벌 경제를 혼란에 빠뜨릴 수 있다. 그러나 미래가 우리에게 무엇을 던지든 간에 경제학 이면에 있는 과학을 이해하면 다가올 위기에 대처할 수 있다. 그리고 그러려면 전 세계 모든 국가가 혜택을 받도록 지구의 소중한 공유 자원을 관리해야 할 것이다.

1. Cannadine, David, *Mellon: An American Life*, Alfred A. Knopf, 2006, pp. 444~445

2. "Testimony of Chairman Alan Greenspan", The Federal Reserve Board, 20 July 2005 (https://www.federalreserve.gov/boarddocs/hh/2005/july/testimony.htm)

3. Friedman, Milton, and Rose D. Friedman, *Tyranny of the Status Quo*, San Diego: Harcourt Brace Jovanovich, 1984, p. 115

4. Fujioka, Toru, and Sumio Ito, "Japan's Long Deflation Battle Is Warning for Post-Virus World", Bloomberg, 28 May 2020 (https://www.bloomberg.com/news/articles/2020-05-28/japan-s-long-deflation-battle-is-warning-forpost-virus-world)

5. Smith, Adam, *An Inquiry Into the Nature and Causes of the Wealth of Nations, United States*, Oliver D. Cooke, 1804, p. 19

6. 위의 책, p. 349

7. Hill, Lisa, "Adam Smith and the theme of corruption", *The Review of Politics*, 2006, pp. 636~662

8. Smith, Adam, *The Wealth of Nations*(제3판), William Allason, 1819, p. 286

9. 위의 책, p. 213

10. Keynes, John Maynard, *A Tract on Monetary Reform*, 1923, London: Macmillan(제3장), p. 80

11. Schumacher, Ernst Friedrich, *Small is Beautiful: A Study of Economics as if People Mattered*, Vintage, 2011, p. 20

참고 문헌

제1장: 경제적 오류

- Lebergott, Stanley, "The Measurement and Behavior of Unemployment", 1957, p. 215 (https://www.nber.org/system/files/chapters/c2644/c2644.pdf)
- Montier, James, "Behaving Badly", February 2006 (https://ssrn.com/abstract=890563)
- Reinhart, Carmen M., and Kenneth S. Rogoff, *This Time Is Different: Eight Centuries of Financial Folly*, Princeton University Press, 2009, p. 208
- Shiller, Robert J., *Irrational Exuberance: Revised and Expanded*(제3판), Princeton University Press, 2000, p. 240 "US Immigration Trends 1900–940: Early 1900s" (http://www.emmigration.info/usimmigration-trends-1900-1940.htm)

제2장: 정치적 곤경

- Cannadine, David, *Mellon: An American Life*, Alfred A. Knopf, 2006, pp. 444~445
- "Confederate Inflation Rates(1861–865)", Inflationdata.com (https://inflationdata.com/articles/confederate-inflation/)
- "Eastern Europe's workers are emigrating, but its pensioners are staying", Economist, 21 January 2017 (https://www.economist.com/europe/2017/01/19/eastern-europes-workers-areemigrating-but-its-pensioners-are-staying)
- Henry, James S., "Taxing Tax Havens", Foreign Affairs, 12 April 2016 (https://www.foreignaffairs.com/articles/panama/2016-04-12/taxing-taxhavens)
- "How do you solve catastrophic inflation", BBC News, 22 September 2018 (https://www.bbc.co.uk/news/business-45523636)
- Kessler, Glenn, "Rand Paul's claim that Reagan's tax cuts produced 'more revenue' and 'tens of millions of jobs'", Washington Post, 10 April 2015

(https://www.washingtonpost.com/news/fact-checker/wp/2015/04/10/rand-pauls-claim-that-reaganstax-cuts-produced-more-revenue-and-tens-ofmillions-of-jobs/)

- Reinhart, Carmen M., and Kenneth S. Rogoff, "Growth in a Time of Debt", January 2010 (https://www.nber.org/papers/w15639)

- Shaxon, Nicholas, "Tackling Tax Havens", International Monetary Fund, Finance & Development, September 2019, 제56호 (https://www.imf.org/external/pubs/ft/fandd/2019/09/tackling-global-tax-havens-shaxon.htm)

- "Who Pays Income Taxes?", National Taxpayers Union Foundation, 25 October 2019 (https://www.ntu.org/foundation/tax-page/who-paysincome-taxes)

제3장: 실생활 경제 상식

- "Testimony of Chairman Alan Greenspan", The Federal Reserve Board, 20 July 2005 (https://www.federalreserve.gov/boarddocs/hh/2005/july/testimony.htm)

- Friedman, Milton, and Rose D. Friedman, *Tyranny of the Status Quo*, San Diego: Harcourt Brace Jovanovich, 1984, p. 115

- Fujioka, Toru, and Sumio Ito, "Japan's Long Deflation Battle Is Warning for Post-Virus World", Bloomberg, 28 May 2020 (https://www.bloomberg.com/news/articles/2020-05-28/japan-s-long-deflation-battle-is-warning-forpost-virus-world)

- Hill, Lisa, "Adam Smith and the theme of corruption", *The Review of Politics*, 2006, pp. 636~662

- Keynes, John Maynard, *A Tract on Monetary Reform*, 1923, London: Macmillan(제3장), p. 80

- Keynes, John Maynard, *The General Theory of Employment, Interest and Money*, Palgrave Macmillan, 1936, pp. 1~50

- McKenna, Maryn, "How Your Chicken Dinner Is Creating a Drug-Resistant Superbug", *The Atlantic*, 11 July 2012 (https://www.theatlantic.com/health/archive/2012/07/how-yourchicken-dinner-is-creating-a-drug-resistantsuperbug/259700/)

- "Sustainable land use(greening)", European Commission (https://ec.europa. eu/info/food-farming-fisheries/key-policies/commonagricultural-policy/income-support/greening_en)

- Smith, Adam, *The Theory of Moral Sentiments*, Penguin Classics, 2010, p. 41

- Smith, Adam, *An Inquiry Into the Nature and Causes of the Wealth of Nations*, United States, Oliver D. Cooke, 1804, p. 19

- 위의 책, p. 349.

- Smith, Adam, *The Wealth of Nations*(제3판), William Allason, 1819, p. 213

- 위의 책, p. 286.

제4장: 전쟁의 경제학

- Chang, Ha-Joon, "Under-explored Treasure Troves of Development Lessons-Lessons from the Histories of Small Rich European Countries(SRECs)", Hajoonchang.com, November 2008 (https://hajoonchang. net/wp-content/uploads/2012/01/SmallRichEuropeanCountries.pdf)

- Charles, Dan, "Farmers Got Billions From Taxpayers In 2019, And Hardly Anyone Objected", NPR, 31 December 2019 (https://www.npr.org/sections/ thesalt/2019/12/31/790261705/farmers-gotbillions-from-taxpayers-in-2019-and-hardlyanyone-objected)

- Jebb, Andrew T. 외, "Happiness, income satiation and turning points around the world", *Nature Human Behaviour*, 2018, pp. 33~38 (https:// pubmed.ncbi.nlm.nih.gov/30980059/)

- Scitovsky, T., *The Joyless Economy: An Inquiry into Human Satisfaction and Consumer Dissatisfaction*, Oxford University Press, 1976

- Schumacher, Ernst Friedrich, *Small is Beautiful: A Study of Economics as if People Mattered*, Vintage, 2011, 20

제5장: 환경의 역습

- "Are consumption-based CO2 per capita emissions above or below the global average?, 2017", Our World in Data (https://ourworldindata.org/grapher/consumption-co2-per-capita-equity)

- Brown, Marilyn A., and Majid Ahmadi, "Would a Green New Deal Add or Kill Jobs?", *Scientific American*, 17 December 2019 (https://www.scientificamerican.com/article/would-a-greennew-deal-add-or-kill-jobs1/)

- "Economic Costs: Paying the Price for Those Extra Pounds", Harvard T.H. Chan School of Public Health (https://www.hsph.harvard.edu/obesity-prevention-source/obesityconsequences/economic/)

- "Facts and Figures about Materials, Waste and Recycling", United States Environmental Protection Agency (https://www.epa.gov/facts-and-figures-about-materials-waste-andrecycling/plastics-material-specific-data)

- "Frequently Asked Questions: Benefits of Recycling", Stanford University (https://lbre.stanford.edu/pssistanford-recycling/frequentlyasked-questions/frequently-asked-questionsbenefits-recycling)

- "Global Waste to Grow by 70 Percent by 2050 Unless Urgent Action is Taken: World Bank Report", The World Bank, 20 September 2018 (https://www.worldbank.org/en/news/pressrelease/2018/09/20/global-waste-to-grow-by-70-percent-by-2050-unless-urgent-action-is-takenworld-bank-report)

- Galvin, Gaby, "These Are the Countries Where Air Pollution Is the Deadliest", U.S. News, 9 November 2017 (https://www.usnews.com/news/best-countries/articles/2017-11-09/air-pollution-kills-themost-people-in-these-countries)

- "How Big Oil Misled The Public Into Believing Plastic Would Be Recycled", NPR, 11 September 2020 (https://www.npr.org/2020/09/11/897692090/how-big-oilmisled-the-public-into-believing-plasticwould-be-recycled)

- "How to reduce airline emissions", Transport & Environment (https://www.transportenvironment.org/what-we-do/aviation-and-eu-ets)

- Kommenda, Niko, "How your flight emits as much CO_2 as many people do in a year", *The Guardian*, 19 July 2019 (https://www.theguardian.com/

environment/nginteractive/2019/jul/19/carbon-calculatorhow-taking-one-flight-emits-as-much-asmany-people-do-in-a-year)

- McCall, Rosie, "Around 200,000 Americans Die Every Year From Air Pollution That Meets EPA Standard", *Newsweek*, 21 November 2019 (https://www.newsweek.com/200000-americansdie-every-year-air-pollution-that-meets-epastandard-1473187

- "Reducing emissions from aviation", European Commission (https://ec.europa.eu/clima/policies/transport/aviation_en)

- "The State of the World's Forests 2020", Food and Agriculture Organization of the United Nations (http://www.fao.org/state-of-forests/en/)

- "Trends in Cigarette Smoking Rates", American Lung Association (https://www.lung.org/research/trends-in-lungdisease/tobacco-trends-brief/overall-tobaccotrends)

제6장: 비즈니스의 신화

- McGregor, Jena, "What companies get wrong about motivating their people", *Washington Post*, 2 December 2016 (https://www.washingtonpost.com/news/on-leadership/wp/2016/11/25/whatcompanies-get-wrong-about-motivating-theirpeople)

자료 출처

- 37쪽, 제로섬 게임: Tejvan Pettinger
- 57쪽, 미국 주식 시장의 주가수익비율: Robert Shiller, Irrational Exuberance/ Stock Market Data
- 61쪽, 래퍼 곡선: www.economicshelp.org
- 71쪽, 영국의 정부 부채(1727년 이후 GDP 대비): Bank of England, A Millennium of Macrodata A30a, ONS −NSA from 2000
- 101쪽, 미국의 인플레이션(1960~2019년): St Louis Fed FPCPITOTLZGUSA
- 106쪽, 중국/미국 환율: St Louis Fed EXCHUS
- 118쪽, 영국의 경제 성장(1979~2012년): ONS −IHYQ
- 152쪽, 국제 밀 가격(1900~2019년): Jacks, D.S., 2019, "From Boom to Bust: A Typology of Real Commodity Prices in the Long Run"
- 196쪽, 주요 전쟁 비용: CRS 7-5700 RS22926
- 218쪽, 국가별 GDP 대비 삶의 만족도: World Happiness Record, 2019, World Bank
- 269쪽, 쿠즈네츠 곡선: www.economicshelp.org
- 294쪽, 매슬로의 욕구 단계 이론: Abraham Maslow's "A Theory of Human Motivation", *Psychological Review*, 1943

지루할 틈 없는 경제학

초판 1쇄 발행 2022년 4월 15일
초판 2쇄 발행 2022년 10월 21일

지은이 테이번 페팅거
그린이 마이클 드라이버
옮긴이 조민호
펴낸이 신경렬

상무 강용구
기획편집부 최장욱
마케팅 박수진
디자인 박현경
경영기획 김정숙 김태희
제작 유수경
표지 본문 디자인 엔드디자인

펴낸곳 ㈜더난콘텐츠그룹
출판등록 2011년 6월 2일 제2011-000158호
주소 04043 서울시 마포구 양화로 12길 16, 7층(서교동, 더난빌딩)
전화 (02)325-2525 | 팩스 (02)325-9007
이메일 book@thenanbiz.com | 홈페이지 www.thenanbiz.com

ISBN 979-11-978298-0-2 03320